高职高专"十三五"经济管理系列规划教材

社会保障学

（第2版）

刘　磊◎编著

電子工業出版社
Publishing House of Electronics Industry
北京 • BEIJING

内 容 简 介

本书以社会保障业务工作过程为主线，从社会保障的工作基础、社会保障的分类实务、社会保障工作流程和争议处理多个方面进行介绍，主要内容包括社会保障管理体系、社会保障基金管理、养老保险、医疗保险、工伤保险、失业保险、生育保险、社会优抚、社会福利、社会救助与补充保障等。本书具有较强的针对性和实用性，可供人力资源管理、劳动与社会保障、公共管理等专业学生以及相关工作人员学习参考。

图书在版编目（CIP）数据

社会保障学 / 刘磊编著．—2 版．—北京：电子工业出版社，2017.1

ISBN 978-7-121-30154-4

Ⅰ．①社… Ⅱ．①刘… Ⅲ．①社会保障—高等学校—教材 Ⅳ．①C913.7

中国版本图书馆 CIP 数据核字（2016）第 254386 号

策划编辑：姜淑晶
责任编辑：李慧君　　文字编辑：杨振英
印　　刷：北京天宇星印刷厂
装　　订：北京天宇星印刷厂
出版发行：电子工业出版社
　　　　　北京市海淀区万寿路 173 信箱　邮编 100036
开　　本：787×1 092　1/16　印张：12.75　字数：318 千字
版　　次：2012 年 5 月第 1 版
　　　　　2017 年 1 月第 2 版
印　　次：2024 年 7 月第 15 次印刷
定　　价：38.00 元

凡所购买电子工业出版社图书有缺损问题，请向购买书店调换。若书店售缺，请与本社发行部联系，联系及邮购电话：（010）88254888，88258888。

质量投诉请发邮件至 zlts@phei.com.cn，盗版侵权举报请发邮件至 dbqq@phei.com.cn。

本书咨询联系方式：（010）88254199，sjb@phei.com.cn。

前 言

关于本课程

人类社会是一个不断从低级向高级发展的历史过程，建立平等、互助、协调的和谐社会，一直是人类的美好追求。随着我国经济的快速发展，各类社会问题日益突出，特别是在劳动关系方面衍生出了诸多矛盾。为了化解各类社会矛盾，巩固改革发展的成果，党和政府在协调各方面关系中形成了“构建和发展规范有序、公正合理、互利共赢、和谐稳定的社会主义新型劳动关系”的科学政策理念和价值目标。

社会保障制度作为各类社会矛盾的“化解器”“安全网”，是关乎和谐社会构建和持久维持的基础，是经济健康发展的前提。近年来，中国社会保障制度的改革与建设步伐明显加快，目前已经建立起新型社会保障制度，尤其是社会保险制度的整体框架。

社会保障学是一门理论性和实践性均很强的课程，是培养管理人员的基础课程之一，需要学生学会社会保障的基本理论知识，掌握管理、操作的方法，教师需要把社保管理的理论和实务同时传授给学生；所以，本书按照社会保障具体类型进行课程教学的安排，并讲授各具体工作中的基本方法和技巧。

关于本书

本书以社会保障业务工作过程为主线，从社会保障的工作基础、社会保障的分类实务、社会保障工作流程和争议处理等多个方面进行介绍，以最新颁布的社会保障法律、法规为依据编写，具有较强的针对性和实用性，既能使学生掌握实用的岗位操作技能，又能培养学生对社会保障理论进行分析和思考的能力。

本书内容从“岗证课一体化”出发，在全面讲述社会保障知识的基础上，兼顾人力资源管理师职业资格考试的考点，既可作为人力资源管理、劳动与社会保障、公共管理等专业的教材，也可供相关从业人员参考，还可作为参加人力资源管理师职业资格考试的人员的复习参考书。

本书配套资源

本书配有PPT、习题及答案、教学故事、AB试卷，感兴趣的读者可到www.hxedu.com.cn下载。

本书由广东职业技术学院刘磊编著，书中参考了许多专家的资料，在此向他们表示衷心的感谢。由于编写时间仓促，加之作者水平有限，不足之处在所难免，恳请广大读者批评指正，作者联系方式：lioulei@163.com。

刘 磊

目　录

第 1 章

社会保障概述

学习目标

1. 掌握社会保障的含义；
2. 熟悉社会保障的原则和特点；
3. 掌握社会保障的作用；
4. 了解社会保障的模式。

学习导航

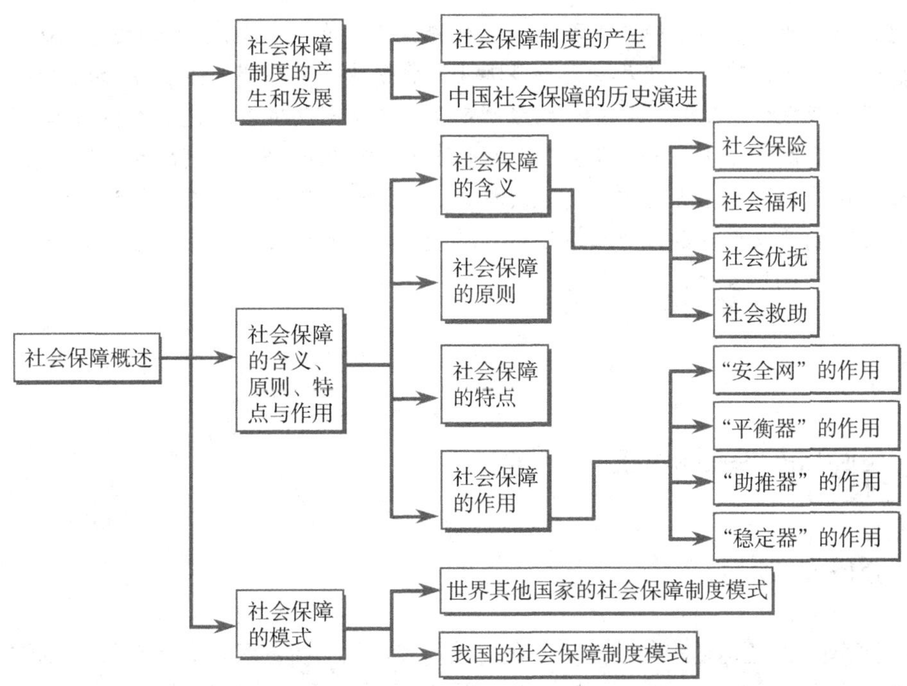

引导案例 1-1

人社部部长：推进就业社保改革　更好保障改善民生

就业和社会保障是重大的民生问题。加快推进就业和社会保障制度改革，对于更好保障和改善民生、促进社会公平正义具有十分重要的意义。党的十八届三中全会从战略和全局的高度，提出“健全促进就业创业体制机制”“建立更加公平可持续社会保障制度”，并做出了重大改革部署。

推动就业领域改革，主要任务就是建立“两个机制”、健全“两项制度”、完善“两个体系”。建立“两个机制”，就是要建立经济发展和扩大就业的联动机制，形成政府激励创业、社会支持创业、劳动者勇于创业新机制；健全“两项制度”，就是要健全政府促进就业责任制度，健全公平就业制度；完善“两个体系”，就是要进一步完善城乡均等的公共就业创业服务体系，构建劳动者终身职业培训体系。围绕推进上述改革，今年出台了促进高校毕业生就业创业的政策措施，启动实施了新一轮大学生创业引领计划。下一步的改革重点是：制定新一轮就业创业政策，指导有条件的地区开展政府购买基层公共管理和社会服务岗位吸纳高校毕业生就业试点；修订全国统一的就业失业登记管理办法；规范招用人制度，努力消除各种就业歧视，等等。

推进社会保障制度改革，包括基本制度改革、可持续发展、多层次体系建设三个方面。基本制度改革，主要是以养老保险制度改革为重点，整合城乡居民基本养老保险、基本医疗保险制度，完善社会保险关系转移接续和参保缴费政策等；可持续发展，主要针对待遇确定和正常调整、社会保险费率、经办管理服务、社会保障财政投入、社保基金投资运营等方面进行改革；多层次体系建设，就是要进一步加快发展企业年金、职业年金等补充社会保险，建立完善大病医疗救助制度等。今年，已经制定实施了统一的城乡居民基本养老保险制度、城乡养老保险制度衔接办法、企业年金职业年金个人所得税办法等重要的改革性文件，启动实施了以养老保险、医疗保险为重点的全民参保登记计划。下一步，重点是研究制定机关事业单位养老保险制度改革方案，全面推进城乡居民大病医疗保险，完善医疗保险转移接续政策，加强和改进异地就医结算管理服务。

（资料来源：人力资源社会保障部部长 尹蔚民，人民日报，2014-10-23）

1.1　社会保障制度的产生和发展

1.1.1　社会保障制度的产生

16世纪英国“圈地运动”迫使众多农民背井离乡，沦为流浪汉，失业现象日益严重，英国统治者被迫考虑救济贫民问题。1601年，英国颁行了世界上第一部《济贫法》，授权治安

法官以教区为单位管理济贫事宜，征收济贫税及核发济贫费。救济办法因类而异，凡年老及丧失劳动力者，在家接受救济；贫穷儿童则在指定的人家寄养，长到一定年龄时送去做学徒；流浪者被关进监狱或送入教养院，这是现代社会保障制度的萌芽。

19 世纪下半叶，德国第一任首相俾斯麦上台后，为了保护德国国内工农业的发展，于 1879 年实行了贸易关税壁垒，19 世纪下半叶的德国，在采矿、冶金、化工等方面取得了突飞猛进的发展，与此同时，工人阶级的力量也在不断壮大，与资本家形成对抗。面对如火如荼的工人运动和劳资冲突，俾斯麦接受了社会政策学家的主张，通过制定社会政策和社会立法来保护劳动者，缓解劳资之间的矛盾。1883 年，德国颁布了《疾病保险法》、1884 年颁布了《工伤保险法》、1889 年颁布了《伤残及养老保险法》。尽管这三个法律的适用范围仅涉及当时德国总人口的 1/10，但它却确立了社会保险法的基本思想和原则，开创了社会保障立法之先河。此后，德国不断通过立法扩大社会保险的适用范围。如 1911 年颁布了《孤儿寡妇保险法》，并将疾病保险、工伤保险和养老保险合并为单一的社会保险，1923 年颁布了《矿工保险法》、1927 年颁布了《职业介绍和失业保险法》，逐步建立了适应市场经济条件的社会保障制度。

1929 年，资本主义世界爆发了严重的经济危机，经济危机使许多美国人流离失所，失业人口众多，为解决国内矛盾，罗斯福总统开始实行新政，强调通过国家干预来解决经济危机。1934 年 6 月 8 日，罗斯福总统在给国会的信中提出了制定一项社会保障计划的设想，随后，颁布总统令成立“美国经济保障委员会”。1935 年 8 月 14 日，美国总统签发了第一部《社会保障法》。该法第一次使用了社会保障的概念，第一次在一部法中规定了社会保险、社会福利和社会救济等社会保障的内容，确立了社会保障普遍性和社会性原则，从此，社会保障作为一个基本法律制度被许多国家确立并实施。

从一定意义上说，现代社会保障制度的产生是工人阶级长期斗争的结果。也就是说，工人阶级的坚决斗争是把社会保障制度产生的可能性变为现实的决定性因素。随着机器生产的进一步扩大，工人为争取社会保障的斗争日益激烈。资本家为了剥削更多的利润，必然日益加重劳动者的劳动强度。在恶劣的劳动条件下，劳动者经常受到生、老、病、死、伤、残和失业的威胁，工人阶级为了保障自身的利益，与资产阶级进行针锋相对的斗争。19 世纪后半期，工人运动风起云涌，罢工、游行、示威、起义此起彼伏，严重危及了资产阶级政权的稳定。如何缓解社会矛盾，维护资产阶级统治，成为资本主义国家政府和社会面临的一大难题。资产阶级为了缓和阶级矛盾，维护自己的统治，保护资本家攫取高额的剩余价值，在工人阶级斗争面前，总是采取镇压和安抚两种政策，社会保障正是安抚政策的一种具体措施。

1.1.2　中国社会保障的历史演进

早在西周时期，中国就有所谓的“保息六政”。据《周礼·地官司徒》记载，周“以保息六养万民：一曰慈幼，二曰养老，三曰赈穷，四曰恤贫，五曰宽疾，六曰安富”。这里包括了对幼、老、穷、贫、疾等的多种救济，一般认为这是中国实行系统的社会救济政策的开端。

随后的几千年发展史中，中国人一致以儒家思想来进行救济贫穷、稳定社会，这实际就是社会保障的延伸与发展。

新中国成立以后，政府立即着手进行了一系列的社会保障体系的创建工作，具体划分为三个发展阶段。

第一阶段，1949 年 12 月政务院发布《关于生产救灾的指示》，成立各级生产救灾委员会。1950 年 12 月中央人民政府颁布《革命烈士家属、革命军人牺牲病故褒恤暂行条例》《革命工作人员伤亡褒恤暂行条例》等一批法规，建立了全国统一的优抚保障制度。1951 年 2 月 26 日，正式颁布《中华人民共和国劳动保险条例》，这是我国第一部全国统一的社会保险法规，由此建立了企业职工的退休、医疗、工伤、生育等社会保险制度。

第二阶段，从 1969 年起到 1978 年止。这个阶段中，由于“文化大革命”及其后遗症的影响，我国的社会保障制度在计划体制的框架内发生了重要的变化，这主要是原来全国统筹的社会保险制度从典型的“国家保险”模式分解成了“国家-单位”保险模式。1969 年 2 月国家财政部在下达的《关于国营企业财务工作中八项制度的改革意见》（草案）中规定：国营企业一律停止提取劳动保险金，企业职工的退休金、长期病休职工的劳保工资及其他劳动保险开支都改在企业营业外项下列支。这项规定使我国的社会保险制度发生了重要的变化。

第三阶段，1978 年党的十一届三中全会以后，改革开放打破了计划经济的旧模式，发展商品经济建立适应社会主义初级阶段的新经济体制，使我国社会的政治、经济大环境发生了历史性的转变。这种转变也必然要影响到社会保障制度。90 年代中后期以来，随着国有企业改革的深化，我国社会保障制度的改革与建设步伐明显加快。

目前我国已经初步建立起新型社会保障制度尤其是社会保险制度的整体框架，具体表现在以下几个方面。

（1）城镇企业养老保险制度基本统一。1997 年，国务院发布了《关于建立统一的企业职工基本养老保险制度的决定》，确定了统一的城镇企业职工养老保险制度。1998 年政府机构改革确定劳动与社会保障部是管理社会保险制度的统一管理机构，行业统筹逐步移交地方，养老保险制度中长期存在的“条块分割”局面基本结束，城镇企业养老保险制度基本统一。

（2）确定了城镇医疗保险制度的基本框架。医疗保险制度涉及投保双方与医疗机构、医药市场等多方面的复杂关系，导致其改革更加曲折。1998 年，国务院颁布了《关于建立城镇职工医疗保险制度的决定》，确定了城镇医疗保险制度的基本框架。

（3）实行失业保险制度。20 世纪 80 年代开始建立待业（失业）保险制度，以保障就业市场化过程中的社会稳定问题。1999 年，国务院颁布了《失业保险条例》，失业保险金的征缴比例提高，基金规模扩大，作用日益增强。从 2001 年开始，我国逐步取消作为过渡措施的国有企业职工“下岗”制度，将其与失业保险制度并轨。

（4）社会救助制度建设取得重大进展。1993 年上海市率先建立城市居民最低生活保障线制度，随后这项制度逐步覆盖全部城镇居民，并扩展到有条件的农村地区。针对数量广大的农村贫困人口，我国实施了卓有成效的扶贫开发战略，成为国际上解决贫困问题的一个范例。

（5）社会福利制度在改革中得到一定发展。近年来，国家一方面加大对优抚安置、残疾福利、妇幼保健等方面的投入力度，另一方面坚持社会福利社会办的原则，改变国家包揽社会福利事业的传统做法，积极动员社会力量、市场力量解决社会福利的资金短缺、机制不活等问题。各地坚持安置就业、扶持就业、自谋职业相结合的原则，逐步改革强制性安置部队转业军人的做法，加快了退役军人的安置进度。通过发展慈善事业、福利彩票等措施，扩大

了社会福利事业的资金来源，使社会捐助工作走上了经常性、规范化的轨道。

1.2 社会保障的含义、原则、特点与作用

1.2.1 社会保障的含义

社会保障是指国家通过立法，积极动员社会各方面资源，保证无收入、低收入及遭受各种意外灾害的公民能够维持生存，保障劳动者在年老、失业、患病、工伤、生育时的基本生活不受影响，同时根据经济和社会发展状况，逐步增进公共福利水平，提高国民生活质量。社会保障作为一种国民收入再分配形式是通过一定的制度实现的。《中华人民共和国宪法》（简称《宪法》）规定："中华人民共和国公民在年老、疾病或者丧失劳动能力的情况下，有从国家和社会获得物质帮助的权利。"由于各国的国情和历史条件不同，在不同的国家和不同的历史时期，社会保障制度的具体内容不尽一致。但有一点是共同的，那就是为满足社会成员的多层次需要，相应安排多层次的保障项目。一般来说，社会保障由社会保险、社会福利、社会优抚、社会救助等组成。其中，社会保险是社会保障的核心，具体内容如下。

1. 社会保险

社会保险，是指国家通过立法，多渠道筹集资金，在劳动者暂时或者永久丧失劳动能力及其他原因中断工作，没有经济收入或者劳动收入减少时，给予经济补助，使他们能够享有基本生活条件的一项社会保障制度。从社会保险的项目内容看，它是以经济保障为前提的。一切国家的社会保险制度，不论其是否完善，都具有强制性、普遍性、互助性和福利性的特点。按照我国劳动法的规定，社会保险项目分为养老保险、失业保险、医疗保险、工伤保险和生育保险。

2. 社会福利

广义的社会福利是指提高广大社会成员生活水平的各种政策和社会服务，旨在解决广大社会成员在各个方面的福利待遇问题。狭义的社会福利是指对生活能力较弱的儿童、老人、母子家庭、残疾人、慢性精神病人等的社会照顾和社会服务。

3. 社会优抚

社会优抚是针对军人及其家属所建立的社会保障制度，是指国家和社会对军人及其家属所提供的各种优待、抚恤、养老、就业安置等待遇和服务的保障制度。主要包括抚恤制度、优待制度、安置制度、优抚社会化服务。

4. 社会救助

社会救助是指国家和其他社会主体对于失去劳动能力或者其他低收入、遭受自然灾害的公民给予物质帮助或精神救助，以维持其基本生活需求，保障其最低生活水平的各种措施。社会救助最根本的目的是扶贫济困，保障困难群体的最低生活需求。它对于调整资源配置、

实现社会公平、维护社会稳定有非常重要的作用。

社会保障制度的结构如图1-1所示。

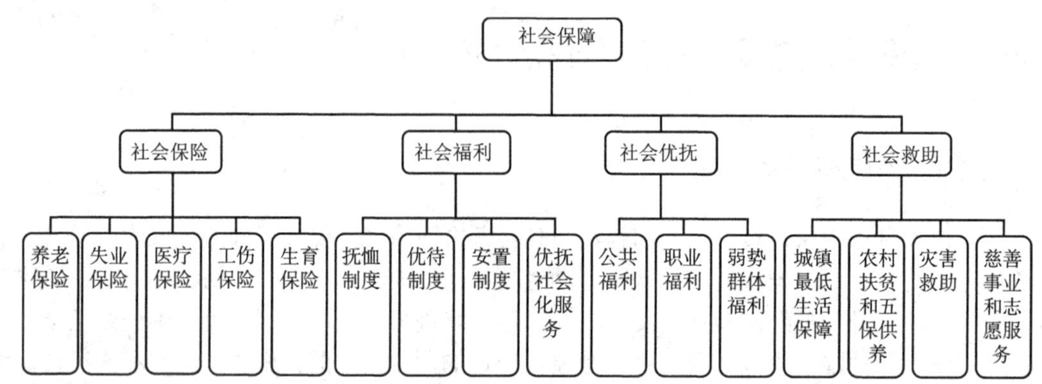

图1-1　社会保障制度的结构

1.2.2　社会保障的原则

1．公平原则

缩小社会贫富差距、创造并维护社会公平是社会保障制度的基本出发点，也是社会保障政策实践的归宿。公平原则的最充分体现是建立覆盖全民的社会保障体系，让全体国民普遍享受社会保障。

2．与社会经济发展相适应原则

社会保障是国家用经济手段来解决社会问题，进而达到特定政治目标的制度安排。因此，社会保障的发展必须坚持与社会经济发展相适应的原则。一方面，社会发展变化决定着社会保障制度的结构变化；另一方面，社会保障制度的确立无一例外地需要相应的财力支撑。

3．责任分担原则

社会保险制度强调责任分担，即政府、企业、个人乃至社会等合理分担社会保障责任的规则。在社会保险制度中，政府事实上承担着财政支持、行政监督与公共服务三种责任；作为雇主，要为其工作人员参加社会保险承担缴费义务；而个人作为参保人，也要为自己承担责任。责任分担是社会保险制度得以持续发展的基本条件。

4．法制性原则

社会保障制度必须以立法为依据，以社会保障法律作为制度确立的标志，以社会保障法律作为实施社会保障项目的依据，以社会保障法律作为政府管理与监督社会保障事务的依据。

1.2.3　社会保障的特点

社会保障的特点如图1-2所示。

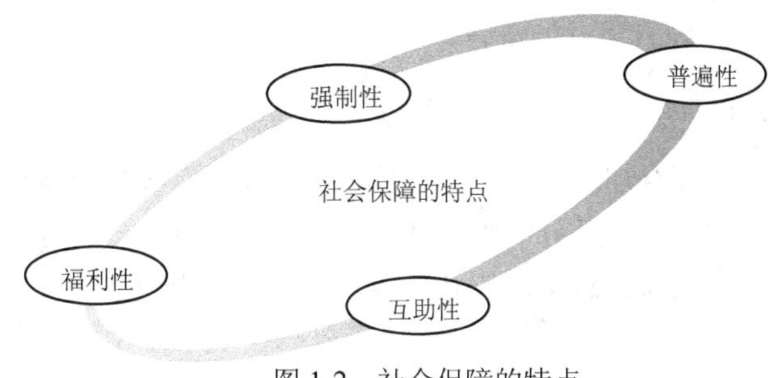

图 1-2　社会保障的特点

1．强制性

所谓强制性，是指社会保险是通过立法强制实施的，社会保障的内容和实施都是通过法律进行的。社会保障所规定的某些保障项目，不论个人或雇主愿意与否，都必须依据有关法律规定参加并接受其保障；社会成员个人无权选择所参加的社会保障的项目、待遇，社会保障机构也无权拒绝社会成员享受其权利的要求；社会保障基金的筹集以立法形式保证实施，符合缴纳条件的个人和团体，都必须按要求缴纳，否则将被追究法律责任。

2．普遍性

保障对象普遍，覆盖至全体社会成员，凡是符合法律规定的所有企业和社会成员都必须参加包括养老、医疗、失业、生育、工伤等多个方面的保险。

3．互助性

社会保障属于互助合作行为，通过多数人投保，用共同筹集的资金建立保险基金，以补偿少数人的损失，其机制在于集合危险、分散损失，少数投保人获得的保险赔付是以多数人缴纳保险费为基础的，由此在投保人之间形成互助共济关系。

4．福利性

国家依法为所有公民普遍提供旨在保证一定生活水平和尽可能提高生活质量的资金和服务的社会保障制度。社会保险不以营利为目的，它是一种集体性的对市场进行干预的活动。

1.2.4　社会保障的作用

完善社会保障体系，就是要以社会保险、社会救助、社会福利为基础，以基本养老、基本医疗、最低生活保障制度为重点，以慈善事业、商业保险为补充，进而起到保障社会安定、实现人民安居乐业的作用。这种作用体现在如下四个方面。

1．“安全网”的作用

保障人民群众在年老、失业、患病、工伤、生育时的基本收入和基本医疗不受影响，无收入、低收入及遭受各种意外灾害的人民群众有生活来源，满足他们的基本生存需求。

2．“平衡器”的作用

社会保障制度具有收入再分配的功能，调节中高收入群体的部分收入，提高最低收入群体的保障标准，适当缩小不同社会成员之间的收入差距。

3．“助推器”的作用

完善的社会保障制度，既有利于提高劳动者的自身素质，促进劳动力的有序流动，在一定程度上激发中国经济的活力，推动经济更快地发展，又可以避免社会消费的过度膨胀，引导消费结构更为合理，平衡社会供需的总量，有利于防止经济发展出现波动，实现更好地发展。

4．“稳定器”的作用

完善的社会保障制度，能为劳动者建立各种风险保障措施，帮助他们消除和抵御各种市场风险，避免因生活缺乏基本保障而引发一系列的矛盾，从而维护社会的稳定。

1.3 社会保障的模式

1.3.1 世界其他国家的社会保障制度模式

由于世界各国的社会制度、经济实力和文化背景等不同，推行社会保障制度的时间有先有后、有长有短，各国社会保障制度在政策取向、制度设计、项目多寡、具体标准及实施办法等方面既有共同点，也有差异之处。从社会保障的主要方面进行分析和综合，世界各国社会保障制度大致可以分为保险型、福利型、强制储蓄型三种模式，如图1-3所示。

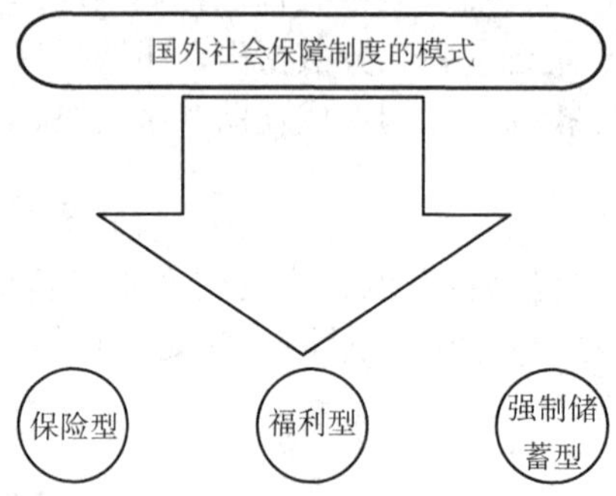

图1-3 国外社会保障制度的模式

1．保险型社会保障制度

德国、美国、日本等许多发达国家都建立了保险型社会保障制度。这一模式的基本特征是：权利与义务相对应；社会保障费用由政府、雇主和劳动者三方分担；以保障基本生活水平为原则；待遇给付标准与劳动者的个人收入和缴费相联系；强调公平与效率兼顾，既要保证每个公民都能享有一定的社会保障待遇，又不能影响市场竞争活力。

2．福利型社会保障制度

福利型社会保障制度是在经济比较发达、整个社会物质生活水平提高的情况下实行的一种比较全面的保障形式。英国、瑞典等国实行的是福利型社会保障模式，该模式贯彻“普遍性”原则，范围包括“从摇篮到坟墓”的各种生活需要，按统一标准交费、给付，保障基金主要由国家税收解决。福利型社会保障模式以全民性和普遍性的保障原则为核心，全体居民和公民不论其有无收入和是否就业，都可享有国家制定的各项福利保障政策。由于全民都享有受保障的权利，因此，这种模式下的社会保障资金来源于国家的税收。

3. 强制储蓄型社会保障制度

强制储蓄型社会保障制度以新加坡、智利为代表，其基本特征是：建立个人账户，雇主和雇员的缴费全部计入雇员的个人账户；个人账户资金投入资本市场运营，以实现保值与增值；雇员退休后的养老保险待遇完全取决于其个人账户积累额。依据基金管理运营方式的不同，可将强制储蓄模式进一步分为两种：一种以新加坡为代表，其核心是政府集中管理和运营基金；另一种以智利为代表，其核心是由私营基金管理公司竞争运营基金。

1.3.2 我国的社会保障制度模式

我国社会保障可以归类为保险型社会保障制度模式，但同德、美等国家又有一些区别，我们称为多元化协调模式，其关键是根据我国国情，建立一种在农村和城市保障项目有别、组织方式各异、近期发展方向不同的目标模式。在这一模式中，作为社会保障主体的国家要进行集中管理和统一协调。我国的社会保障制度模式存在如下特点。

（1）农村与城市生产力水平存在差异。我国城乡间生产力水平呈现出明显的二元特征：一是以先进工业为基础的城市生产方式，二是以传统农业为基础的乡村生产方式。不同的生产力决定了我国城乡经济体制的不同，从而从根本上决定了我国城乡社会保障的发展水平和体系结构的差异。相对而言，城市应采取就业型保障模式，而农村应采取家庭保障模式。

（2）地区经济发展的不平衡决定了社会保障内容与水平的差异。从全国来看，由于各地区经济发展不平衡，形成了社会保障分配的差异，越是经济发达的地区，社会保障水平越高；越是经济欠发达的地区，社会保障水平越低。地区经济发展的不平衡这一事实说明，中国社会保障模式的选择既要强调同一性，又要承认差异性，不能强求一律。

（3）社会保障制度内在要求国家主体要集中管理和统一协调。兴办社会保障事业是政府行为，是国家应履行的社会职责。因此，必须由国家建立统一机构，进行集中管理和统一协调。社会保障是一项系统工程，一方面，它是社会保险、社会福利、社会救济、社会优抚综合构成的；另一方面，它既有实施对象、享受条件、支付标准、资金来源、管理方式之间的配套协调问题，又有资金交纳统筹、储存运用、保值增值、分配运用之间的调节平衡问题，同时还涉及财政、税收、民政、劳动人事各部门。所以，必须建立具有统一协调功能的决策管理机构，综合协调各方面的工作。

由此可见，一方面，生产力发展水平的差异性、多种所有制的并存性、经济发展的不平衡性决定了中国社会保障改革模式的多元化；另一方面，社会保障制度要求国家成为社会保障的主体，以便进行集中管理与统一协调。因此，中国社会保障制度的模式是多元协调模式。

课后练习

一、判断题

1. 1951 年 2 月 26 日，我国正式颁布《中华人民共和国劳动保险条例》（简称《劳动保险条例》），这是我国第一部全国统一的社会保险法规，由此建立了企业职工的退休、医疗、工伤、生育等社会保险制度。（　）

2. 从社会保险的项目内容看，它是以经济保障为前提的。（　）

3. 失业人员参加医保，费用由失业保险基金和个人分担支付。（　）

4. 中国社会保障制度与德、美等国的保险型社会保障制度模式是完全一样的。（　）

5. 1997 年，国务院发布了《关于建立统一的企业职工基本养老保险制度的决定》，确定了统一的城镇企业职工养老保险制度。（　）

二、单项选择题

1. 社会保险不以（　）为目的，它是一种集体性的对市场进行干预的活动。

A. 支出平衡　　B. 营利
C. 扶贫　　D. 全民保障

2. 社会保障制度起源于 19 世纪末的欧洲工业社会，1601 年英国颁行了世界上第一部（　），这是现代社会保障制度的萌芽。

A.《工伤保险条例》　　B.《社会救济草案》
C.《济贫法》　　D.《全民养老保险》

3. 社会保障卡全称是“中华人民共和国社会保障卡”，“十二五”期间，社会保障卡的发卡人群将从城镇职工扩展到城镇居民和农村居民，其应用将覆盖人力资源社会保障各业务领域，应用范围将从本地域内使用逐步扩大到跨地区使用，最终实现（　）。

A. 全国通用　　B. 各省通用
C. 市内通用　　D. 县域内通用

4. 社会保障由（　）、社会救济、社会福利、优抚安置等组成。

A. 工伤保险　　B. 失业保险
C. 养老保险　　D. 社会保险

5. 中国社会保障是（　），其关键是根据我国国情，建立一种在农村和城市保障项目有别、组织方式各异、近期发展方向不同的目标模式。在这一模式中，作为社会保障主体的国家要进行集中管理和统一协调。

A. 多元化协调模式　　B. 强制型
C. 保险型　　D. 强制储蓄型

三、多项选择题

1. 为缓解劳资之间的矛盾。1883—1889 年，德国先后颁布（　　），开创了社会保障立法之先河。

A.《疾病保险法》　　B.《工伤保险法》

C.《伤残及养老保险法》　　D.《个人保险法》

2. 社会保障的原则包括（　　）。

A. 公平原则　　B. 与社会经济发展相适应原则

C. 责任分担原则　　D. 法制性原则

3. 在有形产品市场，引起逆向选择和道德风险的原因有（　　）。

A. 需求的不确定性　　B. 信息不对称

C. 交易双方可以自由决定是否交易　　D. 产品质量的不均一

4. 社会保障的作用有（　　）。

A. “安全网”的作用　　B. “平衡器”的作用

C. “助推器”的作用　　D. “稳定器”的作用

5. 世界各国社会保障制度大致可以分为（　　）模式。

A. 保险型　　B. 强制型

C. 福利型　　D. 强制储蓄型

四、简答题

1. 简述社会保障的含义。

2. 简述社会保障的特点。

案例分析

企业和员工双方协商不办理社会保险可以吗?

2014 年 5 月，张某等四人应聘到某公司工作，公司提出：如果职工要求办理社会保险的，就要从工资中每月扣除 350 元。刘某等觉得还是多拿点工资好。于是双方签订了三年的劳动合同，在合同中规定每月工资 3 000 元，对社会保险事宜公司不予负责。

2015 年 12 月，劳动保障部门在进行检查中发现该单位没有依法为签订劳动合同的职工办理社会保险，遂对其下达限期整改指令书，要求该公司为刘某等办理参加社会保险的手续。该公司则认为，公司不负责社会保险是经双方协商同意，在劳动合同中已明确约定的。

请分析：若双方协商同意可以不办理社会保险吗?

第 2 章

社会保障管理体系

学习目标

1. 理解社会保障管理的概念；
2. 掌握社会保障管理机构及其对应的工作内容；
3. 熟悉社会保障监督的内容。

学习导航

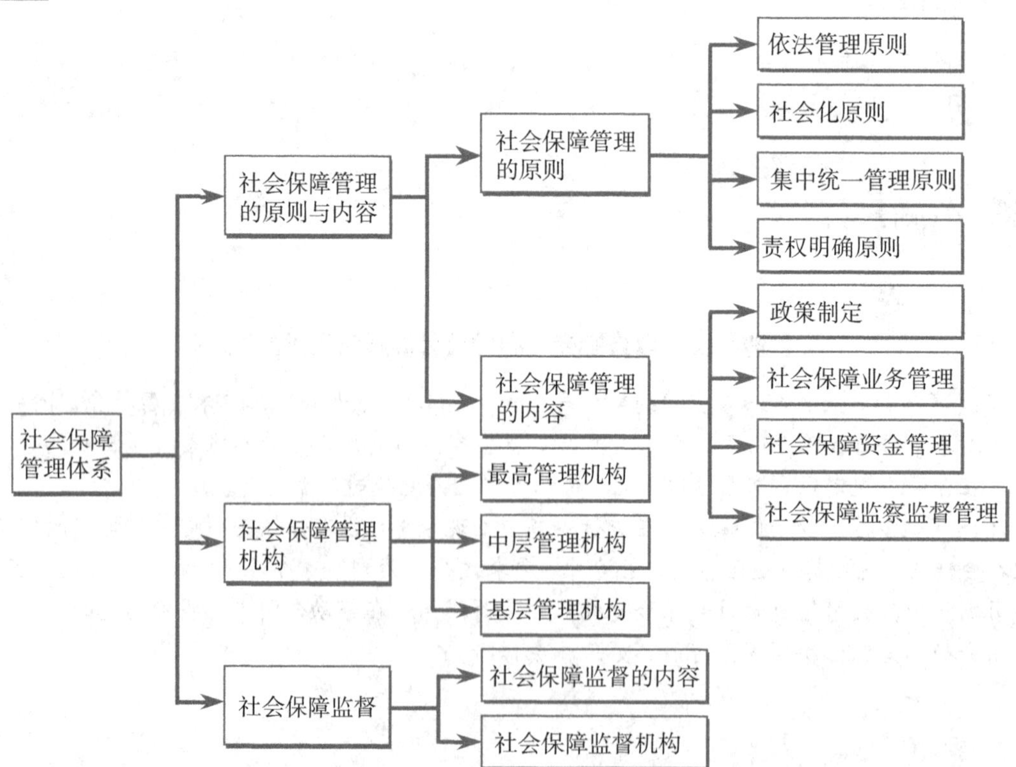

引导案例 2-1

人社部：社保卡将实现一卡通 逐步全国通用

人社部新闻发言人李忠今日表示，2014 年年底，全国社会保障卡持卡人数达 7.12 亿人，今年社保卡发卡数量要达 8 亿张。从今年起，社保卡将开放向其他公共服务领域的集成应用，逐步实现“一卡通”的功能。如把社保卡、就诊卡和银行卡三合一，实现就医“一卡通”。

人力资源和社会保障部新闻发布会现场：

记者提问：提一个比较具体的问题，刚才您讲到社保卡 2014 年已经 7.12 亿了，现在也并轨了，什么时候能人手一张呢？

人社部新闻发言人李忠：

社会保障卡全称是“中华人民共和国社会保障卡”，它的发行对象是我国的全体居民和在境内就业、参保的外国人、港澳台人员。这个社会保障卡具有电子凭证、信息记录、自助查询、就医结算、缴费和待遇领取以及金融支付这六大功能，是方便群众享受人力资源社会保障服务的一个有效凭证，同时也是各级政府社会管理和公共服务的一个重要载体。刚才记者提出的人手一卡的目标，也就是社保“十二五”规划提出的目标，应该说我们部从“十二五”以来，从三个方面入手，就是这个卡怎么发出去、怎么用起来、怎么通起来，积极推进社会保障卡的发行应用，逐步实现一卡多用、全国通用的目标。

我再从三个方面详细介绍一下：

一是这个卡怎么发出去，就是有卡的问题。前面通报的时候已经介绍到，2014 年年底，全国社会保障卡持卡人数达到 7.12 亿人，比去年增加了 1.64 亿张。目前，这个发卡数量应该说占全国总人口的 52.4%。今年，我们的发卡数量要达到 8 亿张，到 2017 年，我们社会保障卡的发卡目标要到 10 亿张。

二是这个卡怎么用起来。我们对社会保障卡的运用是高度重视的，大家可能有切身体会，最直观的是医保在医院里的直接结算，发挥了非常重要的作用。2014 年我们专门下发了一个文件，就社会保障卡在人社领域的应用，列出了 102 项应用目录，也明确了 2017 年年底以前要实现社保卡可以跨地区、跨业务直接办理个人的各项人力资源和社会保障事务，同时这个卡还开放向其他公共服务领域的集成应用，比如说让它发挥就医一卡通的作用。大家有时候会感觉到，去医院看病，又要拿社保卡，又要拿银行卡，有时候还要拿就医卡，很不方便。如果这个社会保障卡能够实现就医一卡通，通过整合社保、银行、医院这几个方面的职能，把社保卡、就诊卡和银行卡三合一，实现持一张卡到医院去看病，就可以做到挂号、就诊、结算、查询的就医全流程服务，这样更方便。目前，社会保障卡在有些地区正在进行探索，比如有一些涉农的补贴，是直接发到社会保障卡里面的，受到群众的普遍欢迎。下一步，我们要加强社会保障卡和相关部门，特别是公安、民政、教育、卫计、财政等部门的协作，让这个卡真正发挥作用，为持卡人提供更加方便快捷的服务。

三是要让这个卡通起来。前面我也说到，真正做到一卡多用、全国通用。这个方面我们已经做了大量的探索和实践，也取得了一些实际的效果，比如说这个卡现在已经在 28 个省实现了对省内异地就医的支撑作用，其中已经有 172 个城市实现了医院异地就医的结算业务，94 个地市已经实现了异地药店购药结算业务，47 个地市已经实现了异地领取养老金的业务。所以，通过这样一些实践探索，能够逐步更好地在全国通用。

2015 年我们还要进一步规范持卡异地就医结算的流程，上次新闻发布会我谈到关于印发医疗保险异地就医结算的文件，文件里面也涉及这方面的问题，所以下一步要规范持卡异地就医结算的流程，推动全部省份尽早实现省内跨地持卡就医，启动跨省异地就医结算的有关平台建设。同时，我们还在做一些基础工作，比如加强部省两级社保卡持卡人员的基础信息库建设，提供跨地区用卡的认证服务。

（资料来源：人社部新闻发言人李忠答记者问，2015-01-23）

2.1 社会保障管理的原则与内容

社会保障管理是指为了实现社会保障目标，由国家和政府成立专门的社会保障机构，组织社会保障的专业人员，对各项社会保障事务进行计划、组织、协调、控制和监督的过程。具体包括社会保障行政管理、社会保障业务管理和社会保障基金管理等。

2.1.1 社会保障管理的原则

建立一个完善的社会保障管理体制，使社会保障的管理运行始终通畅、规范，是我们努力追求的目标。在社会保障管理实践中，要达到这一目标，就必须根据客观规律和现实要求，坚持和遵循社会保障管理的原则，如图 2-1 所示。

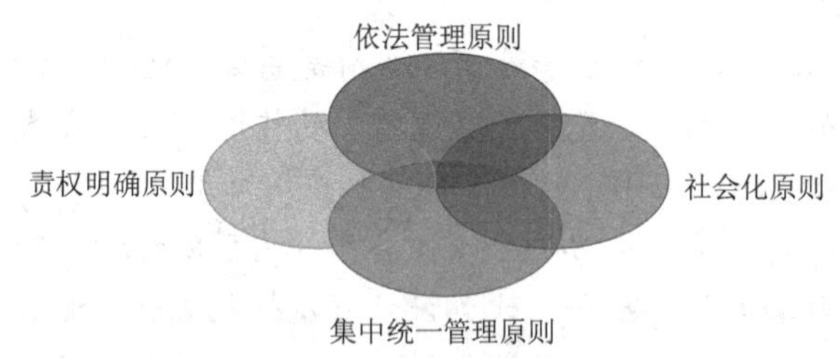

图 2-1 社会保障管理的原则

1. 依法管理原则

依法管理原则就是以法规为先导，以法规来规范管理行为，并以法规作为处理各种关系的准绳，社会保障管理工作必须全面受到法规的约束。在立法上，强调中央立法与地方立法相结合，社会保障总体立法与分项立法并行；在执法上，强调在相互依托、彼此促进的法制网络下，认真按照法律程序和法律要求办事，对违法、违规的行为依法处置。

2. 社会化原则

社会化原则就是社会保障管理部门根据相关法律和规章，在全社会范围内筹集资金，实施以社会保障为项目和对象的管理。强调社会化原则主要是为了避免在社会保障管理中过分企业化和政府行政化的倾向。同时，对社会保障管理体制实行社会化原则也是实现属地化管理的一个方面。

3. 集中统一管理原则

集中统一管理原则就是将社会保障体系中的社会保险、社会救济、社会福利、社会优抚等子系统实行相对集中而又统一的管理。同时，根据社会保障体系的总体要求，使政策制定、资金使用、监督管理三位一体。

4. 责权明确原则

责权明确原则科学划分社会保障管理部门的职责和权限。在此过程中，要注意：① 执资分开，即管理部门不直接介入资金运作；② 执政分开，即管理部门只执行政策不制定政策；③ 执监分开，即管理部门要接受独立的监察机构监察和社会监督，而不仅仅是自我监督。

2.1.2　社会保障管理的内容

社会保障管理的内容如图 2-2 所示。

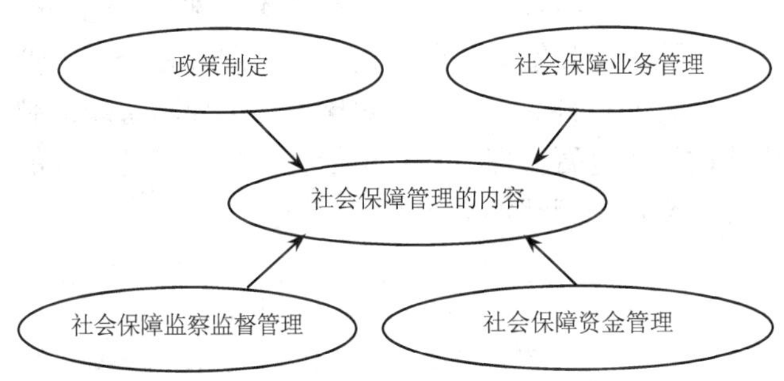

图 2-2　社会保障管理的内容

1. 政策制定

政策制定由政府权威机构充任，该权威机构是统一管理全国社会保障的领导和决策机构，主要担当向立法机构提供依据，协助制定社会保障的有关法律，并根据法律导向制定有关政策、制度和发展规划，以及对重大问题进行决策和预决算的审议。同时，还负有协调社会保障各项目管理部门的重任。

2. 社会保障业务管理

社会保障业务管理由政府的职能部门或事业单位充任。它实际上是执行国家社会保障方针、政策的职能部门，通常都要接受中央主管部门和当地政府的双重领导，并且负责执行政策法规、落实实施方案，并具体经办社会保障各项目费用的征集、核算和发放等工作。

3．社会保障资金管理

社会保障资金管理可由社会保障基金管理局独立运作，也可委托专门的基金公司或银行代理。它的主要职能是通过对社会保障基金的统一运作和保值增值，保证社会保障基金的给付。根据社会保障管理体制的发展需要，可分别设置从中央到地方的资金运作机构。

4．社会保障监察监督管理

社会保障监察监督管理由中央或地方政府领导下的社会保障监督委员会担当，主要行使对社会保障各项政策、法规的执行情况，以及社会保障各项目基金的收支、运营和管理的监督权。监察监督机构可由工会、公众代表或政府代表组成，定期听取社会保障基金收支、运营及管理的汇报，并将情况向社会公布，使社会保障具有透明度，便于接受公众的监督，不断改进工作，对挪用、滥用、挤占、浪费社会保障基金等不良现象，要予以曝光。监督机构可委托审计部门对经办机构的财务收支、基金管理和运营情况进行审计。通过多种途径实施监督、检查，以保证社会保障法令和政策的正确贯彻执行。

2.2 社会保障管理机构

社会保障管理机构是社会保障事业的实施、执行和操作部门，也是社会保障管理体制模式的外在表现。也就是说，社会保障管理体制的模式只有通过社会保障管理机构的个体设置才能得以实际运行。同时，管理机构的设置又会对整个社会保障管理体制的目标实现产生较大影响。因此，管理机构的设置是否合理，是决定社会保障的管理工作能否正常运行、是否协调和高效的关键之一。社会保障管理机构如图 2-3 所示。

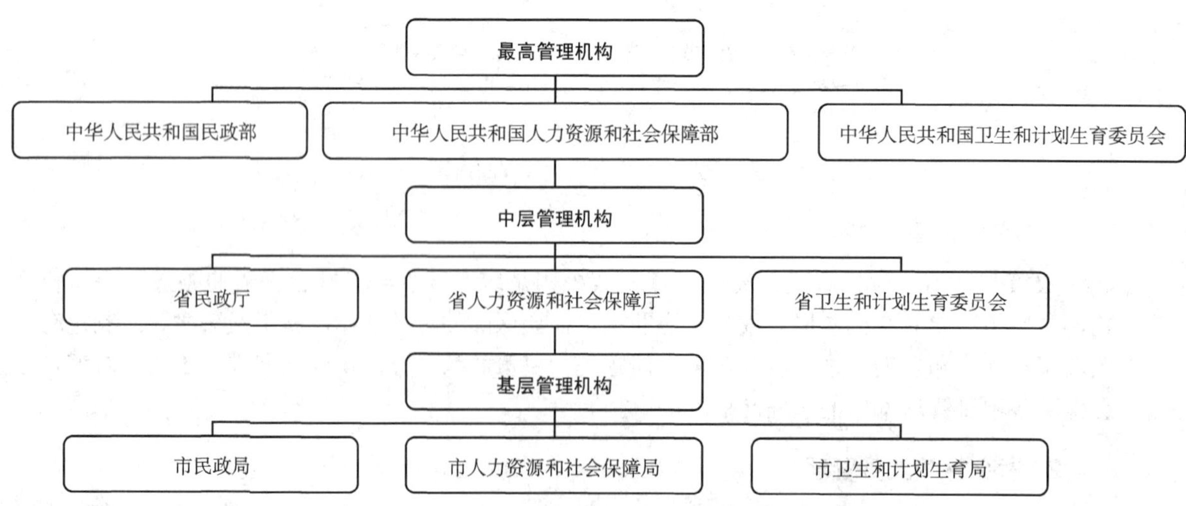

图 2-3　社会保障管理机构

2.2.1　最高管理机构

1．中华人民共和国人力资源和社会保障部

（1）中华人民共和国人力资源和社会保障部（简称人力资源和社会保障部）简介。人力资源和社会保障部是统筹机关企事业单位人员管理和统筹城乡就业和社会保障政策的中国国家权力机构，由原人事部、劳动和社会保障部合并而成，于 2008 年 3 月 31 日正式挂牌。

（2）社会保障方面的职责。

1）拟订社会保障事业发展规划、政策，起草社会保障法律法规草案，制定部门规章，并组织实施和监督检查。

2）统筹建立覆盖城乡的社会保障体系。统筹拟订城乡社会保险及其补充保险政策和标准，组织拟订全国统一的社会保险关系转续办法和基础养老金全国统筹办法，统筹拟订机关企事业单位基本养老保险政策并逐步提高基金统筹层次。会同有关部门拟订社会保险及其补充保险基金管理和监督制度，编制全国社会保险基金预决算草案，参与制定全国社会保障基金投资政策。

3）负责就业、失业、社会保险基金预测预警和信息引导，拟订应对预案，实施预防、调节和控制，保持就业形势稳定和社会保险基金总体收支平衡。

4）会同有关部门拟订军队转业干部安置政策和安置计划，负责军队转业干部教育培训工作，组织拟订部分企业军队转业干部解困和稳定政策，负责自主择业军队转业干部管理服务工作。

5）统筹拟订劳动、人事争议调节仲裁制度和劳动关系政策，完善劳动关系协调机制，制定消除非法使用童工政策和女工、未成年工的特殊劳动保护政策，组织实施劳动监察，协调劳动者维权工作，依法查处重大案件。

（3）社会保障相关内部机构和职能。

1）政策研究司。组织、开展人力资源和社会保障政策研究工作；承担重要文稿起草工作；协调专家咨询工作；承担人力资源和社会保障新闻发布等工作。

2）规划财务司。拟订人力资源和社会保障事业发展规划和年度计划；承担编制全国社会保险基金预决算草案工作；参与拟订社会保障资金（基金）财务管理制度；承担部属单位国有资产管理和审计工作；承担有关信息规划和统计管理工作；承担有关科技项目和国际援贷款项目管理工作。

3）养老保险司。统筹拟订机关企事业单位基本养老保险及其补充养老保险政策，逐步提高基金统筹层次；拟订城镇居民养老保险政策、规划和标准；拟订养老保险基金管理办法；拟订养老保险基金预测预警制度；审核省级基本养老保险费率。

4）失业保险司。拟订失业保险政策、规划和标准；拟订失业保险基金管理办法；建立失业预警制度，拟订预防、调节和控制较大规模失业的政策；拟订经济结构调整中涉及职工安置权益保障的政策。

5）医疗保险司。统筹拟订医疗保险、生育保险政策、规划和标准；拟订医疗保险、生育保险基金管理办法；组织拟订定点医疗机构、药店的医疗保险服务和生育保险服务管理、结算办法及支付范围；拟订疾病、生育停工期间的津贴标准；拟订机关企事业单位补充医疗保险政策和管理办法。

6）工伤保险司。拟订工伤保险政策、规划和标准；完善工伤预防、认定和康复政策；组织拟订工伤伤残等级鉴定标准；组织拟订定点医疗机构、药店、康复机构、残疾辅助器具安装机构的资格标准。

7）农村社会保险司。拟订农村养老保险和被征地农民社会保障的政策、规划和标准；会同有关方面拟订农村社会保险基金管理办法；拟订征地方案中有关被征地农民社会保障措施的审核办法。

8）社会保险基金监督司。拟订社会保险及其补充保险基金监督制度、运营政策和运营机构资格标准；依法监督社会保险及其补充保险基金征缴、支付、管理和运营，并组织查处重大案件；参与拟订全国社会保障基金投资政策。

9）调解仲裁管理司。统筹拟订劳动、人事争议调解仲裁制度的实施规范，指导劳动、人事争议调解工作；指导开展劳动、人事争议预防工作；依法组织处理重大劳动、人事争议。

10）劳动监察局。拟订劳动监察工作制度；组织实施劳动监察，依法查处和督办重大案件；指导地方开展劳动监察工作；协调劳动者维权工作，组织处理有关突发事件；承担其他人力资源和社会保障监督检查工作。

2. 中华人民共和国民政部

（1）中华人民共和国民政部（简称民政部）简介。民政部是中华人民共和国国务院（简称国务院）管理有关社会行政事务的职能部门，主要负责专项社会行政事务管理、基层民主政治建设、社会救助与福利、服务军队和国防建设等方面的工作。

（2）社会保障方面的职责。

1）拟订民政工作的基本方针、政策、规章和法律、法规，研究提出民政事业发展规划，指导民政工作的改革与发展。

2）组织、指导拥军优属活动；研究提出各类优抚对象优待、抚恤、补助标准和国家机关工作人员伤亡抚恤标准；拟订革命烈士、因公伤亡人员褒扬办法；审核报批全国重点烈士纪念建筑物保护单位。承担全国拥军优属拥政爱民工作领导小组的日常工作。

3）拟订退伍义务兵、转业志愿兵、复员干部、移交地方安置的军队离退休干部和军队无军籍退休退职职工安置计划及实施方案，研究提出有关生活待遇标准；拟订军队离退休干部休养所管理办法和军供站设置规划；指导军地两用人才保护单位。

4）组织、协调救灾工作；组织核查灾情，统一发布灾情，管理、分配中央救灾款物并监督使用；组织、指导救灾捐赠；承担中国国际减灾十年委员会日常工作，拟订并组织实施减灾规划，开展国际减灾合作。

5）建立和实施城乡居民最低生活保障制度；组织和指导扶贫济困等社会互助活动，审批全国性社会福利募捐义演；指导地方社会救济工作。

6）承担老年人、孤儿、“五保户”等特殊困难群体权益保护的行政管理工作，指导残疾人的权益保障工作，拟订有关方针、政策、法规、规章；拟订社会福利事业发展规划和各类福利设施标准；研究提出社会福利企业认定标准和扶持保护政策；研究提出福利彩票（中国社会福利有奖募捐券）发展规划、发行额度和管理办法，管理本级福利资金。

7）拟订和监督实施城市生活无着的流浪乞讨人员救助管理的方针、政策；指导全国救助管理站的工作。

（3）社会保障相关内部机构和职能。

1）优抚安置局。拟订拥军优属、优待抚恤和退伍义务兵、转业志愿兵、复员干部、移交政府管理的军队离退休干部和军队无军籍退休退职职工安置的方针、政策、规章并监督实施。组织、指导拥军优属活动，支援军队和国防建设；研究提出各类优抚对象优待、抚恤、补助标准和国家机关工作人员伤亡抚恤标准；拟订革命烈士、因公伤亡人员褒扬办法，负责全国重点烈士纪念建筑物保护单位的审核报批。研究提出军队离退休干部和无军籍退休退职职工生活待遇标准，拟定军队离退休干部休养所管理办法；拟订军地两用人才培训、使用规划和政策；拟订军供站设置规划，指导地方军供工作。承担全国拥军优属拥政爱民工作领导小组的有关日常工作。下设：军供站管理（综合）处、优待和抚恤处、烈士褒扬和优待处、军休干部安置处、退役士兵安置处、双拥办秘书处、双拥办政研处。

2）救灾救济司（中国国际减灾委员会办公室）。拟订救灾工作和社会救济的方针、政策、规章并监督实施；组织、协调救灾工作；统一发布灾情，管理、分配中央救灾款物并监督检查使用情况；组织核查灾情、慰问灾民；组织和指导救灾捐赠；承担国内外对中央政府捐赠款物的接收和分配工作。建立和实施城乡居民最低生活保障制度，拟订相关配套政策，组织和指导扶贫济困等社会互助活动，拟订保障“五保户”和特困户等特殊困难群体社会救济的方针、政策、规章并指导实施，指导各地社会救济工作。承担中国国际减灾委员会办公室的工作。下设：社会捐助（综合）处、救灾处、减灾处、备灾处。

3）最低生活保障司。拟订和监督实施最低生活保障及相关的生活救助方针、政策和规章；管理、分配中央财政最低生活保障投入资金并监督检查使用情况，建立资金发放核查制度；拟订和组织实施最低生活保障社会化管理服务规划和信息管理系统规划、规范及标准。下设：综合（信息）处、城市处、农村处。

4）社会福利和社会事务司。拟订保障老年人、残疾人、孤儿等特殊困难群体社会福利救济的方针、政策、规章并指导实施；拟订社会福利事业发展规划和各类福利机构标准及管理规范，拟订政府对福利单位的资助办法；研究提出社会福利企业认定标准和扶持保护政策；负责本级社会福利资金资助项目评审的日常工作。拟订殡葬工作方针政策，推行殡葬改革。拟订和监督实施城市生活无着的流浪乞讨人员救助管理的方针、政策。拟订收养政策，指导国内及涉外收养工作。下设：综合处、社会福利处、社会事务处、救助站管理处。

3. 中华人民共和国卫生和计划生育委员会

（1）中华人民共和国卫生和计划生育委员会（简称卫计委）简介。卫生和计划生育委员会为国务院主管卫生和计划生育工作的组成部门；其前身卫生部也是中华人民共和国成立最早的政府部门之一。

（2）社会保障方面的职责。

1）负责起草卫生和计划生育、中医药事业发展的法律法规草案，拟订政策规划，制定部门规章、标准和技术规范。负责协调推进医药卫生体制改革和医疗保障，统筹规划卫生和计划生育服务资源配置，指导区域卫生和计划生育规划的编制和实施。

2）负责制定疾病预防控制规划、国家免疫规划、严重危害人民健康的公共卫生问题的干预措施并组织落实，制定检疫传染病和监测传染病目录、卫生应急和紧急医学救援预案、突发公共卫生事件监测和风险评估计划，组织和指导突发公共卫生事件预防控制和各类突发公共事件的医疗卫生救援，发布法定报告传染病疫情信息、突发公共卫生事件应急处置信息。

3）负责组织拟订并实施基层卫生和计划生育服务、妇幼卫生发展规划和政策措施，指导全国基层卫生和计划生育、妇幼卫生服务体系建设，推进基本公共卫生和计划生育服务均等化，完善基层运行新机制和乡村医生管理制度。

4）负责组织制定国家药物政策和国家基本药物制度，组织制定国家基本药物目录，拟订国家基本药物采购、配送、使用的管理制度，会同有关部门提出国家基本药物目录内药品生产的鼓励扶持政策建议，提出国家基本药物价格政策的建议，参与制定药品法典。

5）负责完善生育政策，组织实施促进出生人口性别平衡的政策措施，组织监测计划生育发展动态，提出发布计划生育安全预警预报信息建议。制定计划生育技术服务管理制度并监督实施。制定优生优育和提高出生人口素质的政策措施并组织实施，推动实施计划生育生殖健康促进计划，降低出生缺陷人口数量。

（3）社会保障相关内部机构和职能。

1）规划与信息司。拟订卫生和计划生育事业中长期发展规划，承担统筹规划与协调优化全国卫生和计划生育服务资源配置工作，指导区域卫生和计划生育规划的编制和实施，指导卫生和计划生育公共服务体系建设，拟订大型医用装备配置管理办法和标准并组织实施，承担卫生和计划生育的信息化建设和统计工作，参与国家人口基础信息库建设工作。

2）财务司。承担机关和预算管理单位预决算、财务、资产管理和内部审计工作，拟订药品和医疗器械采购相关规范，提出医疗服务和药品价格政策的建议，指导和监督社会抚养费管理。

3）法制司。拟订卫生和计划生育政策和标准，组织起草法律法规草案和规章，承担规范性文件的合法性审核工作，承担行政复议、行政应诉等工作。

4）卫生应急办公室（突发公共卫生事件应急指挥中心）。拟订卫生应急和紧急医学救援政策、制度、规划、预案和规范措施，指导全国卫生应急体系和能力建设，指导、协调突发公共卫生事件的预防准备、监测预警、处置救援、总结评估等工作，协调指导突发公共卫生事件和其他突发事件预防控制和紧急医学救援工作，组织实施对突发急性传染病防控和应急措施，对重大灾害、恐怖、中毒事件及核事故、辐射事故等组织实施紧急医学救援，发布突发公共卫生事件应急处置信息。

5）疾病预防控制局（全国爱国卫生运动委员会办公室）。拟订全国重大疾病防治规划、国家免疫规划、严重危害人民健康的公共卫生问题的干预措施并组织实施，完善疾病预防控制体系，防止和控制疾病发生和疫情蔓延，承担发布法定报告传染病疫情信息工作。承办全国爱国卫生运动委员会、国务院防治艾滋病工作委员会的具体工作。

6）基层卫生司。拟订农村卫生和社区卫生政策、规划、规范并组织实施，指导全国基层卫生服务体系建设和乡村医生相关管理工作，监督指导基层卫生政策的落实。

7）妇幼健康服务司。拟订妇幼卫生和计划生育技术服务政策、规划、技术标准和规范，推进妇幼卫生和计划生育技术服务体系建设，指导妇幼卫生、出生缺陷防治、人类辅助生殖

技术管理和计划生育技术服务工作，依法规范计划生育药具管理工作。

8）综合监督局。承担公共卫生、医疗卫生、计划生育综合监督，按照职责分工承担职业卫生、放射卫生、环境卫生、学校卫生和计划生育的监督管理，组织开展公共场所、饮用水安全、传染病防治监督检查，整顿和规范医疗服务市场，组织查处违法行为，督办重大医疗卫生违法案件，指导规范综合监督执法行为。

9）药物政策与基本药物制度司。组织拟订国家药物政策，完善国家基本药物制度，组织拟订国家基本药物目录以及国家基本药物采购、配送、使用的管理措施，提出国家基本药物目录内药品生产的鼓励扶持政策和国家基本药物价格政策的建议，参与拟订药品法典。

2.2.2 中层管理机构

1. 省人力资源和社会保障厅

省人力资源和社会保障厅的工作职责与部门设置同人力资源和社会保障部相对应，下设处，如养老保险处。省人力资源和社会保障厅的工作任务是：贯彻执行国家和省有关人力资源和社会保障事业发展的方针政策和法律法规，起草有关地方性法规、规章草案，拟订本省人力资源和社会保障事业发展规划、政策，并组织实施和监督检查（机构设置不再赘述）。

2. 省民政厅

省民政厅的工作职责与部门设置同民政部相对应，下设处。省民政厅的工作任务是：贯彻执行国家和省有关民政厅事业发展的方针政策和法律法规，起草有关地方性法规、规章草案，拟订本省民政事业发展规划、政策，并组织实施和监督检查（机构设置不再赘述）。

3. 省卫生和计划生育委员会

省卫生和计划生育委员会的工作职责与部门设置同国家卫生和计划生育委员会相对应，下设处。省卫生和计划生育委员会的工作任务是：贯彻执行国家和省有关卫生计生事业发展的方针政策和法律法规，起草有关地方性法规、规章草案，拟订本省卫生计生事业发展规划、政策，并组织实施和监督检查（机构设置不再赘述）。

2.2.3 基层管理机构

1. 市人力资源和社会保障局

市级人力资源和社会保障局负责落实国家和省有关政策，主要进行社会保险办理，劳动争议仲裁等各项社会保障工作的具体落实。

2. 市民政局

市级民政局负责落实国家和省有关政策，主要进行各项民政工作的具体落实。

3．市卫生和计划生育局

市级卫生和计划生育局负责落实国家和省有关政策，主要进行各项卫生计生工作的具体落实。

2.3　社会保障监督

社会保障监督是有关部门对社会保障经办部门的管理过程和管理结果进行评审、鉴定，以达到落实社会保障政策，确保各方合法利益的目的。

社会保障监督必须在法律、法规规定的基础上进行，应当通过法律和法规赋予监管机构一定的法律地位、权力和职责。我国现阶段社会保障监督系统的基本方向是法制化与独立化，监督方式是实现内外监督、上下监督、专业监督与群众监督相结合。同时监管机构以独立、规范的方式来行使监督权力，不受其他部门和个人的干预，以确保监督的独立性、强制性、权威性和有效性，使社会保障监督机构能够超越于地方利益和部门利益，切实从全社会的角度来进行有效监督。加强对社会保障的监督管理，是社会保障体系正常运行的前提条件，对实现社会保障的功能具有重要意义。

2.3.1　社会保障监督的内容

社会保障监督主要从图2-4所示的几个方面来进行。

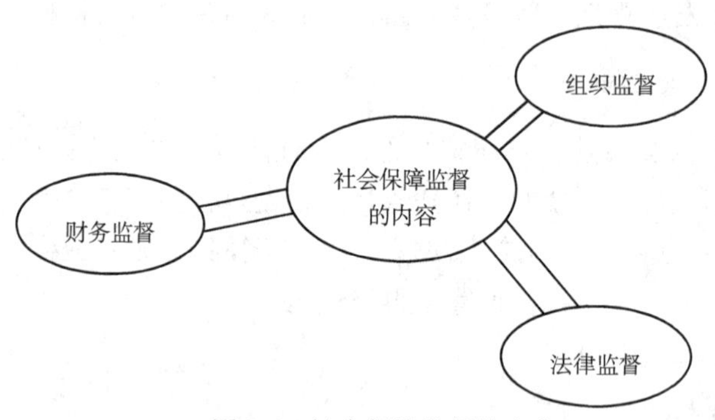

图2-4　社会保障监督的内容

1．组织监督

组织监督，也称“党的监督”，即党组织的监督，指中国共产党对国家行政机关及其工作人员的监督。组织监督是社会主义国家所特有的一种重要的监督形式，党对国家行政机关及工作人员的监督，是实现党的领导的重要手段。

对社会保障部门及其工作人员的监督，是党组织的一项重要任务。党组织监督不直接参加和干预具体的社会保障事务工作，而是对其工作予以检查和督促，指出存在的问题，提出改进的意见，对违反国家法律、行政纪律的工作人员建议有关方面予以处理。

2．法律监督

法律监督是对违反社会保障法律的情况所进行的监督。法律监督不包括对政策合理性的监督，而只是对社会保障实施情况的监督，并且是以监督严重违反法律的情况为主。

法律监督是一种事后性的监督。只有当法律规定的违法情形出现以后，检察机关才能启动法律监督程序，实施监督行为。并且，社会保障工作中可能出现的各种违法行为，在程度上是不同的，只有在违法行为达到一定程度之后，检察机关才能启动法律监督程序实施监督。

3．财务监督

财务监督主要涉及社会保障基金管理，我们将在第 3 章叙述。

2.3.2　社会保障监督机构

1．行政监督机构

根据 2010 年 6 月 25 日第十一届全国人民代表大会常务委员会第十五次会议《关于修改〈中华人民共和国行政监察法〉的决定》的修正，行政监察机关的职能可以简单概括为保护政令畅通、维护行政纪律。《中华人民共和国行政监察法》（简称《行政监察法》）同时规定了与之相适应的行政纪律处分权限和监察手段。

专门行政监督机关包括行政监察机关和国家审计机关，主要通过行政监察和审计监督来实现对行政机关及其工作者的监督。

2．司法监督机构

司法监督通常包括两种含义：一是监督主体依照宪法和法律的规定，对司法机关及其工作人员的司法活动的合法性进行的监督；二是司法机关依法对行政机关及其工作人员的司法活动的合法性进行的监督。

我国国家司法机关仅指人民法院和人民检察院，因此我国司法监督的主体是人民法院和人民检察院。

3．专门监督机构

我国的社会保障设立有专门的监察机构。劳动保障监察采取级别管辖与地域管辖相结合的管辖方式。

省、市、县、市辖区劳动保障行政部门的劳动保障监察机构负责对本辖区内有行政管辖权的用人单位及受上级劳动保障监察机构授权委托管辖的用人单位实行劳动保障监察，包括对劳动保障法律、法规和规章的遵守和实施情况实行监察。

4．社会监督机构

社会监督指由公民、法人或其他组织对行政机关及其工作人员的行政行为进行的一种没有法律效力的监督。其团体包括工会、各种协会、社会舆论组织（如电视、广播、报纸、网络等大众媒体）。

相关链接

社会保障卡　走进千万家

前言：人力资源社会保障工作关系民生，涉及群众切身利益，看病买药要用医保卡，领取养老金要有养老金存折，享受失业、工伤待遇要有相关的证、卡、折，这些工作的开展为普通百姓的生活带来保障，但由于证、卡、折的过多也带来种种不便。而新型社会保障卡是持卡人享有社会保障和公共就业服务权益的电子身份凭证，具有信息记录、信息查询、业务办理等基本功能，同时加载金融功能，支持社会保险费缴纳、社会保险待遇支付功能。以后出门只需携带一张社保卡就可以在全国范围内办理所有人力资源社会保障业务，实现“一卡在手、全国通用”。

1. 什么是社会保障卡

社会保障卡全称为“中华人民共和国社会保障卡”，主要应用于人力资源社会保障领域政府公共服务和社会管理，是持卡人享有社会保障和公共就业服务权益的电子身份凭证，具有信息记录、信息查询、业务办理等基本功能，同时加载金融功能，支持社会保险费缴纳、社会保险待遇支付及银行借记卡业务。河南省社会保障卡由国家统一规划，省人力资源和社会保障厅面向社会公众发行。

2. 如何申领社会保障卡

凡在省内参加社会保险的城镇职工、离退休人员和城乡居民等，均需申领社会保障卡。首次申领社会保障卡，可由单位、社区（村）集体办理，也可由申领人到当地社会保障卡服务窗口按如下手续办理：

（一）填写社会保障卡申领登记表；（二）提供二代身份证复印件 2 张；（三）提供符合社会保障卡标准的电子照片或到指定地点采集电子照片；（四）社会保障卡服务窗口对申领材料审核无误后，向申领人出具领卡凭据；申领人凭领卡凭据领取社会保障卡。

不满 16 周岁（截至申领当年 12 月 31 日）的参保人员，需由其监护人代为申领，并提交本人身份证或户口本、监护人身份证和监护关系证明。

参保人员首次申领社会保障卡免交卡工本费。

3. 社会保障卡使用范围

持卡人可凭社会保障卡办理信息查询、本地及省内异地医疗费用结算、社会保险费缴纳、待遇领取、公共就业服务、社保关系转移等人力资源社会保障业务，享受银行提供的金融服务。社会保障卡应用还将逐步扩展到其他政府公共服务领域，实现“一卡多用、全省通用”。

（1）人力资源社会保障业务。持卡人身份凭证。社会保障卡是持卡人办理参保登记、缴费申报、参保关系转移接续、医疗费用报销、待遇领取、资格认证等业务的身份凭证和享受公共就业服务、就业扶持政策的身份凭证。

查询人力资源社会保障信息。持卡人可以通过社会保障卡服务窗口、自助服务终端、互联网网站、12333 咨询电话等方式，查询个人的基础信息和养老、医疗、失业、工伤、生育等保险缴费情况及待遇享受情况。

办理人力资源社会保障业务。人力资源社会保障部门将通过信息系统建设，按照省政府（豫政［2012］45 号文件）确立的“急用为先，分步发展”的原则，逐步实现持社会保障卡办理以下业务：

医疗费用即时结算。参保人员使用社会保障卡可在本地或异地定点医疗机构门诊、住院过程中实现医疗费用的即时结算。

参保关系异地接续。参保人员在省内转移社会保险关系时无须换卡，所持社会保障卡在迁入地仍可继续使用。

参保缴费及待遇领取。参保人员使用社会保障卡可缴纳社会保险费，领取各种社会保险待遇。

公共就业服务。持卡人可凭社会保障卡办理就业、失业登记、参加政府经费补贴的职业培训项目；申请劳动能力、职业资格鉴定；领取各类扶持政策补贴等。

（2）金融业务。社会保障卡的金融账户，具有存取现金、转账结算、消费等一般银行借记卡可以实现的金融功能。持卡人可在社会保障卡合作银行指定的受理网点或通过 ATM 机、POS 机、转账电话、网上银行、电话银行等电子渠道按相关规定办理金融业务。

金融账户的管理由相应金融合作机构负责，享有免收年费、小额账户管理费、卡挂失费及省内同行存取款手续费等优惠措施，以及相应银行面向社会推行的其他优惠措施。

4. 社会保障卡的常见问题

（1）社保账户与金融账户的关系。从管理主体上来看，两者是相互独立的，分别由人力资源社会保障部门和金融机构管理；从业务应用上来看，两者有联系，金融账户可用于人力资源社会保障业务相关的缴费、待遇领取、医疗费用支付等。

（2）密码重置。

1）初始密码和账户激活。社会保障卡的社保账户和金融账户均设置有初始密码。社保账户的初始密码（均为：123456）必须修改后才能使用，持卡人领取社会保障卡后应及时持本人社会保障卡、有效身份证件到社会保障卡服务窗口或定点医院、定点药店等用卡网点修改社保账户初始密码，同时按照相应银行规定修改金融账户初始密码。

社会保障卡金融账户必须激活后才能使用金融功能；且持卡人只有在办理金融账户激活手续后，才能通过社会保障卡办理社会保险费缴纳、待遇领取等人力资源社会保障业务。

2）密码遗忘后的处理。如果持卡人遗忘社会保障卡社保账户密码，须凭社会保障卡和本人有效身份证件到社会保障卡服务窗口办理密码重置手续。

金融账户密码遗忘后的重置，按照相应银行规定办理。

3）密码锁定后的处理。为确保社会保障卡使用安全，如果持卡人将社保账户密码连续 6 次输入错误，该卡将不能使用，并提示密码锁定。社保账户密码被锁定后，须持本人社会保障卡、有效身份证件到社会保障卡服务窗口办理社保账户密码解锁手续。

金融账户密码被锁定，按照相应银行规定办理解锁手续。

（3）信息修改。持卡人的姓名、身份证号发生变更时，须及时到人力资源社会保障业务经办机构办理个人信息变更后到社会保障卡服务窗口换卡。

持卡人的通信地址、联系电话等非社会保障卡卡面的个人信息发生变更时，需及时到社会保障卡服务窗口，或者通过 12333 咨询服务电话、自助服务终端、社会保障卡服务网站等途径办理社保账户个人信息变更。

（4）挂失解挂。

1）如何办理挂失。社会保障卡丢失后，持卡人应当及时到社会保障卡服务窗口，或者通过12333咨询服务电话办理社保账户挂失手续。挂失的社会保障卡在未办理补卡手续前找回，本人可持社会保障卡、身份证，到社会保障卡服务窗口办理社保账户解除挂失。委托他人代理的，还应当提供代理人身份证原件及复印件。金融账户的挂失按照相应银行规定办理。

2）如何办理解除挂失。挂失的社会保障卡在未办理补卡手续前找回，本人可持社会保障卡、有效身份证件原件，到社会保障卡服务窗口办理社保账户解除挂失。金融账户的解除挂失按照相应银行规定办理。

（5）补（换）卡。社会保障卡因丢失、损坏、卡面个人信息变更等原因影响正常使用的，持卡人需到社会保障卡服务窗口申请补（换）卡，并按省物价主管部门核定的收费标准缴纳补（换）卡费用。委托他人代理应提供代理人和持卡人有效身份证件原件。旧卡由社会保障卡服务窗口收回并集中销毁。

持卡人在社会保障卡补（换）期间急需用卡的，可以申请办理临时社会保障卡，临时社会保障卡不具备金融功能，有效期3个月。持卡人在领取新卡时须办理临时社会保障卡注销手续。

（6）注销。持卡人因死亡、出国定居等原因终止社会保险关系的，应持社会保障卡、社会保险关系终止证明、本人有效身份证件（或代理人有效身份证件），到社会保障卡服务窗口办理社会保障卡社保账户注销，注销的社会保障卡由社会保障卡服务窗口收回并集中销毁。

注意：须先办清所有人力资源社会保障业务和银行业务后，才能办理社会保障卡注销手续。

（7）如何正确保管社会保障卡。不要将社会保障卡与坚硬物品放在一起或接近强磁场（如磁铁、手机、电视等），避免损坏卡面和芯片。

牢记并妥善保管社会保障卡密码，不要将密码写在卡片上或与卡片放在一起。

在办理业务输入密码前，要注意周围环境，防止他人偷视，更不要将密码告诉他人。

社会保障卡只限于持卡人本人使用，不得转借给他人使用。

（8）医保卡切换成社保卡需要办理的手续。需要特别说明的是社会保障卡有105项应用，包含了医疗保险功能，我市实行医保卡无缝过渡到社会保障卡的方式，参保人员在购药、就医时如启用社会保障卡，医保卡的所有功能直接切换到社会保障卡，无须再额外办理其他手续。

（9）领取城乡居民养老金的人员如何使用社保卡。社保卡具有城乡居民养老保险的缴费、待遇等功能，领取城乡居民养老金的人员今后可以通过社保卡领取养老金，具体启用时间以当地人社部门的通知为准。

（10）未参加社会保险人员能办理社保卡吗？社会保障卡的服务对象为已参加社会保险的人员，社会保险包含养老保险、医疗保险、失业保险、工伤保险、生育保险、城乡居民养老保险等，只要您参加任一险种都可申领社会保障卡。未参保人员应先办理参保手续后再申领社会保障卡。

（资料来源：佚名. 周口网，2014-12-01）

课后练习

一、判断题

1. 中华人民共和国人力资源和社会保障部是统筹机关企事业单位人员管理、统筹城乡就业和社会保障政策的中国国家权力机构，由原人事部、劳动和社会保障部合并而成。(　　)

2. 中华人民共和国民政部是国务院管理有关社会行政事务的职能部门，主要负责专项社会保险政策制定、社会行政事务管理、基层民主政治建设、社会救助与福利、服务军队和国防建设等方面的工作。(　　)

3. 中华人民共和国卫生和计划生育委员会在社会保障方面的职责：研究拟订卫生计生工作的法律、法规和方针政策，研究提出卫生计生事业发展规划和战略目标，制定技术规范和卫生计生标准并监督实施。(　　)

4. 司法监督通常包括两种含义：一是监督主体依照宪法和法律的规定，对司法机关及其工作人员的司法活动的合法性进行的监督；二是司法机关依法对行政机关及其工作人员的司法活动的合法性进行的监督。(　　)

5. 法律监督是对社会保障资金的使用情况所进行的监督。(　　)

二、单项选择题

1. 养老保险司的职能是统筹拟订机关企事业单位基本养老保险及其补充养老保险政策，逐步提高基金统筹层次；拟订城镇居民养老保险（　　）、规划和标准；拟订养老保险基金管理办法；拟订养老保险基金预测预警制度；审核省级基本养老保险费率。

A. 政策　　B. 费率

C. 规定　　D. 办理流程

2. 市级人力资源和社会保障局负责落实国家和省有关政策，主要进行社会保险办理，（　　）等各项社会保障工作的具体落实。

A. 社会保障政策制定　　B. 社会保障宏观控制

C. 劳动争议仲裁　　D. 社会保险调查

3. 组织监督，也称（　　），指中国共产党对国家行政机关及其工作人员的监督。组织监督是社会主义国家所特有的一种重要的监督形式，党对国家行政机关及工作人员的监督，是实现党的领导的重要手段。

A. “党的监督”　　B. “社会监督”

C. “群众监督”　　D. “公众监督”

4. 社保“一卡通”的“通”，是指各项（　　）“通”用一张卡，方便参保者随时随地查询自己的权益记录，方便、快捷地享受社会保障服务。

A. 社会保险费发放　　B. 社会保险收费

C. 社会保险资金　　D. 社会保险信息

5. 省卫生和计划生育委员会的工作任务是：贯彻执行国家和省有关卫生计生事业发展的方针政策和法律法规，起草有关地方性法规、规章草案，拟订本省（　　）事业发展规划、政策，并组织实施和监督检查。

A. 社会保险　　B. 卫生计生
C. 保险　　D. 社会保险信息

三、多项选择题

1. 社会保障管理的原则包括（　　）。
A. 依法管理原则　　B. 社会化原则
C. 集中统一管理原则　　D. 责权明确原则
2. 社会保障管理的内容包括（　　）。
A. 政策制定　　B. 保障业务管理
C. 社会保障资金管理　　D. 社会保障监察监督管理
3. 最高管理机构是指（　　）。
A. 财政部　　B. 人力资源和社会保障部
C. 民政部　　D. 卫生和计划生育委员会
4. 社会保障监督主要从（　　）等方面来进行。
A. 组织监督　　B. 法律监督
C. 执法监督　　D. 财务监督
5. 社会保障监督机构有（　　）。
A. 行政监督机构　　B. 司法监督机构
C. 专门监督机构　　D. 社会监督机构

四、简答题

1. 简述社会保障管理的含义。
2. 简述社会保障监督的含义。
3. 简述社会保障管理机构的含义。

案例分析

异地劳动争议案件管辖权

小王在××公司佛山办事处工作。××公司注册地在北京，在佛山设立的办事处没有进行相关的工商注册登记。而且小王和××公司没有签订书面劳动合同，××公司也没有为小王缴纳社会保险，并以扣个人所得税为由克扣小王工资。2015年3月，××公司佛山办事处突然单方面口头宣布解除双方的劳动关系并拒绝支付小王2月的工资。××公司佛山办事处的行为严重侵害了小王的合法权益，因此小王依法提起仲裁请求，并提供工作卡、领取薪酬表等证据。

对方抗辩：仲裁委员会对本案不具有管辖权。被申请人公司注册地在北京，北京是公司实际工作场所，案件应当移送北京，其仲裁请求应予以驳回。

请分析：佛山劳动部门是否有管辖权？

第 3 章

社会保障基金管理

学习目标

1. 理解社会保障基金管理的基本内容；
2. 掌握社会保障基金的筹集渠道；
3. 理解社会保障基金的使用。

学习导航

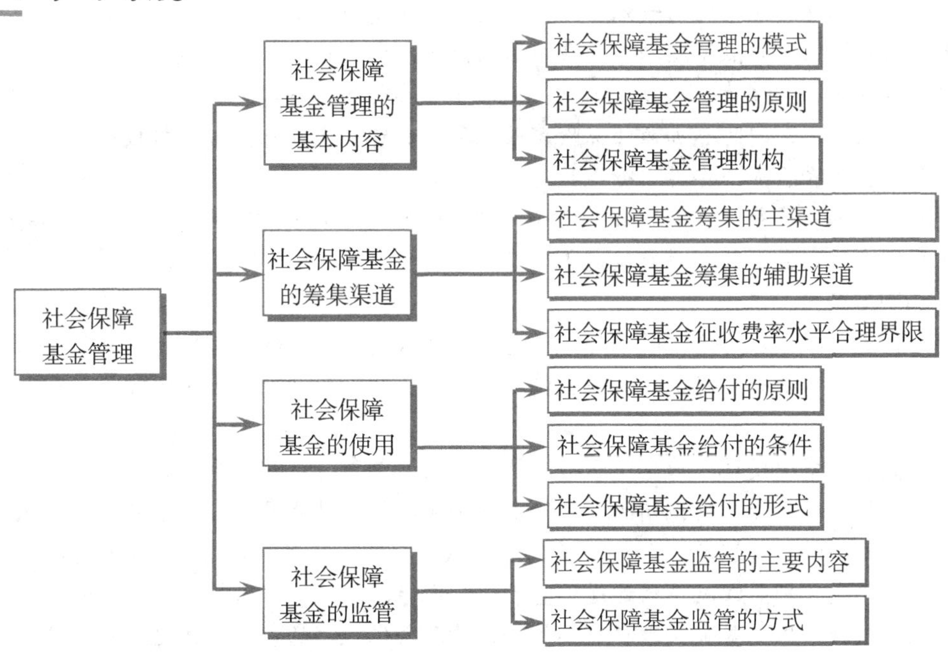

引导案例 3-1

骗取社保金要依法严惩

网络游戏是年轻人喜欢的一种休闲娱乐方式，但在浙江省杭州市余杭区，却有那么一群痴迷者，为了无限“升级”的游戏内外勾结，制造了一起骗保大案。

让人意想不到的是，这起骗保大案的始作俑者郑彦君是一名社保临时工，他单独或伙同钱军、乐建祥、赵英等人，在2006年到2014年，通过伪造医保报销材料骗取医保资金，8年累计作案160余次，总金额达544万元。

2015年，郑彦君因犯贪污罪，被判处无期徒刑，另3人被判处有期徒刑5年到12年不等。

伪造报销材料内外勾结

郑彦君原是余杭区社会保险办公室医疗保险管理科工作人员，多年来，虽然工作单位的名称几经改变，但他的身份却没变——受某人力资源开发公司劳务派遣，到余杭区人力社保局下属单位工作的编外用工人员，俗称“临时工”。

2014年5月16日，余杭区人社局医疗保险管理科一名工作人员从外面回来，路过财务人员的座位时，发现同事郑彦君正坐在那里忙碌着，就随口问了句：“你在做什么事情?”

一句寻常的问候却让郑彦君慌了神，支吾了半天也没说清楚。该工作人员不由疑窦丛生，过去一看，发现郑彦君正在填写一张5万多元的医保报销现金支票。

随着了解的深入，疑点不断增多，余杭区人社局立即向检察机关报案。

据郑彦君交代，2006年刚参加工作时，他在审核参保人员报销医疗费的过程中发现，参加农保的参保人员如果同时参加商业保险，且住院报销费用已经在保险公司报销过，还可到新型农村合作医疗保险办公室再进行报销。

该骗保团伙的犯罪行为隐藏了8年之久，对医保基金形成了持续性的侵害，每年实施少则几笔多则数十笔，最多的一年数额达117万元。

堵塞漏洞完善内控机制

据介绍，医疗报销较为规范的业务流程是“参保人员申请报销—窗口受理初审—主管领导审核—财务部门审核开具现金发票—凭借发票领取现金”，每个环节都规定较为详细的操作步骤。

检察机关在办案中发现，业务流程存在诸多漏洞，如医疗证明等原始材料在保险公司报销时被收走，故申请医保基金报销的材料基本都是复印件，很容易造假；原始医疗和保险材料只需窗口业务员的初审这道“关卡”，业务员对原始材料的处置权较大；审核人员对原始材料的真实性并不是特别关注，导致这道审查流于形式等。

办案中还发现，医保基金管理机制不健全，涉及医保报销的各个系统之间的衔接不够到位，导致信息不对称，郑彦君正是抓住了信息不对称的监控“真空”，才屡屡得手。

针对业务流程中存在的漏洞，办案机关向发案单位提出了建议，从内控机制建设下功夫，认真梳理现有的各项管理和监督制度，进行有效性评估，实行严格的风险防控和风险管理，培养风险防控意识，落实主体责任，努力使问题在萌芽状态就能被及时发现并处理，从源头

上消除犯罪赖以发生的条件和机会。同时，以此次案件为契机，推进报销、医疗和保险机构间的信息沟通和对接。

目前，余杭社保部门已加强全区医保基金支取统一审核和报销信息统一审计，明确乡镇一级医保报销财务审核人员主体责任，严格审核代领代报人员与实际报销人员的关系，杜绝此类问题再次发生。

（资料来源：王春. 中国青年网，2016-02-20）

3.1　社会保障基金管理的基本内容

社会保障基金是根据国家有关法律、法规和政策的规定，为实施社会保障制度而建立起来的专款专用的资金。社会保障基金一般按不同的项目分别建立，如社会保险基金、社会救济基金、社会福利基金等。其中，社会保险基金是社会保障基金中最重要的组成部分。目前，我国社会保险基金分为养老保险基金、失业保险基金、医疗保险基金、工伤保险基金和生育保险基金等，其中，养老保险基金数额最大，在整个社会保险制度中占有重要地位。社会保障基金的构成如图 3-1 所示。

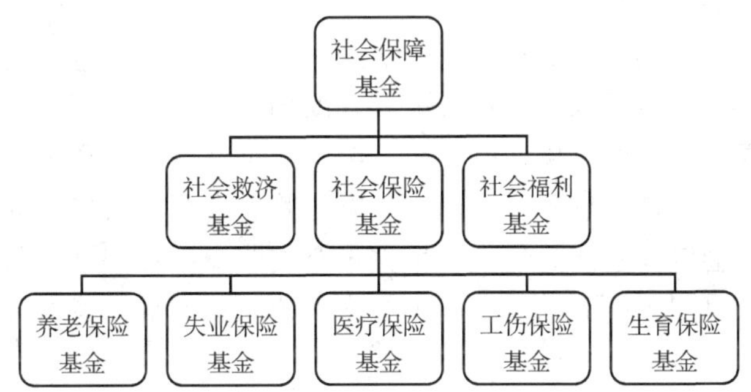

图 3-1　社会保障基金的构成

3.1.1　社会保障基金管理的模式

社会保障基金管理的模式如图 3-2 所示。

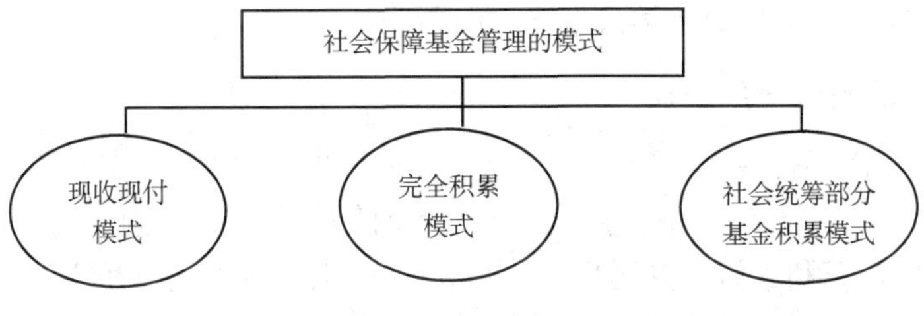

图 3-2　社会保障基金管理的模式

1．现收现付模式

由社会保险机构以社会需求总额进行资金筹资，即由单位和在职职工个人（或全部由单位）按工资总额的一定比例缴纳保险费，以支定收，不留积累。此模式的优点是：费率调整灵活；社会共济性强，易于操作，不存在基金受通货膨胀和利率波动的威胁，具有通过再分配达到公平为主导的特性。此模式的缺点是如果一国人口的年龄结构严重老龄化或者经济持续衰退，则会使在职劳动者不堪重负。

2．完全积累模式

完全积累模式是远期纵向收支平衡，实质是长期范围收入再分配制度。首先由政府基金管理部门对有关人口寿命、经济发展状况等做宏观预测，然后预测劳动者退休之后所需的保险费用支出，将其平均分摊到劳动者的整个就业期间和投保期间。完全积累模式的优点是：费率在整个实施过程中相对稳定，不会有很大的起伏波动，有较强的抗人口老龄化能力，受人口年龄结构影响较小；并且形成的储备基金短期内不会支用，可为经济增长积累资金，促成资本形成，为经济发展做贡献，使制度本身分享经济增长的成果。此模式的缺点是制度设计过于强调效率，没有再分配和互济功能，不利于缓和贫富差距，背离了社会保障制度的初衷。

3．社会统筹部分基金积累模式

社会统筹和个人账户相结合，其核心是引进了个人账户储存基金制的机理，积累基金建筑在个人账户的基础上，同时又保持了社会统筹互助调剂的机制。单位缴纳的保险费大部分统筹调剂用于支付已退休人员的费用，职工个人缴纳的全部保险费和单位缴纳统筹保险费的一部分一起进入职工个人账户。这种模式由于建立了养老金个人账户，具有激励机制和监督机制，同时也保留了社会统筹互济的优点，集聚了个人账户储存基金制和现收现付社会统筹制两者的优点，防止和克服了两者的弱点和可能出现的问题。从理论上看这种模式是优点大于缺点，是我国养老保险改革中的一种主要模式。

3.1.2 社会保障基金管理的原则

1．依法管理、规范运行的原则

依法管理、规范运行的原则即必须以法律、法规为依据，按法定的程序和方式来管理社会保障基金，严格监督，杜绝漏洞，收支两条线，征收和支出适当分离。这不仅是维护社会保障基金安全性的要求，也是追求基金效率性的需要。

2．收支平衡、略有结余的原则

在基金筹集量上，要把握“收支平衡、略有结余”的方针。“收支平衡”不仅指短期资金收付平衡，也指长期的平衡，这样才有利于社会保障长期持续稳定的发展。从资金运行安全的角度，较多的累积有利于资金的运作，但从经济的角度，较多的累积不利于经济的发展，所以我们要确定科学、合理的积累与消费的比重。

3．有利于资源有效配置的原则

如果我们将资源投入一种用途，就会失去另一种用途带来的收益，在经济学上我们称为机会成本。在资源有限的条件下，我们必须权衡基金的投入方向，实现资金效益最大化。

3.1.3　社会保障基金管理机构

社会保障基金管理机构指各级社会保险经办机构及其委托代为收缴的各级税务部门，其中，社会保险经办机构指各地社会保险基金管理局或中心，该机构为人力资源和社会保障局下属行政事务机构。

3.2　社会保障基金的筹集渠道

社会保障基金的筹集渠道，又称社会保障基金的来源，它是国家依法确定的用于社会保障事业所需专项基金取得和形成的渠道，是社会保障制度的基础环节。按照一定的原则和模式筹集和建立社会保障基金是社会保障制度得以建立并正常运行的前提和财力保证。社会保障基金的筹集渠道如图 3-3 所示。

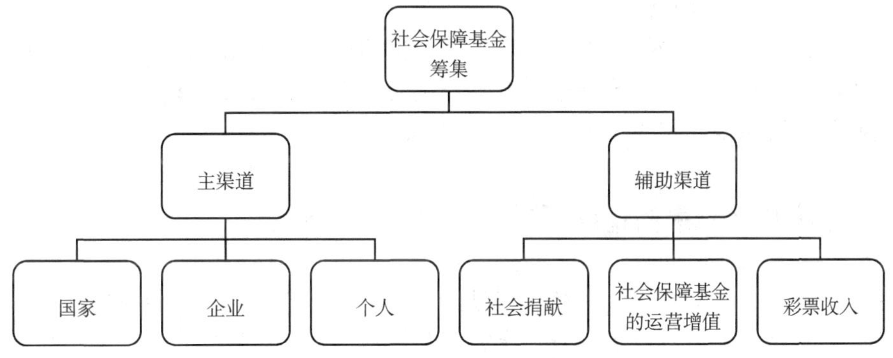

图 3-3　社会保障基金的筹集渠道

3.2.1　社会保障基金筹集的主渠道

国家、企业、个人三方按照一定的比例共同筹集基金的渠道，主要包括财政拨款、企业缴费、个人缴费三方面，并且通常是国家以立法形式明确下来的。

1．国家渠道

（1）给付形式，具体包括以下三种形式。

1）财政拨款。这是一种直接资助的方式，即通过财政预算确定对社会保障的支持，这种方式能清晰地反映国家在社会保障中承担的责任。

2）国家让税。这是一种间接资助的方式，企业和个人在所得税前缴纳保险费或税，对社会保障基金的投资收益减免税，对受保人享受的社会保障待遇免税等。

3）国家让利。这也是一种间接资助的方式，国家对存储于金融机构的社会保障基金，或者对于社会保障机构用于投资的基金，给予较高的利率优惠，以扩大社会保障基金的来源。

（2）资金用途，国家财政主要负担以下两个方面。

1）管理社会保险支出的行政费用。这是因为社会保险管理机构属于非营利性事业机构，其人员经费和公用经费开支理所当然应由财政支出。

2）通过财政拨款弥补社会保险费用收支不足的部分。

2. 企业渠道

企业作为劳动力的实际使用单位，对就业者及其家属负有社会保障的责任。在市场经济下，企业履行社会保障责任的方式是为其就业者向社会保障机构缴纳社会保障费。通常企业负担的社会保障费是按企业职工工资总额的一定百分比缴纳，由社会保障机构强行征收。

3. 个人渠道

社会成员个人既是社会保障权益的享受者和社会保障待遇的受益人，也是社会保障基金的责任主体和义务人。社会成员个人负担必要的社会保障费用是一种公认的原则。通常，社会成员个人按工资或收入的一定百分比缴纳的社会保障费用，由社会保障机构强制征收，并成为社会保障基金特别是社会保险基金的重要来源。

可见，在社会保障基金的筹集中，国家主要承担的是那些只能由国家财政支撑的保障项目，如社会救济、社会福利等，至于社会保险基金的筹集，国家只是作为支持者、后盾的角色出现，主要还是依靠企业和职工个人来作为主体。

3.2.2 社会保障基金筹集的辅助渠道

社会保障基金筹集的辅助渠道有社会捐献、社会保障基金的运营增值及彩票收入等。

（1）社会捐献是以自主、自愿的方式筹集社会保障基金的一种形式。社会捐献直接吸纳到社会保障基金名下，由社会保障机构根据实际需要使用；或者根据某些特定事件或特定对象的需要，临时采用直接筹款方式向社会募捐。

（2）社会保障基金的运营增值，包括储蓄增值和投资收益（直接投资和间接投资）。储蓄增值包括存款生息、购买各种债券、委托有关机构贷款。投资收益主要是委托金融机构进行投资赢利。

（3）彩票收入也是社会保障基金辅助来源渠道之一，其中，在社会福利中彩票收入占的比重很大。一般情况下，彩票收入中约 55%为奖金，约 15%为成本，约 30%可以资助社会公益。

3.2.3 社会保障基金征收费率水平合理界限

（1）费率水平对资源配置的影响。费率水平过高，加重企业负担，提高人工成本，会削

弱企业产品的国际竞争力。

（2）费率水平对征集效率的影响。费率与征收效率有正比关系，征收费率过高，导致企业不愿意缴费，最终收费总量减少，这就涉及如何测定最佳征费点的问题。

3.3　社会保障基金的使用

社会保障基金的使用包括给付的原则、条件和形式。

3.3.1　社会保障基金给付的原则

社会保障基金给付的原则如图 3-4 所示。

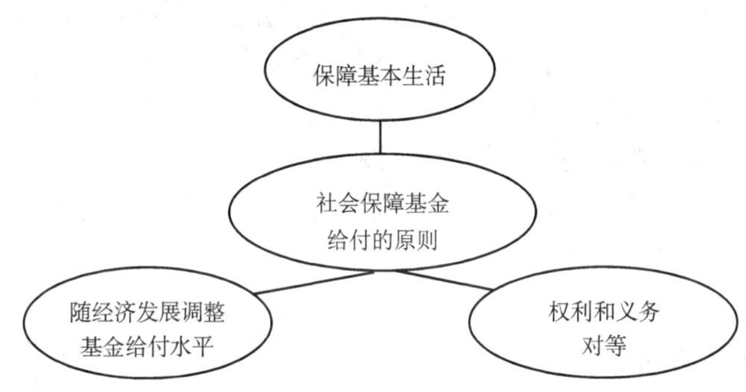

图 3-4　社会保障基金给付的原则

1. 保障基本生活

保障基本生活需要是指社会保障给付水平既不能过高，超越经济发展和财政所能承受的能力，但也不能过低，无法保障被保障对象的基本生活需要。社会保障基金的给付通常与风险的范围和大小相关，给付原则是尽量帮助被保障对象的基本生活等方面恢复到风险发生前的状态，保障其生活不低于一定的水平。

2. 权利和义务对等

社会保障中的社会保险项目在劳动者年老、疾病、失业、工伤等风险发生时才给付，同时与劳动者及其单位所承担的缴费义务相对应。

部分保障项目虽然不需被保障对象承担相应的义务，但是给付与风险的发生相关，并依照法定的程序给付。

3. 随经济发展调整基金给付水平

社会保障基金的给付水平要随着社会的发展而不断调整。在通常情况下，物价水平呈上升趋势，通货膨胀也在所难免，因此，要想保障被保障对象的基本生活水平，社会保障的给付标准也要随之调整。同时，随着经济的发展，人们的生活水平不断提高，社会保障的给付水平也应随之上浮，让被保障对象分享经济增长的成果。

3.3.2 社会保障基金给付的条件

社会保障由于现阶段还没有实现国家统筹，同时，各地的经济发展也有差异，因此，社会保障基金在给付条件上各地有一定的差异，同时，各险种根据自己的特点也有具体的给付条件，总结为以下几类。

（1）年龄。社会保险的给付条件同年龄相关，如养老保险的领取需要达到法定退休年龄。

（2）性别。男女由于承担的社会责任有差异，在社会保险给付时也有所不同，如生育险只给予女方。

（3）身份。不同身份的人，被划分为相应的部分，在社会保险的缴纳和待遇的享受方面区别对待，如养老、医疗等保险关于城镇职工、城镇居民、农村居民有不同的政策与保险待遇。

（4）投保年限。各险种均有投保年限的要求，主要是为了控制逆向选择与道德风险，如养老保险要求参保 15 年以上，失业保险要求参保 1 年以上。

（5）缴费期限。保险的缴费期限同待遇直接相关，也是保证社会公平的一个内容，如失业保险金的领取时间长度同参保的缴费期限直接相关。

（6）缴费数额。缴费数额与待遇相关，体现权利与义务对等的原则，如养老保险的缴费数额同退休后领取养老金的数额挂钩。

3.3.3 社会保障基金给付的形式

社会保障基金给付的形式如图 3-5 所示。

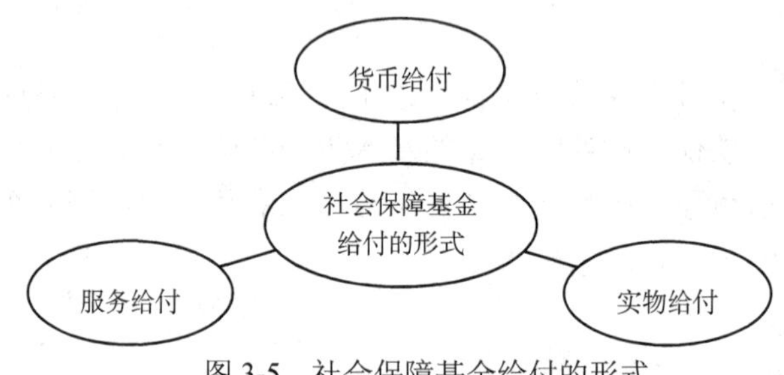

图 3-5　社会保障基金给付的形式

1. 货币给付

社会保障基金的给付方式大部分采用货币形式，因为货币的使用灵活、方便。养老保险金、失业保险金、生育保险金及最低生活保障金等社会保障待遇的给付都是以货币形式支付，医疗保险待遇以为参保患者提供医疗服务的形式来享受待遇，但医疗保险基金仍然是以货币形式与提供服务的医疗机构结算。

2. 实物给付

实物给付是指政府直接为社会成员提供特定物资的一种社会保障给付方式，通常适用于

社会救助、社会福利与军人保障等方面。我国在救助中常见的是实物给付方式，社区福利有时也采用实物给付方式。

3．服务给付

服务给付是指通过为保障对象提供服务的方式而实现保障目的的一种保障给付方式，如医疗保险中的身体检查、疗养基地和康复基地的疗养康复服务，工伤保险的康复、居家养老服务等。

3.4　社会保障基金的监管

社会保障基金的监管主要是财务监督。财务监督是运用单一或系统的财务指标对社会保障活动进行的观察、判断、建议和督促。它通常具有较明确的目的性，能督促社会保障部门各方面的活动合乎程序与合乎要求，促进其各项活动的合法化、管理行为的科学化。财务监督的制约性作用主要表现在：通过对社会保障财务活动的监督审查，对财务收支进行监督和鉴证，揭发贪污舞弊、弄虚作假等违法乱纪、严重损失浪费及无效率、不经济的行为，依法追究有关责任人的责任，提请给予行政处分或刑事处罚，从而纠错揭弊，保证国家法律、法规、方针、政策、计划及预算的贯彻执行，维护财经纪律和各项规章制度，保证社会保障部门的财务报告及其他核算资料的正确、可靠。

3.4.1　社会保障基金监管的主要内容

社会保障基金监管的主要内容是对基金征缴、基金支出和基金结余情况的监督检查，也可以说是对基金收入户、基金支出户和基金结余户（财政专户）的监督检查。社会保障基金监管的主要内容如图 3-6 所示。

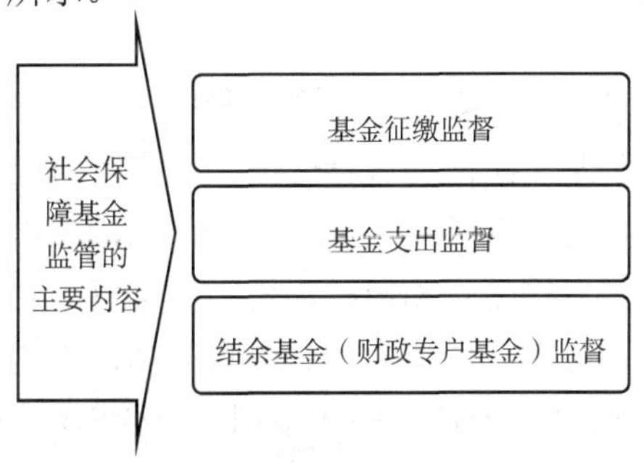

图 3-6　社会保障基金监管的主要内容

1．基金征缴监督

基金征缴监督主要是监督企业缴费行为，有无少报参保人数，少报工资总额、故意少缴或不缴费；经办机构征缴的保险费是否及时、足额缴入收入管理，有无不入账、搞体外循环或被挤占挪用的行为；收入户资金是否按规定及时、足额转入财政专户等。

2．基金支出监督

基金支出监督主要是经办机构是否按规定的项目、范围和标准支出基金，有无多支、少支或不支行为，有无挪用支出户基金行为；受益人有无骗取保险金行为等。

3．结余基金（财政专户基金）监督

结余基金（财政专户基金）监督主要是有无挤占挪用基金、动用基金的行为；结余基金收益状况，是否合理安排存期以追求收益最大化；是否按规定及时、足额拨入支出户等。

3.4.2 社会保障基金监管的方式

基金监管的方式是指为履行基金监督职能，完成或达到基金监督任务或目的而采取的方式、方法，主要包括现场监督和非现场监督。

1．现场监督

现场监督是监督机构实施有效监督的主要方法，也是社会保险基金监督过程至关重要的组成部分。现场监督是监督机构派人到被监督单位对基金管理水平、基金资产质量、基金收益水平、基金流动性等进行全面检查或专项检查。监督机构通过检查比较详尽地掌握有关基金运作的控制程序和相关信息，对其业务经营合规状况、内部控制和管理水平，以及基金流动性、安全性和效益性进行深入、细致的了解，发现一些财务报表和业务资料中很难发现的隐蔽性问题，并对有关机构的资产财务状况和遵守政策、法规情况做出客观的评价。

现场监督主要包括日常监督（在日常业务活动中开展的定期或不定期的基金监督工作）、专项监督（针对某项具体问题而开展的基金监督）和挪用基金案件的检查处理。

2．非现场监督

非现场监督是现场监督的基础，也是基金监督的重要方式之一。监督机构通过报表分析，对经办机构和有关机构管理运营基金的活动进行全面、动态的监控，了解基金管理的状况、存在的问题和风险因素，发现异常情况及时采取防范和纠正措施。一般情况下，现场检查间隔时间较长，在此期间可能发生一些变化和问题，监督机构可以通过非现场监督，依靠经办机构和有关机构报送的数据，进行多方面的分析、测算并加以管制。非现场监督的目的主要是：发现那些目前管理运营状况尚好，但在短期或中期可能会出现问题的机构，防患于未然；密切监视已经发现问题的机构，不断获得管理运营信息，掌握改进情况，防止进一步恶化；评估整个基金管理运营系统的动态，通过对有关报表和报告的综合研究，分析基金管理运营的轨迹和趋势，为制定切实有效的基金政策和监督措施提供依据。

相关链接

为谋利一团伙骗取保险基金 50 余万元

近日，由白云鄂博矿区人民检察院并案侦查的犯罪嫌疑人葛某某涉嫌诈骗案现已侦查终结，移送审查起诉。

2009 年，韩某、王某（另案处理）找到犯罪嫌疑人葛某某提出为无业孕妇办理在职职工生育保险，进而报销从中谋利。他们让葛某某找一家挂靠公司。葛某某随后找到了一家演艺影视文化传媒有限责任公司，以该公司在职职工的名义为 37 名无业孕妇在投保表上加盖公章。37 名无业孕妇生完小孩后再通过市医保局傅某某报销生育保险，共计骗取国家生育保险基金 50 余万元，韩某、王某、底某（另案处理）伙同葛某某共计向傅某某行贿 4 万元。

（资料来源：张建芳，孙黎. 包头日报，2015-09-10）

课后练习

一、判断题

1. 社会统筹部分基金积累模式是远期纵向收支平衡，实质是长期范围收入再分配制度。首先由政府基金管理部门对有关人口寿命、经济发展状况等做宏观预测，然后预测劳动者退休之后所需的保险费用支出，将其平均分摊到劳动者的整个就业期间和投保期间。(　　)

2. 企业作为劳动力的实际使用单位，对就业者及其家属负有社会保障的责任。(　　)

3. 社会成员个人既是社会保障权益的享受者和社会保障待遇的受益人，也是社会保障基金的责任主体和义务人。(　　)

4. 保障基本生活需要是指社会保障给付水平要适当高于当地平均生活水平，保障被保障对象的基本生活需要。(　　)

5. 基金征缴监督主要是监督企业缴费行为，有无少报参保人数、少报工资总额、故意少缴或不缴费行为。(　　)

二、单项选择题

1. 现收现付模式由社会保险机构以社会需求总额进行资金筹资，即由单位和在职职工个人（或全部由单位）按工资总额的一定比例缴纳保险费，(　　)。

A. 以支定收，不留积累　　　　B. 以收定支，不留积累

C. 以支定收，留有积累　　　　D. 以收定支，留有积累

2. 社会保障基金管理机构指各级社会保险经办机构及其委托代为收缴的各级税务部门，其中，社会保险经办机构指各地(　　)，该机构为人力资源和社会保障局下属行政事务机构。

A. 中国人保　　B. 社会保险基金管理局或中心

C. 社会保险委员会　　D. 劳动所

3. 社会成员个人按工资或收入的一定百分比缴纳的社会保障费用，由(　　)强制征收，并成为社会保障基金特别是社会保险基金的重要来源。

A. 保险公司　　B. 企业代收

C. 社会保障机构　　D. 保险代理机构

4. 社会保障基金的运营增值，包括（　　）和投资收益（直接投资和间接投资）。储蓄增值包括存款生息、购买各种债券、委托有关机构贷款。投资收益主要是委托金融机构进行投资赢利。

A. 投资商业　　B. 投资教育

C. 投资公共项目　　D. 储蓄增值

5. 服务给付是指通过为保障对象提供(　　)的方式而实现保障目的的一种保障给付方式。

A. 建议　　B. 咨询

C. 金钱　　D. 服务

三、多项选择题

1. 社会保障基金的管理模式有（　　）。

A. 现收现付模式　　B. 完全积累模式

C. 社会统筹部分基金积累模式　　D. 职工个人储蓄模式

2. 社会保障基金管理的原则有（　　）。

A. 依法管理、规范运行的原则　　B. 收支平衡、略有结余的原则

C. 多征少用、有结余的原则　　D. 有利于资源有效配置的原则

3. 社会保障基金筹集的主渠道为（　　）。

A. 捐赠　　B. 国家

C. 企业　　D. 个人

4. 社会保障基金给付的形式有（　　）。

A. 货币给付　　B. 实物给付

C. 服务给付　　D. 资金给付

5. 社会保障基金的监管内容有（　　）。

A. 基金征缴监督　　B. 基金投资监督

C. 基金支出监督　　D. 结余基金（财政专户基金）监督

四、简答题

1. 简述社会保障基金管理的含义。
2. 简述社会保障基金国家渠道给付形式。
3. 简述社会保障基金给付的原则。

案例分析

上海社会保障基金挪用案

一家神秘的民营投资公司“福禧投资”、一个管理着上海老百姓“保命钱”的社会保障局、一家优质的国企“上海电气”，一起陷入了上海自改革开放以来的最大腐败案中。为了彻查此案，中央已派出超过百人的调查组常驻上海。

2002 年 3 月，30 多岁的苏州青年张荣坤以 32 亿元拿下沪杭高速上海段 30 年收费经营权时，其掌控的“福禧投资”顿时成为上海滩颇具神秘色彩的民营企业。之后的两三年，张荣坤接连大手笔投资高速公路，到 2005 年 6 月，“福禧投资”参与管理的公路里程已达 200 公里，总投资超过 100 亿元，着实令同行且惊且妒。2004 年，张荣坤的“福禧投资”参与上海电气改制，最终出资 9.6 亿元持有 8.15%的股权成为第二大股东，更令投资界许多人士大吃一惊。

然而，随着 2006 年 7 月 17 日上海劳动和社会保障局原局长祝均一因为违规拆借社会保障基金被查处，人们一下子看清了撬动张荣坤神速崛起的那根杠杆——社会保障资金。日前，上海社会保障局下属的“企业年金发展中心”将“福禧投资”及其股东“沸点投资”告上法庭，要求后两者提前归还所借资金，将张荣坤及其“福禧投资”当年大手笔收购高速公路资金来源大白于天下。“福禧投资”如此轻易借到巨款，不能不让人怀疑其本身就是上海社会保障资金违规投资的桥梁和工具。根据上海企业年金发展中心提交的起诉书，上海企业年金发展中心先后将 34.5 亿元的资金通过委托资金运营的方式拆借给“福禧投资”及其股东“沸点投资”，用于收购高速公路等资产。据上海社会保障局福利保险处有关人士透露，截至 2005 年年底，上海企业年金发展中心管理的资金在 110 亿元以上，占到全国年金总额的 1/6。也就是说，上海 1/3 的补充养老保险资金都借给了张荣坤使用。

上海社会保障腐败大案暴露了公共基金管理方面的漏洞，也引起了有关方面的重视。在不久前召开的全国劳动保障系统纪检监察工作座谈会上，劳动和社会保障部、监察部表示将建立专项检查制度，每年组成联合检查组，对部分省市社会保障基金征缴、支付、管理和发放情况进行专项检查，并直接对市县进行抽查。

（资料来源：央视国际网，2006-10-20）

请分析：根据上述案例，结合本章内容，谈谈如何进行社会保障基金的监管。

第4章

保险市场风险

学习目标

1. 理解逆向选择的概念；
2. 理解逆向选择的成因与控制方法；
3. 理解道德风险的概念；
4. 理解道德风险的成因与控制方法。

学习导航

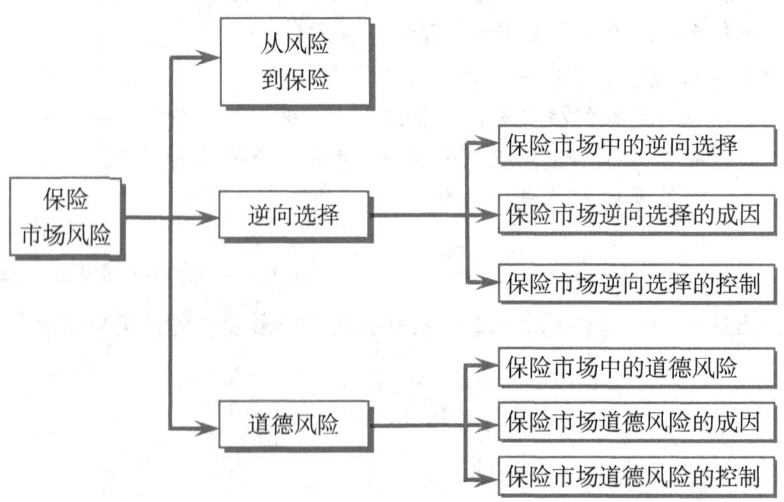

引导案例 4-1

不缴社保　小聪明暗含大风险

无论是单位不愿意为劳动者缴纳社保，还是劳动者主动提出不需要单位缴纳社保，只要出现用人单位不给劳动者缴纳社保的情况，根据我国社会保险法的相关规定，用人单位就要承担较为严重的法律后果，劳动者自身也要承担较大风险。

用人单位不缴社保的风险究竟有多大？律师杨保全解释说，首先，单位不依法为劳动者缴纳社会保险，劳动者有权随时（离职或在职）向相关社保行政部门进行投诉或举报。此时单位面临的风险是，不但要给劳动者全额补缴双方在劳动关系存续期间的社会保险，甚至还要缴纳比较高额的滞纳金。情节严重的，劳动行政部门还会予以罚款。

其次，不仅如此，劳动者可以随时以单位没有缴纳社保为由提出辞职，进而要求单位支付补偿金。单位没有按照法律的规定依法缴纳社会保险，属于“过错在先”，劳动者如果抓住了这一违法情形，根据《劳动合同法》第三十八条的相关规定，以这一理由辞职，既不需要提前通知单位，又有权要求单位支付补偿金。此外，因单位未缴社保给劳动者造成的工伤、大病、失业等损失，单位也要承担赔偿责任。

由此不难看出，对用人单位而言，不缴、少缴社保看似能在短期内节省一定成本，但从长远来说，将承担更大的法律风险；对劳动者而言，如果不缴纳社会保险，一旦因养老、工伤等产生争议，解决起来也很繁琐。劳动者如果依法缴纳了工伤保险，那么一旦发生工伤事故，劳动者就能较为顺利地得到社保基金的赔付；如果没有缴纳工伤保险，而用人单位又恰恰没有赔偿能力时，劳动者的维权境遇将会异常艰辛，甚至得不到任何赔偿。

（资料来源：王比学，陈晓婉. 人民网-人民日报，2013-06-26）

4.1　从风险到保险

人们在日常生活中，经常会遇到一些难以预料的事故和自然灾害，意外事故和自然灾害都具有不确定性。通俗地讲，风险就是发生不幸事件的概率，换句话说，风险是指一个事件产生人们所不希望的后果的可能性。从总体上看，有些风险是必然要发生的，但何时发生却是不确定的，例如，大部分的人一生不会受到交通事故的伤害，但地球上一定有交通事故的发生，究竟是哪一个人遇到，就变成了不确定的。

从法律角度看，保险是一种合同行为，是投保人根据合同约定，向保险人支付保险费，保险人对于合同约定的可能发生的事故因其发生而造成的财产损失承担赔偿保险金责任，或者当被保险人死亡、伤残和达到合同约定的年龄、期限时承担给付保险金责任的行为。探其本质，保险是一种社会化安排，是面临风险的人们通过保险人组织起来，从而使个人风险得以转移、分散，由保险人组织保险基金，集中承担的行为。当被保险人发生了损失，则可从保险基金中获得补偿。即“人人为我，我为人人”。可见，保险本质是一种互助行为。

随着我国经济社会的不断进步，保险业发展水平逐步提高，资本市场与货币市场日益成熟，保险业已经成为支撑社会保障体系的重要力量，保险业是经营风险的特殊行业，是社会经济补偿制度的一个重要组成部分，对社会经济的稳定和人民生活的安定负有很大的责任。然而，保险经营与风险密不可分，保险事故的随机性、损失程度的不可知性、理赔的差异性使得保险经营本身存在不确定性，加上激烈的同业竞争和保险道德风险及欺诈的存在，使得保险成了高风险行业。保险机构经营亏损或倒闭不仅会直接损害公司自身的存在和利益，还会严重损害广大被保险人的利益，危害相关产业的发展，从而影响社会经济的稳定和人民生活的安定，下面主要介绍保险的逆向选择和道德风险。

4.2 逆向选择

逆向选择是经济学中的一个词汇，它的定义是指由交易双方信息不对称和市场价格下降产生的劣质品驱逐优质品，进而出现市场交易产品平均质量下降的现象。

下面以旧车市场为例来说明什么是逆向选择。在旧车市场，卖者知道车的真实质量，而买者不知道。假设卖车者在市场上按照平均质量来报中等价格，买者也不傻，尽管他们不能了解每部旧车的真实质量，但知道车的平均质量，愿意以平均质量出中等价格，这样一来，卖者就会以次充好，那些质量好的高于中等价的旧车就可能会退出市场。接下来的情况是，由于上等车退出市场，买者会继续降低估价，次上等车会退出市场；最后结果是，市场上等待出售的全是质量差的车，在极端的情况下，一辆车都不能成交。现实的情况是，大家担心旧车质量问题，更倾向于购买一手车，社会成交量小于实际均衡量。这个过程称为逆向选择。

4.2.1 保险市场中的逆向选择

在医疗保险市场，身体比较健康、平时不大患病的人，一般是不愿意购买健康保险的；恰恰是那些身体不很健康、平时经常生病的人，更愿意购买健康保险。凡是那些积极买保险的人都是容易出险的人，因为他们容易得病，所以常常渴望购买健康保险，以便出险之后有保险公司为他们付费。而出险概率较低的人则往往犹豫不决，如果健康保险价格提高了，反而会把他们首先拒之门外。这就是典型的逆向选择效应。

4.2.2 保险市场逆向选择的成因

在有形产品市场，引起逆向选择的原因有三种，一是信息不对称，二是市场自由进退，三是产品质量不均一。在保险市场，主要是前两点的作用。引起逆向选择的原因如图 4-1 所示。

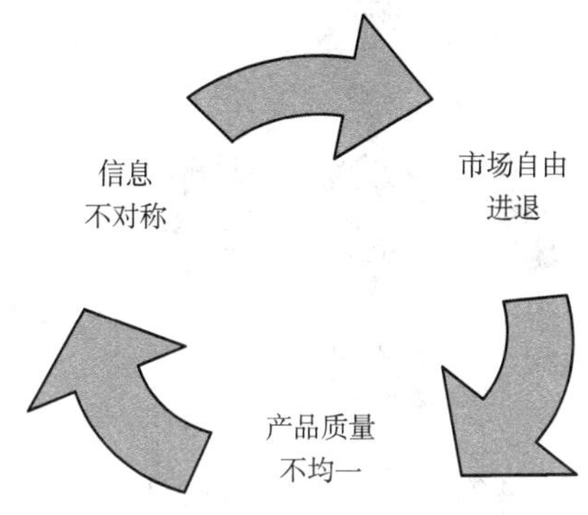

图 4-1　引起逆向选择的原因

1．信息不对称

在医疗保险市场中，不同投保人的风险水平是不同的，有些人可能有与生俱来的高风险，比如他们容易得病，或者有家族病史；而另一些人可能有与生俱来的低风险，比如他们生活有规律，饮食结构合理，或者家族寿命都比较长。由于投保人对自身目前的健康状况和对将来健康状况的预期比保险公司更清楚，拥有更多的信息，而这些信息都是投保人的私人信息，保险公司是无法完全掌握的，从而产生了逆向选择。

2．市场自由进退

在新型农村合作医疗保险中，采取自愿的原则，这客观上为农民的逆向选择提供了制度性基础，风险小的人不受约束地退出。同时，给付结构的不合理，也影响了农村居民的医疗报销比例；政府信誉的缺失，导致农民对政策的认可和支持力度不够；定点医疗机构的确立，引发农民对其产生不信任感。上述因素，客观上造就了农民“逆向选择”环境，违背新型农村合作医疗的互助救济，增强农民体质的最终目的。除此之外，宣传力度不够，农民认知能力欠缺；合作医疗基金科学、安全、有效管理；农民外出务工期间的就医问题等，也造成新型农村合作医疗制度中逆向选择的重要因素。

3．产品质量不均一

在一般商品销售市场上，产品质量不均一是逆向选择的原因之一。当市场商品以不同质量交换时，买卖双方都将以同样方式按照产品质量将产品进行分类。但是，只有卖主能够观察到自己销售的每个单位产品的质量，而买主在购买产品前不能确切地了解每个单位产品的具体质量，最多只能够了解这类产品质量的平均分布。卖主倾向于高价出售质量差的产品，从而出现逆向选择。

4.2.3　保险市场逆向选择的控制

逆向选择的控制方法如图 4-2 所示。

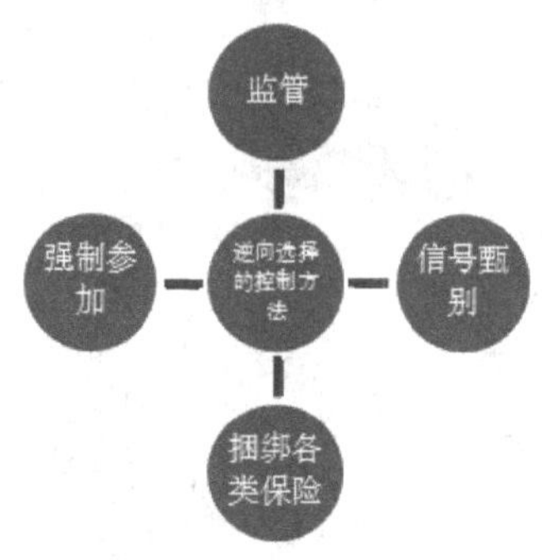

图 4-2　逆向选择的控制方法

1．强制参加

强制参加，可以避免逆向选择的情况，商业保险遵循自愿原则，风险高的个体愿意购买更多的保险，而风险低的个体则退出市场。今天的新型农村合作医疗，由于刚刚起步，而且偏远地区的经济状况落后，所以采取自愿参加的原则。而对于城镇职工，社会保障采取了强制性措施，而且从立法的角度将个体依附到工作单位进行这项工作，进行统一办理。

2．捆绑各类保险

将养老、医疗、失业、工伤、生育进行捆绑是解决逆向选择的途径之一。具体来说，人们倾向于选择对自己有利的项目，抛弃对自己不利的项目，而捆绑销售让人们无法进行挑选。换言之，单个契约会出现逆向选择，多个契约则限制了逆向选择。

3．信号甄别

信息虽然不可捉摸，但并不是信息完全不可利用，市场在不断地发出各种信号，我们可以利用信号甄别来克服逆向选择。例如，在医疗保险市场，保险公司往往不知道投保人的风险大小，投保人也不愿意提供这样的信息。在这种情况下，保险公司可以提供两种保单，一种是适用于高风险人群的，比如收取较高的保费同时赔偿率也较高；另一种是适用于低风险人群的，比如收取较低的保费同时赔偿率也较低，这样将风险大小不同的人区别开来。

4．监管

监管往往是市场失灵时的政府行为。在正常的市场当中，政府把好环境关之后，买卖双方都是平等的自愿交易，这种情况下是不需要干涉的。但是由于信息的不对称及垄断等特殊情况，任由其自由发展可能会损害其中一方的利益，导致企业和消费者之间信息的更加不对称，这在经济学上叫市场失灵。此时，政府的干预不可避免，因此在解决问题中政府的作用不可小视。

解决市场失灵一是通过法律法规强制要求，采取直接制定价格或进行交易量限制等措施；二是政策引导，通过监管让交易双方的结构发生一些变化，平衡供求关系，这样，信息传递的成本也会低一些。因此，政府监管是克服逆向选择的方法之一。

4.3 道德风险

道德风险并不等同于道德败坏。道德风险是 20 世纪 80 年代西方经济学家提出的一个经济哲学范畴的概念，即“从事经济活动的人在最大限度地增进自身效用的同时做出不利于他人的行动”。或者说是，当签约一方不完全承担风险后果时所采取的自身效用最大化的自私行为。道德风险亦称道德危机。

在经济活动中，道德风险问题相当普遍。获 2001 年度诺贝尔经济学奖的斯蒂格里茨在研究保险市场时，发现了一个经典的例子：美国一所大学学生自行车被盗比率约为 10%，有几个有经营头脑的学生发起了一个对自行车的保险，保费为保险标的的 15%。按常理，这几个有经营头脑的学生应获得 5%左右的利润。但该保险运作一段时间后，这几个学生发现自行车被盗比率迅速提高到 15%以上。这是为什么呢？这是因为自行车投保后学生对自行车安全防范措施明显减少。在这个例子中，投保的学生由于不完全承担自行车被盗的风险后果，因而采取了对自行车安全防范的不作为行为。而这种不作为的行为，就是道德风险。可以说，只要市场经济存在，道德风险就不可避免。

4.3.1 保险市场中的道德风险

1. 医疗保险中的道德风险

医疗保险中的道德风险是一个无法回避的问题。道德风险使医疗费用快速不合理地增长，过度消耗有限资源，给社会造成了极大的浪费，具体体现在以下几个方面。

（1）医疗消费市场是个供方垄断性很强的领域。在这个市场上，因一方对医学保健专业技术知识的垄断性而形成了买卖双方的信息非对称性。消费者相对于医疗服务提供者而言处于非常不利的地位。在利益的驱动下，医生会利用其信息优势地位，建议患者消费非必要的医疗服务，从而出现了“大处方”“过度检查”的情况。

（2）在自我保障情况下，患者出于节约医疗成本的考虑而较少地使用医疗资源，而在第三方付费（保险）参与的医疗健康保险市场上，情况就发生了根本变化：被保险人无须为医疗服务支付费用或者只付出很少的成本，当享受医疗服务的成本低于服务价格时，被保险人的需求就会大于其实际需求。于是，患者会与医生合谋以获取更多的医疗资源，“一病多医”和“一人有保险，全家有药吃”的道德风险便产生了。对保险公司而言，医疗技术的复杂性很难让其区分和界定被保险人医疗费用支出的合理性，这种风险控制的被动地位大大强化了医患双方的合谋行为，反过来又加剧了医疗费用的大幅上涨。

（3）另一种值得注意的道德风险是，一个人参加了医疗保险后就会产生一种依赖心理或思想上的麻痹，以至于反而降低了防范风险发生的努力行为，导致对医疗服务的过度消费。

2. 失业保险中的道德风险

失业保险不可避免地产生道德风险、扭曲劳动力市场的资源配置、导致经济中的失业率上升。失业保险的道德风险表现为如下两种类型。

（1）在失业金的给付水平上，如果失业人员失业之后获得的失业补助高于或者过分接近其失业前的收入水平，就会使劳动者丧失劳动积极性，宁肯失业。

（2）一方面，劳动者出于偷懒等主观意愿造成的失业与客观原因导致的“非自愿失业”的表现并无区别；另一方面，失业者寻找工作的努力程度、寻找工作的时间属于私人信息，是第三者无法观察到的，这些私人信息恰恰是决定失业时间长短的关键因素，究竟是故意拖延领取失业保险时间还是客观上确实找不到工作，也是一个无法鉴定的问题。因此，政府往往不加区分地按照统一税率对所有劳动者的工资征收失业保险税，并按照统一标准给每个失业者给付失业保险金。这一政策必定会造成厌恶劳动的人采取故意失业或延长失业时间来获得失业保险金的行为。

3. 社会福利中的道德风险

社会福利中的道德风险体现在为了享受某些福利项目，而提供虚假资料，以达到其目的的行为。社会福利中潜藏的道德风险一直是普通民众关注的焦点。例如，为了保障民生，政府出于一种对经济增长和调控房价的权衡考虑，出台了经济适用房制度，人们将希望集中在扩大经济适用房供应、调整住房结构上，这里面就出现了虚假的申请行为。

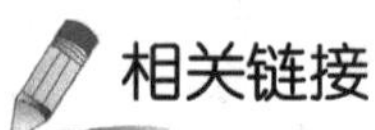

相关链接

骗取社会福利行为：一个典型的社会病

随着我国经济飞速发展，国民收入两极分化日趋严重，低收入人群的生活保障面临困境。本着构建和谐社会的发展战略，我国政府主导建立一系列社会福利保障制度，包括城市最低生活保障、农村最低生活保障、经济适用房、两限房、廉租房等福利保障措施。同时，新闻媒体对骗购经适房、骗领低保金的报道屡见不鲜，骗取社会福利行为，已经成为典型的社会病，公众对此充满了愤慨和无奈。

一方面，骗取社会福利的行为人，通过不正当途径或者手段，领取到本无资格享受的国家对弱势群体的经济补偿，获得了可观的经济利益。以骗购经适房为例，一线城市一套60平方米的经适房，售价与普通商品房相差在一半以上，也就是说，骗购者获取不当得利高达数十万元。如果以诈骗罪进行定罪处罚，骗购者有可能面临十年以上有期徒刑或无期徒刑，并处罚金或没收财产的严厉惩罚。

另一方面，上述的惩罚仅仅停留在假设层面，司法实践中，骗取社会福利的行为人，大多得到的是轻微行政处罚，如勒令退回骗购的房产并取消其在5年内再次申请的资格，隔靴搔痒的处罚使得骗取社会福利行为的违法成本近乎为零，而广大守法公民的守法热情被严重挫伤，以至于造成竞相模仿、群体骗取社会福利行为的井喷式爆发。国家立法和司法实践中的暧昧态度，变相纵容了骗取社会福利行为。例如，轰动一时的北京千万富翁冒领低保8年1万元一事，就是骗取社会福利行为的极端案例。

（资料来源：佚名. 法治周末，2011-05-13）

4．社会救助中的道德风险

社会救助中的道德风险主要表现为参保人员的骗保问题。一个家庭在达不到申请低保的条件时，为了享有低保等权利，在社区工作人员调查时，会把家里贵重的东西藏起来，穿上破旧的衣服，把自己说得十分可怜，造成家庭极度贫困的假象，骗取低保。当前较为突出的一个问题就是部分流浪乞讨人员成了所谓的专职“跑站”人员，他们从一个救助站到另一个救助站，骗取社会救助资金。

4.3.2　保险市场道德风险的成因

在讲述保险市场道德风险的成因前，我们必须要明白一个关系：委托代理关系。简单来说，委托代理关系可以理解为一种契约关系。契约的基本内容是规定代理人为了委托人的利益应采取何种行动，委托人应相应地向代理人支付何种报酬。比如在医疗保险市场，病人将用何种药物的选择权委托给医生，保险公司同样将这个权利委托给医生；在学校，校方将教学的权利委托给老师；企业主将企业委托给经理人管理等。明白了这个道理，我们也就可以解释保险医疗市场道德风险的成因，如图 4-3 所示。

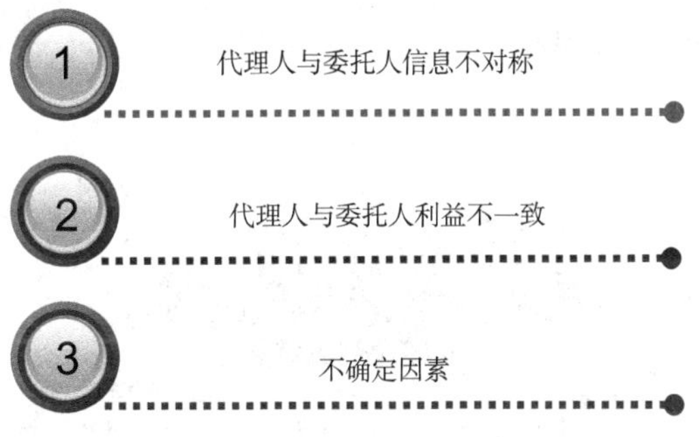

图 4-3　保险市场道德风险的成因

1．代理人与委托人信息不对称

代理人和委托人对信息了解有差异，掌握信息充分的人往往处于有利的地位，而缺乏信息的人往往处于不利的地位。由于医疗行业的高度专业性和技术性，作为代理人的医生拥有处方权和医疗技术方面足够多的信息，而作为委托人的患者或保险机构往往处于医疗信息的劣势地位，医生可能诱导患者去消费更多的医疗服务。同时由于处于信息劣势地位的患者与保险机构无法判断医生的努力程度，从而诱发医生不道德的行为。在失业保险中，失业者是自愿失业还是非自愿失业是个人信息，是保险方无法掌握的。同样在社会救济中，个人财产的保密性，使对于个人贫穷与否的鉴定也是非常难以进行的。

2．代理人与委托人利益不一致

代理人与委托人之间存在着利益不一致问题。当代理人在代理活动中追求自身效用最大化时，他就不会完全按照委托人的利益目标行事，代理人可能会产生机会主义思想，通过“隐藏行动”而不完全承担其行为的全部后果，甚至会利用委托人授予的权力，以损害委托人的利益为代价，增加自身的效用。这样就产生了委托代理风险问题。

医生和患者的利益不完全一致是医生道德风险产生的主观动机。作为理性的经济人，医生在治愈患者的同时有使自己利益最大化的动机，从而诱发医生的道德风险，而患者则无疑只想花费最少的医疗成本使疾病得到治疗。

3. 不确定因素

医疗产品质量的不确定性成为医生道德风险的“防空洞”。医疗产品质量的不确定性包括疾病患者的个体差异性、治疗手段的不确定性和治疗结果的不确定性。在医疗保健领域，这些不确定性可能比其他任何重要商品都要严重。疾病的痊愈就像疾病的发生一样不可预测。由于这些不确定性的存在，医生会在诊断界限不明确的情况下，为了减少医疗技术事故的风险，从最大限度地减少自身损失的角度出发，往往建议患者做“高、精、尖”医疗设备的检查。更有甚者，一些医生在患者疾病已经确定的情况下，仍然建议患者做一些不必要的检查。同时，疾病治疗的不确定性还决定了医疗服务的异质性，使得医疗服务的价格与质量难以比较，评估医疗收费价格与其实际医疗服务价值是否一致变得比较困难，从而抑制了信息的有效传播。

4.3.3 保险市场道德风险的控制

保险市场道德风险的控制如图4-4所示。

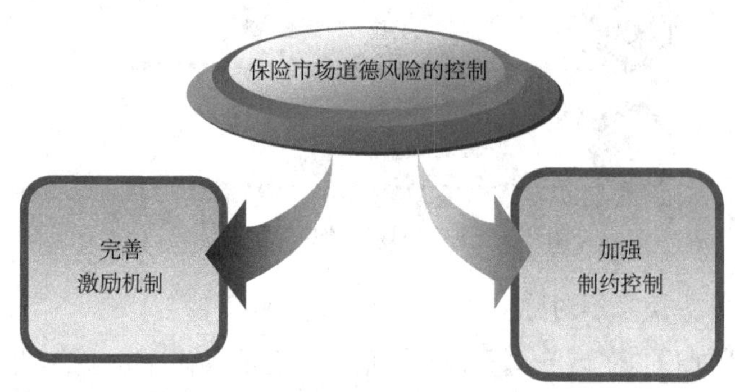

图4-4　保险市场道德风险的控制

1. 完善激励机制

委托人必须给予代理人适当的激励来减少他们之间的利益差距，在保险合同建立时，通过设计出一套激励机制，使委托人与代理人的利益趋于一致。这套激励机制虽然不能使委托人和代理人的总体效用达到最优，但是却有可能使之达到次优。例如，针对医疗消费方面的信息不对称情况，将完全保险改变为不完全保险，医疗费用多方共同负担制的实质就是实行风险分担，使那些因享受医疗保险而过度消费医疗资源的人更愿意节省医疗开支。换言之，使非对称信息条件下的市场能够产生次优的经济效率，并最终接近于对称信息条件下的最优

效率状态。

2. 加强制约控制

委托人必须并花费一定的监控成本来限制代理人偏离正道的行为，建立对代理人的制约体系，让代理人的违约成本增加。首先监管部门应加强对代理人信用评价体系的监督和管理，建立信用档案，制定对违规欺诈行为的惩罚机制，给出具体的惩罚标准，明确违规至何种程度给予什么样的制裁，使有不良行为记录者付出代价。例如，高额罚款，写入“黑名单”，严重的绳之以法等。再如，医院的院长和卫生计生管理机构为了医院的声誉，要对医生进行监控。

课后练习

一、判断题

1. 在医疗保险市场，身体比较健康，平时不大患病的人，一般是不愿意购买健康保险的；恰恰是那些身体不很健康，平时经常生病的人，更愿意购买健康保险。(　　)

2. 在新型农村合作医疗保险中，采取自愿的原则，这客观上为农民的逆向选择提供了制度性基础，风险小的人不受约束地退出。(　　)

3. 逆向选择是经济学中的一个词汇，是指由交易双方因为不诚信，进而出现伪劣产品充斥市场的现象。(　　)

4. 社会保障中讲的道德风险就是道德败坏。(　　)

5. 在第三方付费（保险）参与的医疗健康保险市场上，被保险人无须为医疗服务支付费用或者只付出很少的成本，当享受医疗服务的成本低于服务价格时，被保险人的需求就会大于他们的实际需求。于是，患者会与医生合谋以获取更多的医疗资源，“一病多医”和“一人有保险，全家有药吃”的道德风险便产生了。(　　)

二、单项选择题

1. 从法律角度看，保险是一种（　　），是投保人根据合同约定，向保险人支付保险费，保险人对于合同约定的可能发生的事故因其发生而造成的财产损失承担赔偿保险金责任，或者当被保险人死亡、伤残和达到合同约定的年龄、期限时承担给付保险金责任的行为。

A. 避免风险的行为　　　　B. 合同行为

C. 个人行为　　　　D. 保险公司和投保人的行为

2. 风险就是发生不幸事件的（　　），换句话说，风险是指一个事件产生我们所不希望的后果的可能性。

A. 概率　　　　B. 情况

C. 事实　　D. 赔付

3.（　　）使医疗费用快速不合理地增长，过度消耗有限资源，给社会造成了极大的浪费。

A. 逆向选择　　B. 浪费

C. 道德风险　　D. 贪污

4. 失业保险不可避免地产生道德风险、扭曲劳动力市场的资源配置，导致经济中的（　　）上升。

A. 工资　　B. 社会保险费用

C. 人口出生率　　D. 失业率

5. 委托代理关系可以理解为一种（　　）关系。它的基本内容是规定代理人为了委托人的利益应采取何种行动，委托人应相应地向代理人支付何种报酬。

A. 合作　　B. 债权债务

C. 帮助　　D. 契约

三、多项选择题

1. 在有形产品市场，引起逆向选择的原因有（　　）。

A. 机会主义思想　　B. 信息不对称

C. 交易双方可以自由决定是否交易　　D. 产品质量不均一

2. 保险市场的道德风险的成因有（　　）。

A. 代理人与委托人信息不对称　　B. 代理人与委托人利益不一致

C. 不确定因素　　D. 投保人不诚信

3. 保险市场道德风险的控制方法有（　　）。

A. 强制扭转　　B. 加强制约控制

C. 思想教育　　D. 完善激励机制

4. 保险市场逆向选择和道德风险的控制方法有（　　）。

A. 强制参加　　B. 捆绑各类保险

C. 信号甄别　　D. 监管

5. 解决市场失灵的方法有（　　）。

A. 购买保险　　B. 思想教育

C. 通过法律、法规强制要求　　D. 政策引导

四、简答题

1. 简述逆向选择的含义。

2. 简述道德风险的含义。

3. 简述医疗保险中的逆向选择和道德风险。

案例分析

骗领失业金如何处罚

王某于 2014 年 2 月失业以后，进行了失业登记，领取失业保险金。7 月，王某找到工作，重新就业。但是他隐瞒已经就业的事实，以失业人员的身份继续领取失业保险金，后被社会保障经办机构发现。

请分析：王某的行为会受到何种处罚？（提示：查《失业保险条例》）

第5章

养 老 保 险

学习目标

1. 理解养老保险的概念；
2. 掌握养老保险的原则和特点；
3. 熟悉参加养老保险缴纳的费用和待遇。

学习导航

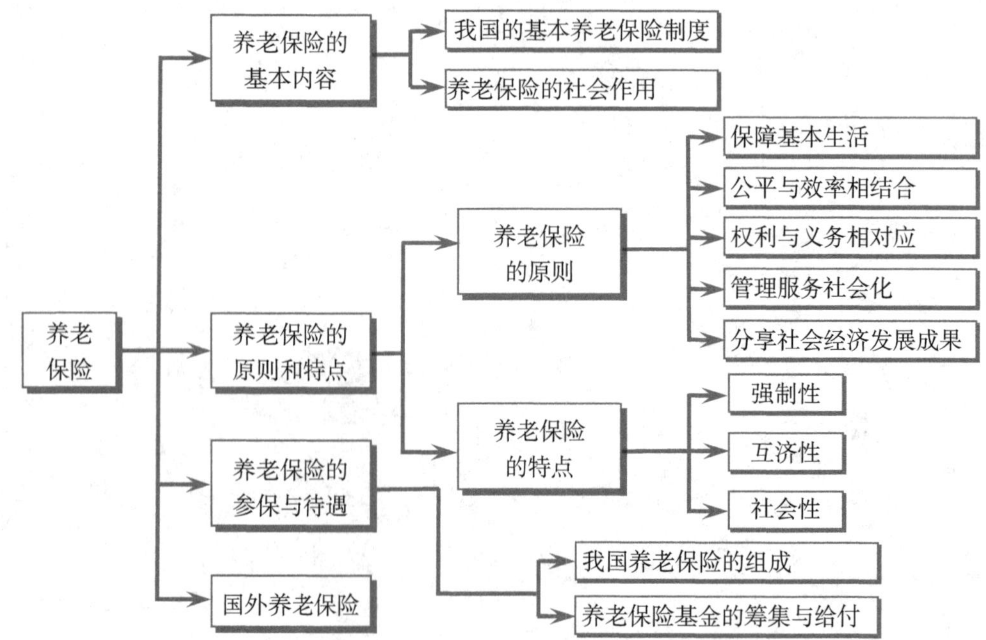

引导案例 5-1

夕阳无限好　养老靠社保

2016 年，是江西省吉水县参保离退休人员养老金实行社会化发放 25 年。作为一名老社保人，有幸亲历了吉水县参保离退休人员基本养老金从统筹单位发放，到委托银行、邮局发放，进而到网银直发的发展历程，见证了该县参保退休人员社会化管理服务事业的发展壮大，感受到了养老金社会化发放带给参保退休人员的喜悦和欢欣。

吉水县自 1987 年 9 月实行退休费社会统筹后，养老金仍由原单位发放。当时，有的参保单位领导社保意识不强，出现随意抽调、挪用养老金现象；有的参保单位因经济效益差或资金紧缺，出现任意拖欠或克扣养老金的情况；有的退休人员因种种原因，往返数次领不到养老金，曾一度出现部分退休人员联名上访，影响了退休人员的基本生活保障和社会稳定，也影响了社会保险的声誉。如何确保拨付的养老金能及时发放到参保退休人员手中，切实保障参保退休人员的基本生活，是摆在社保局面前的一个新课题。为此，吉水社保局发扬“敢为人先，勇于担当”的精神，对参保退休人员基本养老金发放进行了有益的探索和大胆创新。他们在工作中深刻领会国家养老保险政策和社会保障体系建设需要，经过反复调查研究和广泛征求意见，积极争取当地政府和主管部门的重视和支持，毅然决定自 1991 年 9 月起将参保离退休人员养老金实行社会化发放。

探索发放方式不易，坚持确保发放却更难。养老金实行社会化发放后，社保局所承担的责任更重，保发放所承受的压力更大。资金保障是实行养老金社会化发放的前提和基础。只有强化基金征缴，完成基金征缴任务，才能确保按时足额社会化发放养老金。多年来，吉水社保局坚持“以发促收，以收保发”的思路，在经办工作中不断强化征缴措施，落实目标责任，充分运用社会保险法律法规和政策规定，依法依规全力抓好养老保险费征缴。经过连年奋战，吉水社保局年年超额完成养老保险费征缴任务，为养老金社会化发放打下了坚实的物质基础，巩固了社会化发放成果。

随着养老保险制度改革的深化和党的社保惠民政策的实施，一大批原未参保的群体人员，如返城未安置就业知青、困难大集体企业退休人员、小集体企业人员等，自 2009 年开始陆续纳入了城镇企业职工基本养老保险参保范围，造成参保的企业退休人员急剧增加，加之企业退休人员连续 11 年调整基本养老金，这种同享社会发展成果“普惠式”的养老保障极大地增加了养老金社会化发放压力。面对困难，吉水社保局没有畏惧和退缩，而是积极迎接挑战，一直勇往直前，十年如一日持之以恒地抓征缴、保发放。他们始终从改革、发展、稳定的大局出发，以高度的政治责任感和强烈的事业心，坚持服从和服务于党和政府的工作大局，坚持“以人为本，服务至上”的理念，始终把“抓好基金征缴，确保按时足额发放”放在社保工作的首位，25 年来始终坚持在每月 15 日按时足额社会化发放养老金，从未拖欠。

（资料来源：高春耕. 中国劳动保障新闻网，2016-01-27，有删节）

5.1 养老保险的基本内容

养老保险是社会保障制度的重要组成部分，是社会保险五大险种中最重要的险种之一。所谓养老保险（或养老保险制度），是国家和社会根据一定的法律和法规，为解决劳动者在达到国家规定的解除劳动义务的劳动年龄界限，或因年老丧失劳动能力退出劳动岗位后的基本生活而建立的一种社会保险制度。这一概念主要包含以下三层含义。

（1）养老保险是在法定范围内的老年人完全或基本退出社会劳动生活后才自动发生作用的社会保障制度。这里所说的"完全"，是以劳动者与生产资料的脱离为特征的；所谓"基本"，指的是参加生产活动已不成为主要社会生活内容。需强调说明的是，法定的年龄界限（各国有不同的标准）才是切实可行的衡量标准。

（2）养老保险的目的是为保障老年人的基本生活需求，为其提供稳定、可靠的生活来源。

（3）养老保险是以社会保险为手段来达到保障的目的。养老保险是世界各国较普遍实行的一种社会保障制度。

5.1.1 我国的基本养老保险制度

社会统筹与个人账户相结合的基本养老保险制度是我国在世界上首创的一种新型的基本养老保险制度。这个制度在基本养老保险基金的筹集上采用传统型的基本养老保险费用的筹集模式，即由国家、单位和个人共同负担；基本养老保险基金实行社会互济；在基本养老金的计发上采用结构式的计发办法，强调个人账户养老金激励因素和劳动贡献的差别。因此，该制度既吸收了传统型的养老保险制度的优点，又借鉴了个人账户模式的长处；既体现了传统意义上的社会保险的社会互济、分散风险、保障性强的特点，又强调了职工的自我保障意识和激励机制。随着该制度在中国实践中的不断完善，必将对世界养老保险发展史产生深远的影响。

5.1.2 养老保险的社会作用

养老保险的社会作用如图 5-1 所示。

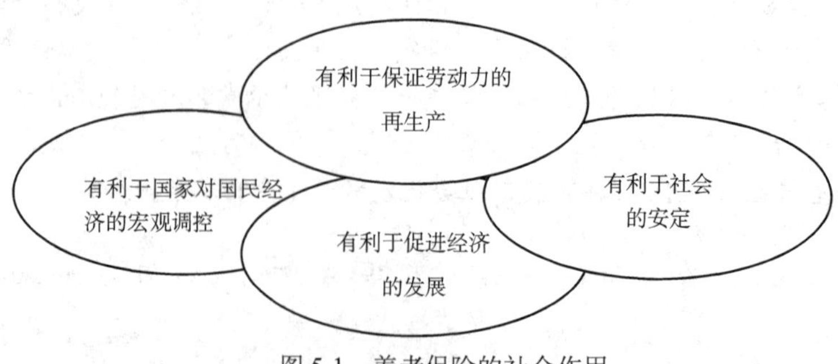

图 5-1　养老保险的社会作用

（1）有利于保证劳动力的再生产。通过建立养老保险制度，有利于劳动力群体的正常更替，老年人年老退休，新成长劳动力顺利就业，保证就业结构的合理化。

（2）有利于社会的安定。养老保险为老年人提供了基本生活保障，使老年人老有所养。随着人口老龄化的到来，老年人口的比例越来越大，人数也越来越多，养老保险保障了老年劳动者的基本生活，等于保障了社会相当部分人口的基本生活。对于在职劳动者而言，参加养老保险，意味着对将来年老后的生活有了预期，免除了后顾之忧，从社会心态来说，人们多了些稳定、少了些浮躁，这有利于社会的稳定。

（3）有利于促进经济的发展。各国设计养老保险制度多将公平与效率挂钩，尤其是部分积累和完全积累的养老金筹集模式。劳动者退休后领取养老金的数额，与其在职劳动期间的工资收入、缴费多少有直接的联系，这无疑能够激励劳动者在职期间积极工作，提高工作效率。

（4）有利于国家对国民经济的宏观调控。由于养老保险涉及面广，参与人数众多，其运作中能够筹集到大量的养老保险金，能为资本市场提供巨大的资金来源，尤其是实行基金制的养老保险模式，个人账户中的资金积累以数十年计算，使得养老保险基金规模更大，为市场提供更多的资金，通过对规模资金的运营和利用，有利于国家对国民经济的宏观调控。

5.2　养老保险的原则和特点

5.2.1　养老保险的原则

养老保险的原则如图 5-2 所示。

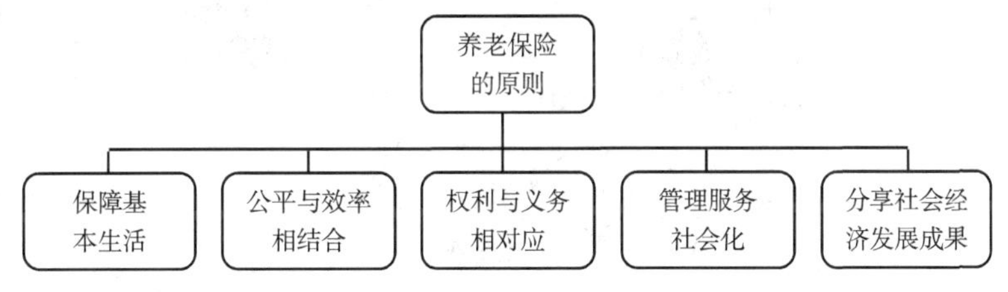

图 5-2　养老保险的原则

1. 保障基本生活

基本养老保险的目的是对劳动者退出劳动领域后的基本生活予以保障。这一原则更多地强调社会公平，有利于低收入阶层。一般而言，低收入人群基本养老金替代率（养老金相当于在职时工资收入的比例）较高，而高收入人群的基本养老金替代率则相对较低。劳动者还可以通过参加补充养老保险（企业年金）和个人储蓄性养老保险，获得更高的养老收入。

2. 公平与效率相结合

养老保险待遇水平既要体现社会公平，又要体现个体之间的差别，在维护社会公平的同时，强调养老保险对于促进效率的作用。

3．权利与义务相对应

目前大多数国家在基本养老保险制度中都实行权利与义务相对应的原则，即要求参保人员只有履行规定的义务，才能享受规定的养老保险待遇。这些义务主要包括依法参加基本养老保险、依法缴纳基本养老保险费并达到规定的最低缴费年限。基本养老保险待遇以养老保险缴费为条件，并与缴费的时间长短和数额多少直接相关。

4．管理服务社会化

按照政事分开的原则，政府委托或设立社会机构管理养老保险事务和基金。要建立独立于企事业单位之外的养老保险制度，就必须对养老金实行社会化发放，并依托社区开展退休人员的管理服务工作。

5．分享社会经济发展成果

在社会消费水平普遍提高的情况下，退休人员的实际生活水平有可能相对下降。因此，有必要建立基本养老金调整机制，使退休人员的收入水平随着社会经济的发展和职工工资水平的提高而不断提高，以分享社会经济发展的成果。

5.2.2　养老保险的特点

一般来讲，养老保险具有强制性、互济性和社会性的特征，如图 5-3 所示。

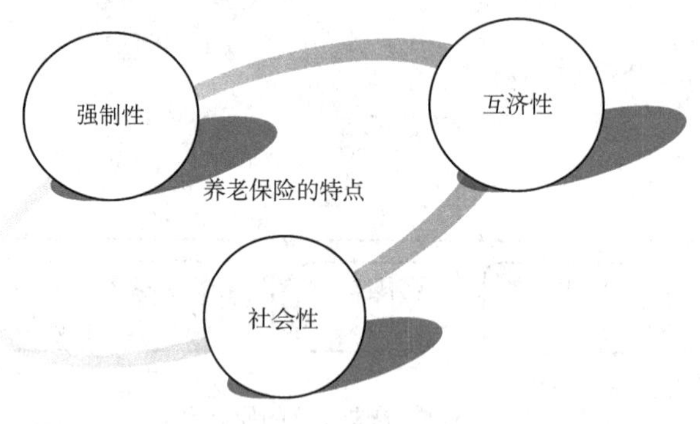

图 5-3　养老保险的特点

1．强制性

由国家立法，强制实行，任何企业单位和个人都必须参加，履行法律所赋予的权利和义务，缴纳养老保险费，待劳动者到达法定退休年龄时，符合养老条件的人，可向社会保险部门领取养老金，享受基本养老保险待遇，保障退休以后的基本生活。

2．互济性

养老保险费用来源一般由国家、企业或单位、个人三方或单位和个人双方共同负担，并在较高的层次上和较大的范围内实现养老保险费用的社会统筹和互济。

3. 社会性

每个人都有老年岁月，这是人生的必经阶段。养老问题关系到一个国家或社会的经济、文明发展，需要我们予以足够的重视。由于养老保险的实施范围很广，影响很大，享受人多且时间较长，费用支出庞大，因此，必须设置专门机构，实行现代化、专业化、社会化的统一规划和管理。

相关链接

我国将实施全民参保登记计划　加快养老保险全覆盖

第十二届全国人民代表大会常务委员会第十二次会议 23 日审议了国务院关于统筹推进城乡社会保障体系建设工作情况的报告。报告指出，我国将实施全民参保登记计划，加快实现城乡基本养老保险人员全覆盖。

报告说，2020 年我国人口预计达到 14.3 亿人，为实现“全面建成覆盖城乡居民的社会保障体系”的目标，国务院有关部门已经制订并开始实施以养老、医疗保险为重点的全民参保登记计划。

通过优化政策、加强宣传、严格执法、提升服务、逐人逐户登记确认等措施，力争使基本养老保险制度覆盖人数在 2017 年达到 9 亿人，到 2020 年达到 10 亿人左右，将覆盖率由目前的 80%提高到 95%。同时，巩固全民医保成果，全面实施城乡居民大病保险，工伤、失业、生育保险基本覆盖职业群体。

报告指出，截至 2014 年 11 月底，职工和城乡居民养老保险参保合计达 8.37 亿人，其中职工参保 3.38 亿人，城乡居民参保 4.99 亿人，待遇领取 2.26 亿人。

全民医保基本实现。截至 2014 年 11 月底，城镇基本医疗保险参保 5.9 亿人，其中职工医保 2.8 亿人、居民医保 3.1 亿人，新农合参保 7.35 亿人，总覆盖超过 13 亿人，95%以上的城乡人口有了基本医疗保险。

截至 2014 年 11 月底，全国共有城市低保对象 1 893 万人，农村低保对象 5 202 万人、五保供养对象 532 万人。

报告指出，企业退休人员基本养老金水平连续 10 年调整，月人均水平由 2004 年的 647 元提高到今年的 2 070 元。2013 年年底，全国城乡老年居民月人均养老金 82 元，其中各级政府全额负担的基础养老金 76 元。

截至 2014 年 11 月底，全国城市低保月人均补助 266 元后保障水平达到 401 元，农村低保年人均补助 1 440 元后保障水平达到 2 673 元，均比制度建立之初有明显提高。

（资料来源：徐博，任珂. 新华网，2014-12-23）

5.3 养老保险的参保与待遇

5.3.1 我国养老保险的组成

为了使养老保险既能发挥保障生活和安定社会的作用，又能适应不同经济条件的需要，以利于劳动生产率的提高。为此，我国的养老保险由三个部分（或层次）组成。第一部分是基本养老保险，第二部分是企业补充养老保险，第三部分是个人储蓄性养老保险。养老保险的组成如图 5-4 所示。

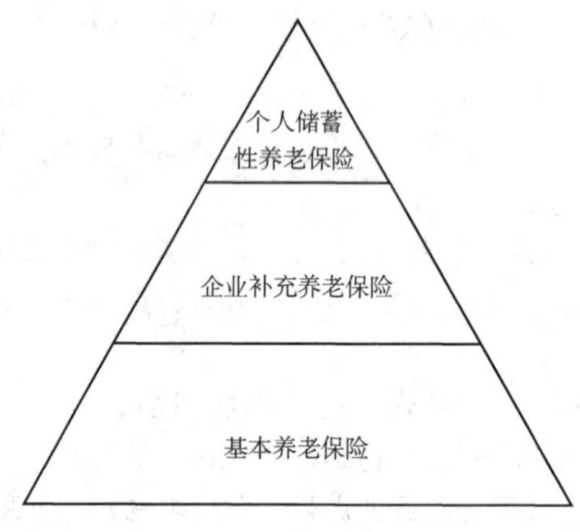

图 5-4　养老保险的组成

1. 基本养老保险

基本养老保险是按国家统一的法规、政策强制建立和实施的社会保险制度，是多层次的养老保险体制中的核心。企业和职工依法缴纳养老保险费，在职工达到国家规定的退休年龄或因其他原因而退出劳动岗位并办理退休手续后，社会保险经办机构向退休职工支付基本养老保险金（也称“退休金”）。基本养老金由基础养老金和个人账户养老金组成。基本养老金主要目的在于保障广大退休人员的晚年基本生活。

2. 企业补充养老保险

企业补充养老保险是指由企业根据自身经济实力，在国家规定的实施政策和实施条件下为本企业职工所建立的一种辅助性的养老保险。它居于多层次的养老保险体系中的第二层次，由国家宏观指导、企业内部决策执行。企业补充养老保险与基本养老保险既有区别又有联系。其区别主要体现在两种养老保险在层次和功能上的不同，其联系主要体现在两种养老保险的政策和水平相互联系、密不可分。企业补充养老保险由劳动保障部门管理，单位实行补充养老保险，应选择经劳动保障行政部门认定的机构经办。企业补充养老保险的资金筹集方式有现收现付制、部分积累制和完全积累制三种。企业补充养老保险费可由企业完全承担，或由企业和员工双方共同承担，承担比例由劳资双方协议确定。企业内部一般都设有由劳资双方组成的董事会，负责企业补充养老保险事宜。

3. 个人储蓄性养老保险

职工个人储蓄性养老保险是我国多层次养老保险体系的一个组成部分，是由职工自愿参加、自愿选择经办机构的一种补充保险形式。由社会保险机构经办的职工个人储蓄性养老保险，由社会保险主管部门制定具体办法，职工个人根据自己的工资收入情况，按规定缴纳个人储蓄性养老保险费，计入当地社会保险机构在有关银行开设的养老保险个人账户，并应按不低于或高于同期城乡居民储蓄存款利率计息，以提倡和鼓励职工个人参加储蓄性养老保险，所得利息计入个人账户，本息一并归职工个人所有。

职工达到法定退休年龄经批准退休后，凭个人账户将储蓄性养老保险金一次总付或分次支付给本人。职工跨地区流动，个人账户的储蓄性养老保险金应随之转移。职工未到退休年龄而死亡，计入个人账户的储蓄性养老保险金应由其指定人或法定继承人继承。

5.3.2　养老保险基金的筹集与给付

我国现行的养老保险基金的缴纳与给付按照公民身份分为三类，一类是企业职工，二类是城乡居民，三类是国家机关工作人员。第三种类型根据《国务院关于机关事业单位工作人员养老保险制度改革的决定》国发［2015］2 号文的规定，2015 年开始逐步纳入社会保险，各地在执行中实行老人老办法新人新政策，并且允许有 10 年的过渡期。分类如图 5-5 所示。

图 5-5　养老保险基金的缴纳与给付人员分类

各国养老保险的类型不同，其养老保险金的给付条件也是不同的，实际上绝大多数国家的养老保险给付条件是复合型的，即必须同时符合两个或两个以上的资格条件，这些条件主要包括国家法定的退休年龄、缴纳的保险费年限和受保职业规定的工龄等。我国的基本养老金的给付对于受益者的法定退休年龄、所在单位和个人依法参加基本养老保险并履行缴费义务的情况及个人累计缴费时间等做出了明确的规定。

1. 养老基金的基本来源

（1）用人单位缴纳的基本养老保险费。按职工工资总额和当地政府规定的比例在税前提取。

（2）个人缴纳的基本养老保险费。按职工个人工资额和当地政府规定的比例在税前提取。

（3）从破产和出售企业资产变现中清偿欠缴和补缴的基本养老保险费。

（4）按规定收取的滞纳金。

（5）基本养老保险基金增值收入。

（6）基本养老保险基金存款利息。

（7）财政补贴。企业缴费于税前提取也体现了国家补贴。

（8）其他收入。

2. 养老基金的缴纳与给付

（1）企业职工养老基金的缴纳与给付。

1）在《国务院关于建立统一的企业职工基本养老保险制度的决定》（国发[1997]26 号）中规定：企业缴纳基本养老保险费（简称企业缴费）的比例，一般不得超过企业工资总额的20%，具体比例由省、自治区、直辖市人民政府确定。少数省、自治区、直辖市因离退休人数较多、养老保险负担过重，确需超过企业工资总额20%的，应报劳动部、财政部审批。

2）在《关于完善企业职工基本养老保险制度的决定》（国发[2005]38 号）中规定：从2006年1月1日起个人账户的规模统一为本人缴费工资的8%构成。

3）在《国务院关于完善企业职工基本养老保险制度的决定》（国发［2005］38号）中规定：《国务院关于建立统一的企业职工基本养老保险制度的决定》（国发［1997］26号）实施后参加工作、缴费年限（含视同缴费年限，下同）累计满15年的人员，退休后按月发给基本养老金。基本养老金由基础养老金和个人账户养老金组成。退休时的基础养老金月标准以当地上年度在岗职工月平均工资和本人指数化月平均缴费工资的平均值为基数，缴费每满1年发给1％。个人账户养老金月标准为个人账户储存额除以计发月数，计发月数根据职工退休时城镇人口平均预期寿命、本人退休年龄、利息等因素确定。

国发［1997］26 号文件实施前参加工作，本决定实施后退休且缴费年限累计满 15 年的人员，在发给基础养老金和个人账户养老金的基础上，再发给过渡性养老金。

本决定实施后到达退休年龄但缴费年限累计不满 15 年的人员，不发给基础养老金；个人账户储存额一次性支付给本人，终止基本养老保险关系。

本决定实施前已经离退休的人员，仍按国家原来的规定发给基本养老金，同时执行基本养老金调整办法。

参加基本养老保险的个人，达到法定退休年龄时累计缴费不足 15 年的，可以缴费至满 15 年，按月领取基本养老金；也可以转入新型农村社会养老保险或城镇居民社会养老保险，按照国务院规定享受相应的养老保险待遇。

引导案例 5-2

骗取养老金的行为有哪些以及如何处理？

最近新闻报道广东省有 241 名离退休人员死亡后，仍继续领取基本养老金待遇超过 3 个月，涉及金额 1079.4 万元。这只是一种骗取养老金行为，其他六种行为又是什么？对于骗取养老保险待遇该怎么处理？法律快车小编为您一一介绍。

广东省死人领取养老金事件，在全国来讲应该不是个案，在其他省份也许存在同样的现象，因此在这一问题上，广东省应该引起重视，其他省份亦应该引起重视。只有政府对这样的事件负起责任来，用于民生之钱才不会浪费，地方政府的工作行为才会让百姓点赞。相信在这一问题上，广东省和其他存在同一问题的省市一定会拿出责任意识来，通过采取相关措施为工作中存在漏洞的“打上补丁”，让政府的行为彰显出真正的责任与服务意识。

7 种骗取养老金行为

据了解，为了维护社保基金的安全，防止养老金虚报冒领现象的发生，2014 年 4 月，全国人大常委会法工委刑法室有关负责人进行了专门的司法解释，并列举了 7 种骗取养老金的行为：

（一）退休人员死亡后，其直系亲属不按规定期限报备，冒领养老金；

（二）遗属人员死亡后，其直系亲属不按规定期限报备，冒领遗属抚恤金；

（三）冒用他人档案材料或伪造人事档案材料参保退休骗取养老金；

（四）退休人员被判刑、失踪，直系亲属不按规定期限报备，冒领养老金；

（五）伪造死亡证明、虚构死亡时间，骗取养老金及丧葬费；

（六）虚构劳动关系，伪造参保资料办理参保补费手续骗取养老金；

（七）其他通过欺诈、伪造证明材料骗取养老金的行为。

对存在的骗保现象，市社保局将制定严密措施，追回骗保金额，并依据《社会保险法》相关规定给予骗保者严厉处罚。

对骗取养老保险待遇的处理，2011 年实施的《社会保险法》明确规定，针对骗取社会保险金的行为，由社会保险行政部门责令其退回骗取的社会保险金，并处骗取金额 2 倍以上 5 倍以下的罚款。构成犯罪的，依法追究刑事责任。刑法解释明确，以欺诈、伪造证明材料或者其他手段骗取养老、医疗、工伤、失业、生育等社会保险金或者其他社会保险待遇的属于《刑法》第二百六十六条规定的诈骗公私财物行为。骗取社会保险金行为统一适用诈骗公私财物罪，有力地维护了社保基金的安全和完整。

（资料来源：佚名.法律快车，2015-07-31）

（2）城乡居民养老基金的缴纳与给付。城乡居民养老保险基金由个人缴费、集体补助、政府补贴构成。

1）个人缴费。参加城乡居民养老保险的人员应当按规定缴纳养老保险费。缴费标准目前设为每年 100 元、200 元、300 元、400 元、500 元、600 元、700 元、800 元、900 元、1 000 元、1 500 元、2 000 元 12 个档次，省（区、市）人民政府可以根据实际情况增设缴费档次，最高缴费档次标准原则上不超过当地灵活就业人员参加职工基本养老保险的年缴费额，并报人力资源社会保障部备案。人力资源社会保障部会同财政部依据城乡居民收入增长等情况适时调整缴费档次标准。参保人自主选择档次缴费，多缴多得。

2）集体补助。有条件的村集体经济组织应当对参保人缴费给予补助，补助标准由村民委员会召开村民会议民主确定，鼓励有条件的社区将集体补助纳入社区公益事业资金筹集范围。鼓励其他社会经济组织、公益慈善组织、个人为参保人缴费提供资助。补助、资助金额不超过当地设定的最高缴费档次标准。

3）政府补贴。政府对符合领取城乡居民养老保险待遇条件的参保人全额支付基础养老金，其中，中央财政对中西部地区按中央确定的基础养老金标准给予全额补助，对东部地区给予50%的补助。

地方人民政府应当对参保人缴费给予补贴，对选择最低档次标准缴费的，补贴标准不低于每人每年30元；对选择较高档次标准缴费的，适当增加补贴金额；对选择500元及以上档次标准缴费的，补贴标准不低于每人每年60元，具体标准和办法由省（区、市）人民政府确定。对重度残疾人等缴费困难群体，地方人民政府为其代缴部分或全部最低标准的养老保险费。

4）建立个人账户。国家为每个参保人员建立终身记录的养老保险个人账户，个人缴费、地方人民政府对参保人的缴费补贴、集体补助及其他社会经济组织、公益慈善组织、个人对参保人的缴费资助，全部记入个人账户。个人账户储存额按国家规定计息。

5）养老保险待遇及调整。城乡居民养老保险待遇由基础养老金和个人账户养老金构成，支付终身。

基础养老金。中央确定基础养老金最低标准，建立基础养老金最低标准正常调整机制，根据经济发展和物价变动等情况，适时调整全国基础养老金最低标准。地方人民政府可以根据实际情况适当提高基础养老金标准；对长期缴费的，可适当加发基础养老金，提高和加发部分的资金由地方人民政府支出，具体办法由省（区、市）人民政府规定，并报人力资源社会保障部备案。

个人账户养老金。个人账户养老金的月计发标准，目前为个人账户全部储存额除以139（与现行职工基本养老保险个人账户养老金计发系数相同）。参保人死亡，个人账户资金余额可以依法继承。

6）养老保险待遇领取条件。参加城乡居民养老保险的个人，年满60周岁、累计缴费满15年，且未领取国家规定的基本养老保障待遇的，可以按月领取城乡居民养老保险待遇。

《国务院关于建立统一的城乡居民基本养老保险制度的意见》国发[2014]8号中规定：新农保或城居保制度实施时已年满60周岁，在本意见印发之日前未领取国家规定的基本养老保障待遇的，不用缴费，自本意见实施之月起，可以按月领取城乡居民养老保险基础养老金；距规定领取年龄不足15年的，应逐年缴费，也允许补缴，累计缴费不超过15年；距规定领取年龄超过15年的，应按年缴费，累计缴费不少于15年。

7）转移接续与制度衔接.参加城乡居民养老保险的人员，在缴费期间户籍迁移、需要跨地区转移城乡居民养老保险关系的，可在迁入地申请转移养老保险关系，一次性转移个人账户全部储存额，并按迁入地规定继续参保缴费，缴费年限累计计算；已经按规定领取城乡居民养老保险待遇的，无论户籍是否迁移，其养老保险关系不转移。

5.4 国外养老保险

目前世界上已有160多个国家和地区建立了不同类型的养老保险制度，具有代表性的有如下几个国家。

1. 德国

德国是世界上最早建立社会保障制度的国家，德国养老保障制度建立的基本原则是“保险费用部分由雇主、部分由被雇用的职工缴纳，而国家仅仅给伤残和养老保险提供补贴”。个人养老金的多少，不取决于退休前工资的多少，而取决于一生缴纳了多少养老保险费。德国社会养老保险由法定养老保险、企业补充保险和个人储蓄保险三部分组成。法定养老保险是目前德国社会保障的支柱，它保证了就业者在退出职业生活之后能够保持适当的生活水平。

2. 日本

日本作为东方最具代表性的发达国家，有着完善的养老体系，这与日本老龄化有密切关系。据了解，目前在日本，一对老年夫妇只要在退休前缴足了公共养老金保险费，就能每月领到金额为 23 万日元的养老金，相当于在职人员平均实际月收入的 80%。在有自己住宅的前提下，生活费、衣着费、医疗费、交通费、通信费和娱乐费都能得到基本保证。

3. 美国

目前在美国养老金以四种形式出现：政府养老金、基本养老金、福利养老金和储蓄养老金。政府退休金由政府向各级政府退休人员提供，退休人员只占美国 65 岁以上老年人口的 8%。基本养老金是政府向剩下的 92%的 65 岁以上的美国老人提供的，约占原收入的 42%。资金的来源为征收社会养老保障税，社会保障税全部计入财政信托账户，首先用来保障养老保障支出的需要，节余可购买财政部发行或政府担保的特别债券。福利养老金是由大企业向雇员提供的，完全由雇主出资。职工退休后根据其在公司工作的年限领取一定份额的养老金。

4. 新加坡

新加坡的中央公积金制度是为受薪人员而设立的一项养老储蓄基金，是一项强制性的储蓄计划。其主要目的是为雇员提供足够的储蓄，以便在退休后或者丧失工作能力时有所依靠。中央公积金面向所有公共部门和私人部门的雇员。雇主和雇员可自愿参加。保险费由雇员和雇主共同缴纳。根据新加坡养老保障法，雇员年满 55 岁后，个人账户结构由普通账户、医疗储蓄账户和特别账户转变为退休账户和医疗储蓄账户。

课后练习

一、判断题

1. 保险公司推荐的养老保险是商业保险，是一种商业行为。劳动保障部门要求参加的养老保险是社会保险，是一种政府行为。(　　)

2. 养老保险缴费年限就是职工参加工作的连续工龄。(　　)

3. 企业为职工投保了商业养老保险以后，可以不再参加基本养老保险。(　　)

4. 养老保险的目的是为保障老年人的基本生活需求，为其提供稳定、可靠的生活来源。(　　)

5. 基本养老保险只需单位缴费，个人不需缴费。(　　)

二、单项选择题

1. 养老保险是解决劳动者（　　）后的基本生活而建立的一种社会保险制度。

A. 达到国家法定退休年龄退出劳动岗位　　B. 因失业失去工资收入

C. 无生活来源、无依无靠　　D. 因疾病离开工作岗位

2. 基本养老保险基金的个人账户资金来源中应由职工个人缴纳的比例，为职工本人缴费工资的（　　）。

A. 5%　　B. 8%

C. 10%　　D. 12%

3. 职工退休后，个人账户养老金的领取额为本人个人账户储存额除以（　　）。

A. 计发月数　　B. 150

C. 80　　D. 参加工作的月数

4. 企业职工最低缴费年限为（　　）年。

A. 20　　B. 15

C. 12　　D. 8

5. 企业缴纳基本养老保险费（简称企业缴费）的比例，一般不得超过工资总额的（　　）。

A. 20%　　B. 15%

C. 12%　　D. 8%

三、多项选择题

1. 在我国，多层次的养老保险体制包括（　　）。

A. 基本养老保险　　B. 普遍养老保险

C. 企业补充养老保险　　D. 职工个人储蓄性养老保险

2. 下列关于养老保险涉及的范围，正确的是（　　）。

A. 企业职工　　B. 机关事业单位工作人员

C. 城乡居民

3. 职工按月领取基本养老金的条件是（　　）。

A. 达到国家法定退休年龄，并办理退休手续

B. 所在单位和本人依法参加养老保险并履行缴费义务

C. 个人缴费年限最低要达 15 年

D. 办理了个人储蓄性养老保险

E. 个人缴费年限最低要达 5 年

4. 城乡居民养老保险基金主要由（　　）构成。

A. 个人缴费　　B. 政府补贴

C. 集体补助　　D. 个人捐款

5. 养老保险的特点有（　　）。

A. 强制性　　B. 互济性

C. 社会性　　　　D. 通用性

四、简答题

1. 简述养老保险的含义。
2. 简述我国基本养老保险制度。
3. 简述养老保险的原则。

案例分析

工资能不能含养老保险

某外商独资公司，高薪聘用赵某担任副总经理。当时，在谈到工资待遇时，公司说："董事会给你定的工资为 2 万元。之所以工资定得这么高，是因为已经将医疗保险、养老保险等费用折算为钱发到工资里了，自己从工资里解决，公司概不负责。"听了这话，赵某心里盘算开了："这个公司给我的工资的确是够多的，可就是将来万一得了什么大病，或者老了怎么办呢？"但他转念又一想："我刚 30 多岁，一般也不会有什么大病，至于养老问题，现在考虑还为时过早。倒不如趁年轻多挣些钱，实惠。"工作以后，赵某为了解除自己的后顾之忧，每月从工资中拿出 1 000 元，向保险公司投了一份养老保险。这样一来，他在这家公司工作，也觉得踏实多了。几个月后，由于赵某与董事长在公司的经营管理等重大问题上产生了分歧，被董事长炒了"鱿鱼"。赵某不服，双方为此打到了劳动争议仲裁委员会。

在劳动争议仲裁委员会，赵某提出公司未给他缴纳养老保险的问题，他认为，这是侵犯他合法权益的行为。但公司认为不为赵某缴纳养老保险，是事先跟赵某讲好的。赵某既然接受了，就说明协议已经达成，现在无权反悔。再说，赵某不是自己已经向保险公司投了养老保险了吗？

请分析：赵某可以要求企业补交养老保险吗？

第6章

医疗保险

学习目标

1. 理解医疗保险的原则和特点；
2. 掌握医疗保险的参保和待遇；
3. 了解国外医疗保险的基本情况。

学习导航

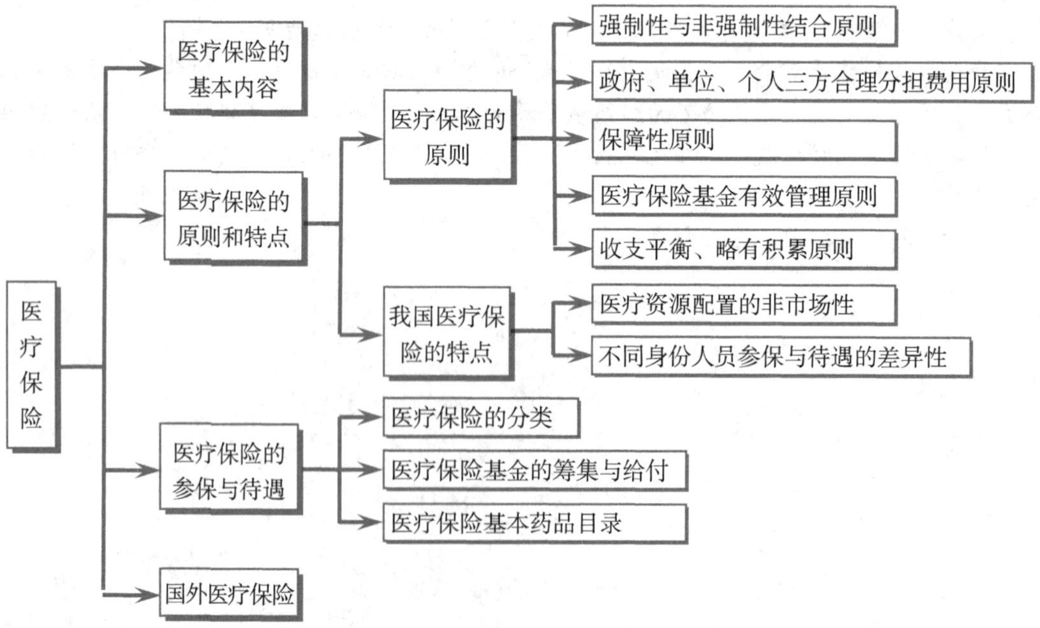

引导案例 6-1

一张医保卡，本月起刷遍南京

现在家住浦口、江宁区，上班在主城区的市民很多，他们常常感到看病买药很不方便，手中的医保卡受区域限制，不能随便刷。以后，这样的尴尬状况将不再存在。

昨天，南京市人社局召开新闻发布会，宣布 2016 年 1 月 1 日起，南京实行职工医保市级统筹，在全市层面实现医疗保险政策待遇、经办服务、基金筹集等统一管理与标准化。现代快报记者了解到，这意味着包括市本级以及江宁、浦口等五区在内的全市范围实现一卡通，真正实现同城同待。

目前南京参加职工医保的人数达到 387 万人，其中在市本级参保的有 300 万，87 万人是在江宁、浦口、六合、高淳、溧水这五个区参保；市级统筹前，各个统筹区实施的是自己制定的医保政策。从本月起，南京市职工医疗保险参保人员在全市范围内可就近持卡在任意一家医保协议单位就医、购药，全市范围内联网结算。参保人员发生符合医疗保险基金支付的医疗费用实现即时结算，无须个人垫付。

此外，全市医疗保险实行信息系统数据流转标准化，参保人员在市、区或区、区之间劳动关系转移时，医疗保险就诊数据、登记信息等可互联互认。

（资料来源：项凤华. 现代快报，2016-01-13）

6.1　医疗保险的基本内容

医疗保险，是指以保险合同约定的医疗行为的发生为给付保险金条件，为被保险人接受诊疗期间的医疗费用支出提供保障的保险。医疗保险同其他类型的保险一样，也是以合同的方式预先向受疾病威胁的人收取医疗保险费，建立医疗保险基金；当被保险人患病并去医疗机构就诊而发生医疗费用后，由医疗保险机构给予一定的经济补偿。

1．医疗保险的职能

医疗保险的职能为风险转移和补偿转移，即把个体身上的由疾病风险所致的经济损失分摊给所有受同样风险威胁的成员，用集中起来的医疗保险基金来补偿由疾病所带来的经济损失，医疗保险的职能如图 6-1 所示。

2．医疗保险的社会作用

（1）有利于提高劳动生产率，促进生产的发展。医疗保险是社会进步、生产发展的必然结果。反过来，医疗保险制度的建立和完善又会进一步促进社会进步和生产发展。一方面，医疗保险解除了劳动者的后顾之忧，使其安心工作，从而可以提高劳动生产率，促进生产发展；另一方面，也保证了劳动者的身心健康，保证了劳动力的正常再生产。

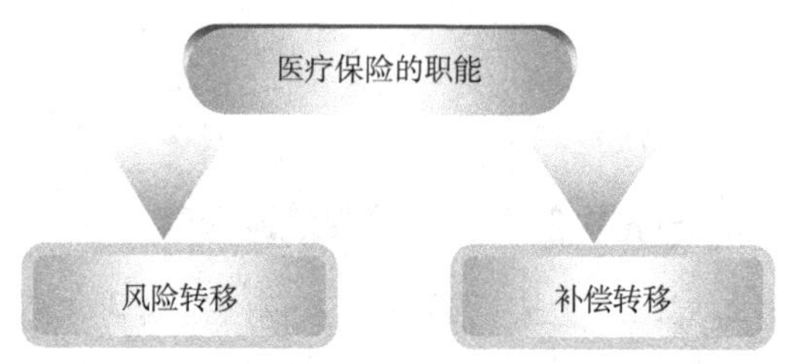

图 6-1　医疗保险的职能

（2）调节收入差别，体现社会公平性。医疗保险通过征收医疗保险费和偿付医疗保险服务费用来调节收入差别，是政府一种重要的收入再分配的手段。

（3）维护社会安定的重要保障。医疗保险对患病的劳动者给予经济上的帮助，有助于消除因疾病带来的社会不安定因素，是调整社会关系和社会矛盾的重要社会机制。

（4）促进社会文明和进步的重要手段。医疗保险和社会互助共济的社会制度，通过在参保人之间分摊疾病费用风险，体现出了“一方有难，八方支援”的新型社会关系，有利于促进社会的文明和进步。

（5）是推进经济体制改革特别是国有企业改革的重要保证。

6.2　医疗保险的原则和特点

6.2.1　医疗保险的原则

医疗保险的原则如图 6-2 所示。

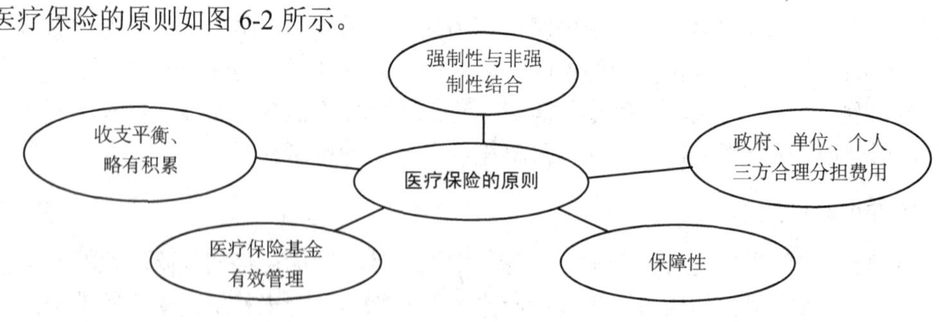

图 6-2　医疗保险的原则

1. 强制性与非强制性结合原则

对企业职工来说，医疗保险是由国家立法规定享受范围、权利、义务及待遇标准，强制执行的社会保障制度，因此，又叫强制性医疗保险或法定医疗保险。

对城镇居民基本医疗保险和新型农村合作医疗保险，我国采取了自愿参加的原则。

2. 政府、单位、个人三方合理分担费用原则

在现代社会，劳动者已不再是家庭劳动力，而是社会劳动力，社会化大生产中劳动力的修复，也必须依靠社会力量，即通过医疗保险的方式来分担。一是医疗保险基金由政府、单位、个人三方面共同筹集，二是医疗费用由政府、单位、个人三方负担。

3. 保障性原则

医疗保险是以保障人们平等的健康权利为目的的，参加医疗保险的每个成员，不论其缴费多少，是什么职业，享受的基本医疗保险待遇基本上都一样，都有权得到所规定的医疗服务。

4. 医疗保险基金有效管理原则

该原则要求建立针对医、患双方的费用制约机制，使医疗服务的“供方”做到因病施治，合理检查、合理用药、合理治疗和合理收费，使医疗服务的“需方”具有较强的“费用意识”，提高筹集医疗保险基金的效率和节约卫生资源、减少浪费的效率。

5. 收支平衡、略有积累原则

“收支平衡”是医疗保险基金的基本要求，“略有积累”是医疗保险健康发展的需要。积累部分资金，一是以备疾病大流行时用，主要针对急性传染病；二是以备职工队伍年龄老化时用，主要针对慢性病。

6.2.2 我国医疗保险的特点

1. 医疗资源配置的非市场性

我国医疗保险制度产生于新民主主义时期，并在以计划经济为特征的社会主义时期获得了迅速发展，突出反映了医疗经济的公有制性质。国家运用计划手段对医疗资源进行高度集中管理，以单一的行政手段对医疗资源的生产、交换、分配、消费等各个环节实行统一计划，医疗经济所有权、经营权、使用权整体合一，对医疗卫生计生资源的分配和消费行为负责。

2. 不同身份人员参保与待遇的差异性

我国医疗保险具有独特的板块结构，这种板块结构表现为全民保健、公费医疗、劳保医疗、合作医疗。除全民保健具有普遍性外，公费医疗覆盖机关、事业单位，劳保医疗覆盖城镇职工及其家属、子女，合作医疗覆盖农村居民。医疗保险制度按照单位和居民的不同身份，分为公费医疗制度、劳保医疗制度和农村合作医疗制度。由于它们的资金来源渠道不同、享受待遇的对象不同，范围不一样，体现了我国社会结构的特点和经济发展水平的差异。

6.3 医疗保险的参保与待遇

6.3.1 医疗保险的分类

医疗保险的分类如图 6-3 所示。

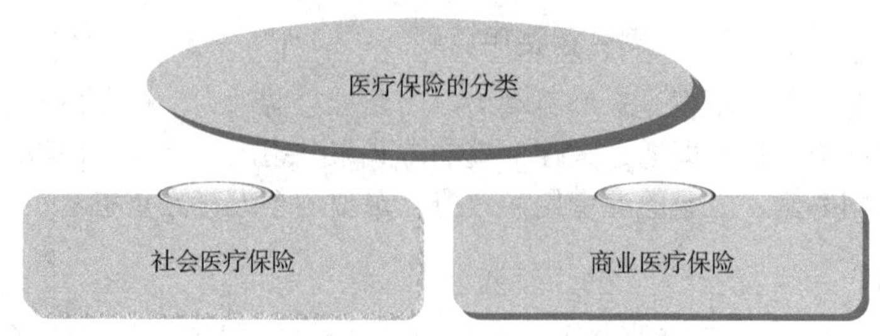

图 6-3　医疗保险的分类

1．社会医疗保险

我国于 20 世纪 50 年代初建立的公费医疗和劳保医疗统称为职工社会医疗保险，并由此延伸到今天的城镇居民医疗保险和新型农村合作医疗保险。它是国家社会保障制度的重要组成部分，也是社会保险的重要项目之一，同时也是本书讨论的内容。本书所述的医疗保险是指社会医疗保险。

社会医疗保险具有社会保险的互济性、社会性等基本特征。因此，此类医疗保险制度通常由国家立法，强制实施，建立基金制度，费用由用人单位和个人共同缴纳，医疗保险费由医疗保险机构支付，以承担劳动者因患病或受伤害带来的医疗风险。

社会医疗保险就是当人们生病或受到伤害后，由国家或社会给予的一种物质帮助，即提供医疗服务或经济补偿的一种社会保障制度。

我国的社会医疗保险实施 40 多年来，在保障职工身体健康和维护社会稳定等方面发挥了积极的作用。

2．商业医疗保险

商业医疗保险为营利性保险公司经营的医疗保险，又分为报销型医疗保险和赔偿型医疗保险。

报销型医疗保险（普通医疗保险）是指患者在医院里所花费的医疗费由保险公司来报销。一般分门诊医疗保险与住院医疗保险。

赔偿型医疗保险（专项医疗保险）是指患者明确被医院诊断为患了某种在合同上列明的疾病，由保险公司根据合同约定的金额来付给患者治疗及护理费用。一般分单项疾病保险（如癌症保险）与重大疾病保险（10 种、20 种及 30 种等重大疾病保险）。

上述两类医疗险有相同点但又有不同点。相同点是患病才能获得保险给付。不同点主要是：普通医疗保险属全类型即各类疾病都能获得保险给付；专项医疗保险属专项类即某项在保险合同中明确列明的疾病或手术才能获得保险给付。保险公司推出的医疗保险常常会综合上述两大类保险的一部分。

6.3.2　医疗保险基金的筹集与给付

我国现行的医疗保险同养老保险类似，基金的缴纳与给付按照公民身份分三类：第一类是企业职工，第二类是城乡居民，第三类是国家机关工作人员。（本书中所提的城乡居民医保，是由原居民医保和新农合合并而成，下一步将推行三险合一，就是把原职工医保、居民医保、新农合进行合并，部分地区已经在先行先试。）

医疗保险人员分类如图 6-4 所示。

图 6-4　医疗保险人员分类

1. 医疗保险基金的基本来源

医疗保险基金是指国家为保障职工的基本医疗，由医疗保险经办机构按国家有关规定，向单位和个人筹集用于职工基本医疗保险的专项基金。基本医疗保险基金包括社会统筹基金和个人账户两部分，由用人单位和职工个人按一定比例共同缴纳。医疗保险基金来源如下。

（1）行政机关由各级财政安排。

（2）财政供给的事业单位由各级财政视财政补助及事业收入情况安排，其他事业单位在事业收入或经营收入中提取的医疗保险基金中列支。

（3）企业在职工福利费中列支。

（4）进入再就业服务中心的企业下岗职工的基本医疗保险费包括单位缴费和个人缴费。

2. 企业职工医疗保险基金的缴纳与给付

《社会保险法》规定：职工应当参加职工基本医疗保险，由用人单位和职工按照国家规定共同缴纳基本医疗保险费。无雇工的个体工商户、未在用人单位参加职工基本医疗保险的非全日制从业人员及其他灵活就业人员可以参加职工基本医疗保险，由个人按照国家规定缴纳基本医疗保险费。

在《国务院关于建立城镇职工基本医疗保险制度的决定》（国发[1998]44 号）中，对企业职工医疗保险费的缴纳与给付有如下明确的规定。

（1）基本医疗保险费由用人单位和职工共同缴纳。用人单位缴费率应控制在职工工资总额的 6%左右，职工缴费率一般为本人工资收入的 2%。随着经济发展，用人单位和职工缴费率可做相应的调整。

（2）要建立基本医疗保险统筹基金和个人账户。基本医疗保险基金由统筹基金和个人账户构成。职工个人缴纳的基本医疗保险费全部计入个人账户。用人单位缴纳的基本医疗保险费分为两部分，一部分用于建立统筹基金，一部分划入个人账户。划入个人账户的比例一般为用人单位缴费的 30%左右，具体比例由统筹地区根据个人账户的支付范围和职工年龄等因素确定。

统筹基金和个人账户要划定各自的支付范围，分别核算，不得互相挤占。要确定统筹基金的起付标准和最高支付限额，起付标准原则上控制在当地职工年平均工资的 10%左右，最高支付限额原则上控制在当地职工年平均工资的 4 倍左右。起付标准以下的医疗费用，从个人账户中支付或由个人自付。起付标准以上、最高支付限额以下的医疗费用，主要从统筹基金中支付，个人也要负担一定比例。超过最高支付限额的医疗费用，可以通过商业医疗保险等途径解决。统筹基金的具体起付标准、最高支付限额及在起付标准以上和最高支付限额以下的医疗费用的个人负担比例，由统筹地区根据以收定支、收支平衡的原则确定。

3．城乡居民医保基本制度政策

2016 年 1 月国务院印发《关于整合城乡居民基本医疗保险制度的意见》（国发［2016］3 号），整合原城镇居民医保和新农合两项制度，建立统一的城乡居民医保制度，其具体原则如下。

（1）统一覆盖范围。城乡居民医保制度覆盖范围包括现有城镇居民医保和新农合所有应参保（合）人员，即覆盖除职工基本医疗保险应参保人员以外的其他所有城乡居民。农民工和灵活就业人员依法参加职工基本医疗保险，有困难的可按照当地规定参加城乡居民医保。各地要完善参保方式，促进应保尽保，避免重复参保。

（2）统一筹资政策。坚持多渠道筹资，继续实行个人缴费与政府补助相结合为主的筹资方式，鼓励集体、单位或其他社会经济组织给予扶持或资助。各地要统筹考虑城乡居民医保与大病保险保障需求，按照基金收支平衡的原则，合理确定城乡统一的筹资标准。现有城镇居民医保和新农合个人缴费标准差距较大的地区，可采取差别缴费的办法，利用 2~3 年时间逐步过渡。整合后的实际人均筹资和个人缴费不得低于现有水平。

完善筹资动态调整机制。在精算平衡的基础上，逐步建立与经济社会发展水平、各方承受能力相适应的稳定筹资机制。逐步建立个人缴费标准与城乡居民人均可支配收入相衔接的机制。合理划分政府与个人的筹资责任，在提高政府补助标准的同时，适当提高个人缴费比重。

（3）统一保障待遇。遵循保障适度、收支平衡的原则，均衡城乡保障待遇，逐步统一保障范围和支付标准，为参保人员提供公平的基本医疗保障。妥善处理整合前的特殊保障政策，做好过渡与衔接。

城乡居民医保基金主要用于支付参保人员发生的住院和门诊医药费用。稳定住院保障水平，政策范围内住院费用支付比例保持在 75%左右。进一步完善门诊统筹，逐步提高门诊保障水平。逐步缩小政策范围内支付比例与实际支付比例间的差距。

（4）统一医保目录。统一城乡居民医保药品目录和医疗服务项目目录，明确药品和医疗服务支付范围。各省（区、市）要按照国家基本医保用药管理和基本药物制度有关规定，遵循临床必需、安全有效、价格合理、技术适宜、基金可承受的原则，在现有城镇居民医保和新农合目录的基础上，适当考虑参保人员需求变化进行调整，有增有减、有控有扩，做到种类基本齐全、结构总体合理。完善医保目录管理办法，实行分级管理、动态调整。

（5）统一定点管理。统一城乡居民医保定点机构管理办法，强化定点服务协议管理，建立健全考核评价机制和动态的准入退出机制。对非公立医疗机构与公立医疗机构实行同等的定点管理政策。原则上由统筹地区管理机构负责定点机构的准入、退出和监管，省级管理机构负责制定定点机构的准入原则和管理办法，并重点加强对统筹区域外的省、市级定点医疗机构的指导与监督。

（6）统一基金管理。城乡居民医保执行国家统一的基金财务制度、会计制度和基金预决算管理制度。城乡居民医保基金纳入财政专户，实行“收支两条线”管理。基金独立核算、专户管理，任何单位和个人不得挤占挪用。

结合基金预算管理全面推进付费总额控制。基金使用遵循以收定支、收支平衡、略有结余的原则，确保应支付费用及时足额拨付，合理控制基金当年结余率和累计结余率。

相关链接

消费者不需要重复投保商业医疗保险

当前，随着医疗体制改革的逐步深入，商业医疗保险的险种和产品日益丰富。但是，保险专家提醒，商业医疗保险作为一种补偿型保险，一般采用补偿方式给付医疗保险金，即保险金的赔偿不能超过被保险人实际支出的医疗费用，商业医疗保险重复投保并不能得到重复理赔，因此消费者重复投保商业医疗保险既不必要，也不划算。

保险专家说，商业医疗保险主要有意外伤害医疗保险、住院医疗保险、手术医疗保险和特种疾病保险等险种，是产生纠纷较多的领域，因此消费者在投保商业医疗保险时应注意如下两点。

一是优先投保住院医疗保险。医疗风险主要是门诊医疗风险和住院医疗风险，其中最主要的是住院医疗风险，因此消费者应优先投保住院医疗保险。住院医疗保险的保险期限一般为一年，一年结束后要重新投保。但是，目前市场上多数住院医疗保险产品不保证续保，即投保人在年轻、健康时每年续保没有问题，一旦发生了赔付，则下一年续保时，保险公司就可能要求额外加收保费，甚至拒保。因此，在购买住院医疗保险时，消费者最好选择具有保证续保功能的住院医疗保险产品，从而使自己在续保时处于主动地位。

二是最好选择定额给付型医疗保险。费用型医疗保险的保险金赔付主要依据发票，赔付金额一般要低于实际花费。而定额给付型医疗保险是按照事前约定的保险金额进行赔付，因此保险公司的理赔金额可能高于或低于实际支出；消费者可以把高出部分用于支付营养费、误工费、车船费、陪伴费和护理费，而且定额给付型医疗保险的理赔一般不需要提供发票原件，手续简单，不容易产生理赔纠纷。

6.3.3 医疗保险基本药品目录

我国现在执行的是《国家基本医疗保险、工伤保险和生育保险药品目录（2009 年版）》（简称《药品目录》），人力资源和社会保障部又在 2010 年 6 月 28 日发布《关于印发国家基本医疗保险工伤保险和生育保险药品目录部分药品名称剂型调整规范的通知》（人社厅发[2010]58 号）。

基本医疗保险药品是指保证职工临床治疗必需的，纳入基本医疗保险给付范围内的药品，分为甲类和乙类两种。甲类药物是指全国基本统一的、能保证临床治疗基本需要的药物。这类药物的费用纳入基本医疗保险基金给付范围，并按基本医疗保险的给付标准支付费用。

乙类药物是指基本医疗保险基金有部分能力支付费用的药物，这类药物先由职工支付一定比例的费用后，再纳入基本医疗保险基金给付范围，并按基本医疗保险给付标准支付费用（工伤保险和生育保险支付时不分甲、乙类）。

在《药品目录》中的药品分西药、中成药和中药饮片三部分。其中，基本医疗保险、工伤保险基金准予支付费用的西药品种分别为 1 133 个和 1 137 个，中成药品种 927 个，民族药品种 47 个。医疗保险、工伤保险基金不予支付费用的中药饮片 127 种及 1 个类别。其中，单方不予支付的有 99 种，单、复方均不予支付的有 28 种和 1 个类别。

1．纳入《药品目录》的药品

纳入《药品目录》的药品均为临床必需、安全有效、价格合理、使用方便的药品，并符合下列条件之一。

（1）《中华人民共和国药典》（现行版）收载的药品。

（2）符合国家药品监督管理部门颁发标准的药品。

（3）国家药品监督管理部门批准正式进口的药品。

2．不纳入《药品目录》的药品

对于易于滥用的、可用于非治疗用途的药品不列入《药品目录》，具体如下。

（1）主要起营养滋补作用的药品。

（2）部分可以入药的动物及动物脏器、干（水）果类。

（3）用中药材和中药饮片炮制的各类酒制剂。

（4）各类药品中的果味制剂、口服泡腾剂。

（5）血液制品、蛋白类制品（特殊适应症与急救、抢救除外）。

在《药品目录》的基础上，各地根据实际情况又自行制定了基本医疗保险药物支付目录，如广东佛山根据社会发展状况，当地在国家基本药物的基础上扩大了部分支付范围的药物（由于各地根据实际情况自行制定了药物目录，请根据当地实际情况使用基本药物目录）。

6.4 国外医疗保险

1．德国：社会保险

德国是世界上第一个实行强制性社会医疗保险制度的国家，至今已有 100 多年的历史了。其医疗保险基金实行社会统筹、互助共济，主要由雇主和雇员缴纳，政府酌情补贴。目前，世界上有 100 多个国家采取这种模式。

德国的医疗保险制度分为法定医疗保险和私营医疗保险。法定医疗保险由联邦公众医疗保险机构和类似的 600 多个医疗保险机构具体操作，主要对象是月收入在 6 300 马克以下的雇员，低于 620 马克的人员和多子女人员可不缴纳医疗保险费，但仍可享受法定医疗保险待遇。90%的德国人都参加法定医疗保险。保险费按工资收入的一定百分比缴费，各州费率不同，一般在 11%～15%；主要包括疾病预防和治疗、休养康复及支付疾病津贴等。根据法定

医疗保险的规定，投保人的妻子、子女如没有职业，可以一起享受待遇。

私营医疗保险由德国健康保险公司等机构具体操作，主要对象是月收入高于 6 300 马克的医生、企业主、政府雇员和自由职业者等。私营医疗保险是自愿参加的，保险项目完全可以自己选择。投保私营医疗保险有权选择医院和医生，并得到相应的服务和补偿。不同于法定医疗保险，投保私营医疗保险只能一人投保，一人获利。

此外，德国还有专为老人设立的护理保险。参加该险的人可以请专业护理人员上门为老人、病人进行护理。根据有关规定，护理保险按老人、病人每天所需要护理的时间分成一、二、三级。在家里由亲属护理，亲属可得到 400 马克、800 马克、1 200 马克的护理费。如果被护理者住在养老院里，则养老院可获得 2 000 马克、2 500 马克、2 800 马克的护理费。

2．加拿大：全民免费

在加拿大的所有福利项目中，最让加拿大人自豪的是它的全民免费医疗体制。每一个加拿大人，不论你是公民还是永久居民，都可以领取一张带有照片的医疗磁卡。有了这个卡，在加拿大看病、诊疗、化验、透视、手术、住院都是免费的。医生会根据卡上的号码，向政府卫生部收取费用。注意：药费要自付。医生开出药方，患者必须自己去药店买药。药费并不贵，通常都能承担得起。如果在加拿大有一份稍正式的工作，通常老板会为其购买药费保险，这样全家的药费就都可以报销了。

在加拿大，看病通常不可以直接上医院，那里也没什么挂号处之类的机构，有病先要看“家庭医生”。每个医生通常有自己的诊所，有一两个秘书或助手。这些医生从妇产科到精神科什么都懂一些，但什么都不精。小毛病能解决，大病就会把患者转往医院或专科医生。因此，去医院的病人往往是家庭医生预约好了的。

3．美国：商业保险

美国的医疗保险制度由私人医疗保险和社会医疗保险构成。人们常说的医疗保险属于政府资助的社会保险项目。在美国，不少人同时参加私人医疗保险和社会保险。可以说，美国的医疗保险是参保自由，灵活多样，有钱买高档的，没钱买低档的，适合参保方的多层次需求。

美国政府的医疗保险是一种特指的社会保险制度。它起始于 1965 年，当时是为了向 65 岁以上的老年人提供医疗保险，1993 年参加者达 3 200 万人。医疗保险大约包括了老年人住院治疗医疗费用的 90%。与此相比，医疗补贴大约包括了低收入者住院治疗费用的 80%，不足部分通过医院对私人投保者提高收费来解决。因此，平均起来，私人投保的医疗费价格要高出近 30%。

美国的医疗保险福利金分为住院医疗保险和补充性医疗保险两部分。参加住院医疗保险是强制性的。住院医疗保险通过对在职人员征收医疗保险工薪税（与社会保障工薪税合称为社会保险工薪税）来筹集资金，由雇主和雇员分别缴纳工资收入的 1.45%，合起来为 2.9%。补充性医疗保险是自愿性的。补充性医疗保险资金由一般性财政收入和自愿投保者每月缴纳的保险费构成。目前，补充性医疗保险资金 75%来源于一般性财政收入，25%来源于保险费。

美国是所有工业化国家中唯一不给其全体国民基本医疗服务的国家。美国对一定贫困线以下的人口确实有专门的免费公共医疗服务，但是如果一个家庭收入超过这一贫困线，就没有权利享受这种免费的医疗服务。据调查，80%没有医疗保险的人收入超过这一贫困线，但是又没有足够的钱支付私人医疗保险费。2002 年第 4 期《华盛顿观察》周刊曾报道说，美国药物研究院的一份报告显示，每年有 18 000 名美国人因为没有医疗保险而过早死亡。

课后练习

一、判断题

1. 城镇居民基本医疗保险基金的使用要坚持以收定支、收支平衡、略有结余的原则。(　　)

2. 某参保人员出国前进行了一次体检，其费用可以纳入基本医疗保险进行报销。(　　)

3. 参保人员住院通过熟悉的医生开了一点营养药品，也能一起在基本医疗保险进行报销。(　　)

4. 定点医疗机构生产的自制药品，具备一定疗效，但不符合基本医疗保险用药范围，其费用不能纳入基本医疗保险进行报销。(　　)

5.《药品目录》中的甲类药物是指全国基本统一的、能保证临床治疗基本需要的药物。这类药物的费用纳入基本医疗保险基金给付范围，并按基本医疗保险的给付标准支付费用。(　　)

二、单项选择题

1. 某参保在职职工，其医疗保险的个人缴费率为工资的（　　）。随着经济发展，用人单位和职工缴费率可做相应调整。

A. 0.9%　　B. 1.5%

C. 2%　　D. 2.5%

2. 医疗保险分为（　　）。

A. 社会医疗保险　　B. 个人医疗保险

C. 大众医疗保险　　D. 全民医疗保险

3. 基本医疗保险费由用人单位和职工共同缴纳。用人单位缴费率应控制在职工工资总额的（　　）左右。

A. 3%　　B. 4%

C. 5%　　D. 6%

4. 用人单位缴纳的基本医疗保险费划入个人账户的比例一般为用人单位缴费的（　　）左右。

A. 40%　　B. 30%

C. 20%　　D. 10%

5. 商业医疗保险为（　　）保险公司经营的医疗保险。

A. 营利性　　B. 补助性

C. 公益性　　　　D. 社会性

三、多项选择题

1. 医疗基金基本来源包括（　　）。

A. 行政机关由各级财政安排

B. 财政供给的事业单位由各级财政视财政补助及事业收入情况安排，其他事业单位在事业收入或经营收入中提取的医疗基金中列支

C. 企业在职工福利费中开支

D. 进入再就业服务中心的企业下岗职工的基本医疗保险费，包括单位缴费和个人缴费

2. 在《药品目录》中的药品分为（　　）。

A. 西药　　　　B. 中成药

C. 中药饮片　　　　D. 外用药

3. 用人单位缴纳的基本医疗保险费分为两部分，即（　　）。

A. 一部分退还个人

B. 一部分划入个人账户

C. 一部分用于建立统筹基金

4. 不纳入《药品目录》的药品为（　　）。

A. 主要起营养滋补作用的药品

B. 部分可以入药的动物及动物脏器，干（水）果类

C. 用中药材和中药饮片炮制的各类酒制剂

D. 各类药品中的果味制剂、口服泡腾剂

E. 血液制品、蛋白类制品（特殊适应症与急救、抢救除外）

5. 2016 年 1 月国务院印发了《关于整合城乡居民基本医疗保险制度的意见》，整合原城镇居民医保和新农合两项制度，建立统一的城乡居民医保制度，其具体原则为（　　）。

A. 统一覆盖范围　　　　B. 统一筹资政策

C. 统一保障待遇　　　　D. 统一医保目录

E. 统一定点管理　　　　F. 统一基金管理

四、简答题

1. 简述医疗保险的含义。

2. 简述医疗保险的原则。

3. 简述医疗保险的分类。

案例分析

试用期内的职工是否享受医疗保险待遇

陈某于 2014 年 3 月 2 日应聘到某公司工作，规定试用期 3 个月。2014 年 5 月 19 日晚，

陈某在其居民楼内不幸从楼梯滚下，造成大腿、小腿骨折。经治疗痊愈，花去医疗费用 1 400 元。7 月 15 日，陈某伤后去上班，找单位报销医疗费。该公司拒绝为陈某报销，称对于试用期内的职工，概不负责任何医疗问题。陈某同时得知，其受伤治疗期间的工资全部被扣发。陈某就医疗费、工资问题与公司不能达成一致意见，遂向劳动争议仲裁委员会申请仲裁，要求裁决该公司为其报销医疗费、补发工资。

请分析：陈某是否应该享受医疗保险待遇？

第7章

工 伤 保 险

学习目标

1. 理解工伤保险的原则和特点；
2. 熟悉参加工伤保险缴纳的费用和待遇；
3. 掌握工伤如何认定和伤残等级鉴定；
4. 了解国外工伤保险的基本情况。

学习导航

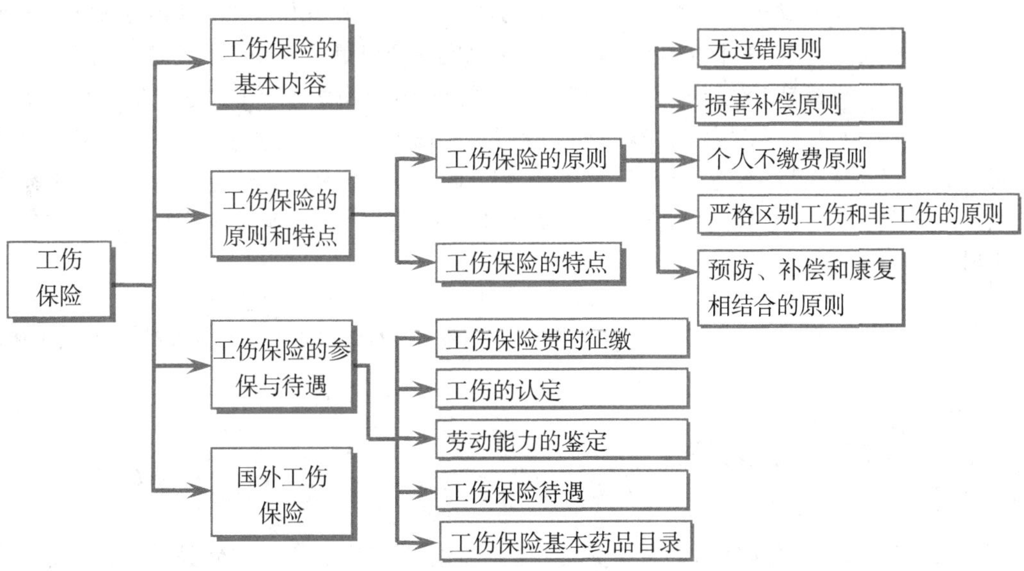

引导案例 7-1

“老工伤”的开心事

8月21日上午，市中西医结合医院住院部一楼外科病室办公室的医护人员查房例会刚结束，就迎来了3位“不速之客”，他们分别是市工伤保险管理服务局的局长张育元、副局长吴艳玲、老工伤管理科科长周英勇。他们此行是专程来看望在这里住院疗伤的“老工伤”马建业老人的。张局长一行对马老嘘寒问暖，叮嘱医护人员精心治疗，还给马老送来了慰问金。

今年72岁的马建业老人，是原市二纺厂的退休人员。22年前，他因公外出办事，不幸遭遇车祸，最后确诊为左膝盖髌骨横断型骨折，并留下后遗症。每逢天气变化，旧伤时有发作，疼痛难忍，给工作和生活带来不小的影响。马老无奈之下，只好于1993年提前9年工伤退休。此后，遭遇企业破产，每当旧病复发，寻医问药，都得自掏腰包。高昂的医药费用，给全家带来沉重的经济压力。2010年10月，针对我市国有改革改制企业的工伤历史遗留问题，市工伤保险管理服务局老工伤管理科正式成立，给马建业这样的老工伤人员带来了喜讯和福音。

8月18日上午，马老感到双脚发麻，痛得走不了路，家人把他送到了老工伤定点医疗机构——市中西医结合医院。按规定，办理住院手续得先由市工伤管理服务局老工伤管理科书面同意，马老由于行动不便，便把电话打给了老工伤管理科长周英勇。

周科长获知情况后，通知医院特事特办，先安排马老住院治疗，随后补办相关手续。

算起来，这已经是马建业老人因旧伤复发第5次住院了。每次住院不仅收到很好的疗效，扼制了病灶，缓解了伤情，恢复了正常行走，更重要的是享受了党和政府的惠民、利民好政策。对此实惠，他逢人就说，遇人便夸。他说他难忘3个“第一次”：2012年第一次享受工伤门诊、住院费全免；2013年9月，第一次享受住院伙食补贴；更令他难忘的是8月21日这一次，市工伤局的领导不仅上门慰问，还送来了慰问金。“过去只听说过患者给医护人员送红包，下面的人给上面的人送红包，现在倒过来了，上面的人给我这‘老工伤’送来了红包。”马老说到这特别动情：“我退休20年了，这样的好事降临到我身上，这是我做梦也没有想到的，我真的好开心。我要好好地活下去，享受更多的好政策，这也算是我这个‘老工伤’的一个中国梦！”

（资料来源：湘潭日报记者周学良. 湘潭在线，2014-09-01）

7.1 工伤保险的基本内容

工伤保险又称职业伤害保险，是指劳动者在工作中或在规定的特殊情况下，遭受意外伤害或患职业病导致暂时或永久丧失劳动能力及死亡时，劳动者或其遗属从国家和社会获得物质补偿的一种社会保险制度，这种补偿既包括医疗、康复所需费用，也包括保障基本生活的费用。该概念包含以下两层含义。

（1）工伤发生时劳动者本人可获得物质帮助。

（2）劳动者因工伤死亡时其遗属可获得物质帮助。

工伤保险具有如下作用。

（1）工伤保险作为社会保险制度的一个组成部分，是国家通过立法强制实施的，是国家对职工履行的社会责任，也是职工应该享受的基本权利。工伤保险的实施是人类文明和社会发展的标志和成果。

（2）实行工伤保险保障了工伤职工医疗及其基本生活、伤残抚恤和遗属抚恤，在一定程度上解除了职工和家属的后顾之忧，工伤补偿体现出国家和社会对职工的尊重，有利于提高他们的工作积极性。

（3）建立工伤保险有利于促进安全生产，保护和发展社会生产力。工伤保险与生产单位改善劳动条件、防病防伤、安全教育、医疗康复、社会服务等工作紧密相连，对提高生产经营单位和职工的安全生产，防止或减少工伤、职业病，保护职工的身体健康，至关重要。

（4）工伤保险保障了受伤害职工的合法权益，有利于妥善处理事故和恢复生产，维护正常的生产、生活秩序，维护社会安定。

7.2 工伤保险的原则和特点

7.2.1 工伤保险的原则

工伤保险的原则如图7-1所示。

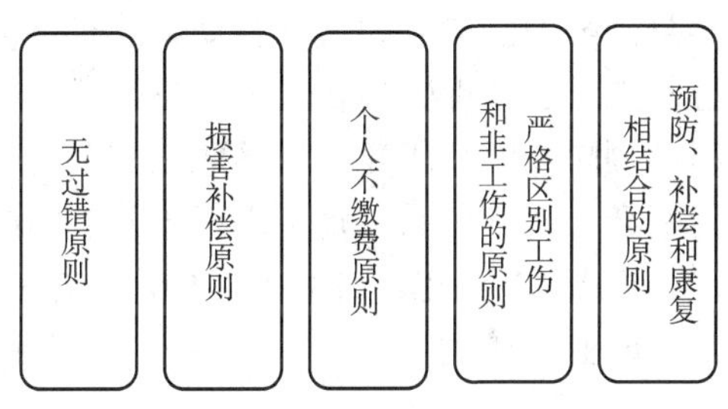

图7-1 工伤保险的原则

1. 无过错原则

无过错原则是指劳动者在各种伤害事故中，只要不是受害者本人故意行为所致，就应该按照规定标准对其进行伤害补偿。只要事故发生，不论雇主或雇员是否存在过错，无论责任在谁，原则上受害者都可以得到赔偿，即无过错赔偿。一些国家在建立工伤保险制度时，摒弃了民法中的损害赔偿举证责任，确立了无过错赔偿原则。一旦发生意外，不追究过失，无条件地进行经济补偿。但不追究个人的责任并不意味着不追究事故责任，相反，对于发生的事故必须认真调查，分析事故原因，查明事故责任，吸取教训。

2. 损害补偿原则

工伤保险以减免劳动者因执行工作任务而导致伤亡或职业病时遭受经济上的损失为目的。一旦发生事故，劳动者付出的不仅是经济收入损失，而且是身体与生命的代价。因此，工伤保险应坚持损害补偿原则，即不仅要考虑劳动者维持原来本人及家庭基本生活所需要的收入，同时还要根据伤害程度、伤害性质及职业康复等因素进行适当经济补偿。工伤事故不同于一般民事责任事故。对于既有工伤，又有民事责任的工伤事故，受害者不应享有双重待遇，即受害者只能在享受工伤待遇和民事索赔权益两者之间选择其一，不能重复享受。

3. 个人不缴费原则

工伤保险不同于养老保险等险种，劳动者不缴纳保险费，全部费用由用人单位负担，即工伤保险的投保人为用人单位。工伤是劳动者在创造社会财富时鲜血和生命的额外付出，所以理应由国家、社会和单位（雇主）负担工伤保险费。

4. 严格区别工伤和非工伤的原则

劳动者受伤害，一般可以分因工和非因工两类。前者是由执行公务或在工作生产过程中，为社会或为集体奉献而受到的职业伤害所致，与工作和职业有直接关系；后者则与职业无关，完全是个人行为所致。意外事故实行无过失责任原则并非取消因工和非因工的界限。必须严格区分因工和非因工的界限，明确因工伤事故发生的费用应由工伤保险基金来承担，而且医疗康复待遇、伤残待遇和死亡抚恤待遇均要比因疾病和非因工伤亡待遇优厚。这样有利于对那些为国家或集体做出奉献者进行褒扬抚恤。

5. 预防、补偿和康复相结合的原则

为保障工伤职工的合法权益，维护、增进和恢复劳动者的身体健康，必须把经济补偿和医疗康复及工伤预防有机结合起来。工伤保险最直接的任务是经济补偿，保障伤残职工和遗属的基本生活。同时要做好事故预防和医疗康复，保障职工安全与健康。预防、补偿、康复三者结合起来，形成一条龙的社会化服务体系，是工伤保险发展的必然趋势。工伤保险的补偿，不仅限于医疗费用，康复及亲属的损失也部分列入其中。这有利于安全生产和事故防范，可以减少工作场所中工伤事故和职业病的发生。

7.2.2 工伤保险的特点

（1）工伤保险对象的范围是在生产劳动过程中的劳动者。由于职业危害无所不在，无时不在，任何人都不能完全避免职业伤害。因此，工伤保险作为抗御职业危害的保险制度适用于所有职工，任何职工发生工伤事故或遭受职业疾病，都应毫无例外地获得工伤保险待遇。

（2）工伤保险的责任具有赔偿性。工伤即职业伤害所造成的直接后果是伤害到职工生命健康，并由此造成职工及家庭成员的精神痛苦和经济损失，也就是说劳动者的生命健康权、生存权和劳动权受到影响、损害甚至被剥夺了。因此工伤保险是基于对工伤职工的赔偿责任而设立的一种社会保险制度，而其他社会保险则是基于对职工生活困难的帮助和补偿责任而设立的。

（3）工伤保险待遇相对优厚，标准较高，但是也因工伤事故的不同而有所差别。

（4）工伤保险作为社会福利，其保障内容比商业意外保险要丰富。除了在工作时的意外伤害，也包括职业病的报销、急性病猝死保险金、丧葬补助（工伤身故）。商业意外险提供的则是工作和休息时遭受的意外伤害保障，优势体现为时间、空间上的广度。例如，上下班途中遭遇的意外，如受到机动车交通事故伤害可以由工伤赔偿，其他情况的意外伤害则不属于工伤的保障范围。

7.3　工伤保险的参保与待遇

2010 年 12 月 20 日，国务院第 136 次常务会议通过了《国务院关于修改〈工伤保险条例〉的决定》（简称《决定》）。《决定》对 2004 年 1 月 1 日起施行的《工伤保险条例》做出了修改。

7.3.1　工伤保险费的征缴

工伤保险费征缴包括申报受理、缴费核定、费用征收、补缴欠费四个步骤。

1．参保对象

中华人民共和国境内的企业、事业单位、社会团体、民办非企业单位、基金会、律师事务所、会计师事务所等组织和有雇工的个体工商户应当依照本条例规定参加工伤保险，为本单位全部职工或者雇工缴纳工伤保险费。

2．缴费比例

（1）工伤保险基金的征集比例应根据各行业工伤风险类别和工伤事故及职业病的发生频率实行行业差别费率和浮动费率，按用人单位工资总额的一定比例征集，标准为工资总额的 0.3%～2.5%。

（2）关于行业划分：根据不同行业的工伤风险程度，参照《国民经济行业分类》（GB/T 4754—2011），将行业划分为三个类别：一类为风险较小行业，二类为中等风险行业，三类为风险较大行业。三类行业分别实行三种不同的工伤保险缴费率。统筹地区社会保险经办机构要根据用人单位的工商登记和主要经营生产业务等情况，分别确定各用人单位的行业风险类别。工伤保险行业风险分类如表 7-1 所示。

表 7-1　工伤保险行业风险分类

行业类别	行业名称
一	银行业，证券业，保险业，其他金融活动业，居民服务业，其他服务业，租赁业，商务服务业，住宿业，餐饮业，批发业，零售业，仓储业，邮政业，电信和其他传输服务业，计算机服务业，软件业，卫生、社会保障业，社会福利业，新闻出版业，广播、电视、电影和音像业，文化艺术业，教育、研究与试验发展、专业技术业，科技交流和推广服务业，城市公共交通业

续表

行业类别	行业名称
二	房地产业，体育、娱乐业，水利管理业，环境管理业，公共设施管理业，农副食品加工业，食品制造业，饮料制造业，烟草制品业，纺织业，纺织服装、鞋、帽制造业，皮革、毛皮、羽绒及其制品业，林业、农业、畜牧业，渔业，农、林、牧、渔服务业，木材加工及木、竹、藤、草制品业，家具制造业，造纸及纸制品业，印刷业和记录媒介的复制、文教体育用品制造业，化学纤维制造业，医药制造业，通用机械制造业，专用机械制造业，交通运输设备制造业，电气机械及器材制造业，仪器仪表及文化、办公用机械制造业，非金属矿物制品业，金属制品业，橡胶制品业，塑料制品业，通信设备、计算机及其他电子设备制造业，工艺品及其他制造业，废弃资源和废旧材料回收加工业，电力、热力的生产和供应业，燃气生产和供应业，水的生产和供应业，房屋和土木工程建筑业，建筑安装业，建筑装饰业，其他建筑业，地质勘查业，铁路运输业，道路运输业，水上运输业，航空运输业，管道运输业，装卸搬运和其他运输服务业
三	石油加工、炼焦及核心燃料加工业，化学原料及化学制品制造业，黑色金属冶炼及压延加工业，有色金属冶炼及压延加工业，石油和天然气开采业，黑色金属矿采选业，有色金属矿采选业，非金属矿采选业，煤炭开采和洗选业，其他采矿业

7.3.2 工伤的认定

一旦发生工伤事故，首先要做的事就是工伤认定。工伤认定是劳动行政部门依据法律的授权对职工因事故伤害（或者患职业病）是否属于工伤或者视同工伤给予定性的行政确认行为。

1．认定时效

中华人民共和国人力资源和社会保障部令第 8 号《工伤认定办法》自 2011 年 1 月 1 日起施行，其中对工伤认定规定如下。

“第四条　职工发生事故伤害或者按照职业病防治法规定被诊断、鉴定为职业病，所在单位应当自事故伤害发生之日或者被诊断、鉴定为职业病之日起 30 日内，向统筹地区社会保险行政部门提出工伤认定申请。遇有特殊情况，经报社会保险行政部门同意，申请时限可以适当延长。”

“第五条　用人单位未在规定的时限内提出工伤认定申请的，受伤害职工或者其近亲属、工会组织在事故伤害发生之日或者被诊断、鉴定为职业病之日起 1 年内，可以直接按照本办法第四条规定提出工伤认定申请。”

2．认定内容

《决定》自 2011 年 1 月 1 日起施行，其中有如下规定。

“第十四条　职工有下列情形之一的，应当认定为工伤：

（一）在工作时间和工作场所内，因工作原因受到事故伤害的。

（二）工作时间前后在工作场所内，从事与工作有关的预备性或者收尾性工作受到事故伤害的。

（三）在工作时间和工作场所内，因履行工作职责受到暴力等意外伤害的。

（四）患职业病的。

（五）因工外出期间，由于工作原因受到伤害或者发生事故下落不明的。

（六）在上下班途中，受到非本人主要责任的交通事故或者城市轨道交通、客运轮渡、火车事故伤害的。

（七）法律、行政法规规定应当认定为工伤的其他情形。”

“第十五条　职工有下列情形之一的，视同工伤：

（一）在工作时间和工作岗位，突发疾病死亡或者在 48 小时之内经抢救无效死亡的。

（二）在抢险救灾等维护国家利益、公共利益活动中受到伤害的。

（三）职工原在军队服役，因战、因公负伤致残，已取得革命伤残军人证，到用人单位后旧伤复发的。职工有前款第（一）项、第（二）项情形的，按照本条例的有关规定享受工伤保险待遇；职工有前款第（三）项情形的，按照本条例的有关规定享受除一次性伤残补助金以外的工伤保险待遇。”

“第十六条　职工符合本条例第十四条、第十五条的规定，但是有下列情形之一的，不得认定为工伤或者视同工伤：

（一）故意犯罪的。

（二）醉酒或者吸毒的。

（三）自残或者自杀的。”

7.3.3　劳动能力的鉴定

职工发生工伤，经治疗伤情相对稳定后存在残疾、影响劳动能力的，应当进行劳动能力鉴定。劳动能力鉴定是指劳动功能障碍程度和生活自理障碍程度的等级鉴定。劳动能力鉴定由用人单位、工伤职工或者其近亲属向设区的市级劳动能力鉴定委员会提出申请，并提供工伤认定决定和职工工伤医疗的有关资料。

劳动功能障碍分为十个伤残等级，最重的为一级，最轻的为十级。

生活自理障碍分为三个等级：生活完全不能自理、生活大部分不能自理和生活部分不能自理。

7.3.4　工伤保险待遇

在赔付方面，医疗费用通常是由工伤保险先报销后，商业保险扣除已赔付部分对剩下的金额进行赔偿。身故或残疾保险金则是分别按照约定额度给付，不存在冲突现象。通常建议将商业意外险作为社会保险的补充和完善。

《决定》自 2011 年 1 月 1 日起施行，其中有如下规定。

“第三十条　职工治疗工伤应当在签订服务协议的医疗机构就医，情况紧急时可以先到就近的医疗机构急救。治疗工伤所需费用符合工伤保险诊疗项目目录、工伤保险药品目录、工伤保险住院服务标准，以及工伤康复从工伤保险基金支付。”

“第三十三条　职工因工作遭受事故伤害或者患职业病需要暂停工作接受工伤医疗的，在停工留薪期内，原工资福利待遇不变，由所在单位按月支付。停工留薪期一般不超过 12 个月。伤情严重或者情况特殊，经设区的市级劳动能力鉴定委员会确认，可以适当延长，但延长不得超过 12 个月。工伤职工评定伤残等级后，停发原待遇，按照本章的有关规定享受伤残待遇。生活不能自理的工伤职工在停工留薪期需要护理的，由所在单位负责。”

“第三十四条　工伤职工已经评定伤残等级并经劳动能力鉴定委员会确认需要生活护理的，从工伤保险基金按月支付生活护理费。生活护理费按照生活完全不能自理、生活大部分不能自理或者生活部分不能自理三个不同等级支付，其标准分别为统筹地区上年度职工月平均工资的 50%、40%或者 30%。”

“第三十五条　职工因工致残被鉴定为一级至四级伤残的，保留劳动关系，退出工作岗位，享受以下待遇：

（一）从工伤保险基金按伤残等级支付一次性伤残补助金，标准为：一级伤残为 27 个月的本人工资，二级伤残为 25 个月的本人工资，三级伤残为 23 个月的本人工资，四级伤残为 21 个月的本人工资。

（二）从工伤保险基金按月支付伤残津贴，标准为：一级伤残为本人工资的 90%，二级伤残为本人工资的 85%，三级伤残为本人工资的 80%，四级伤残为本人工资的 75%。伤残津贴实际金额低于当地最低工资标准的，由工伤保险基金补足差额。

（三）工伤职工达到退休年龄并办理退休手续后，停发伤残津贴，按照国家有关规定享受基本养老保险待遇。基本养老保险待遇低于伤残津贴的，由工伤保险基金补足差额。

职工因工致残被鉴定为一级至四级伤残的，由用人单位和职工个人以伤残津贴为基数，缴纳基本医疗保险费。”

“第三十六条　职工因工致残被鉴定为五级、六级伤残的，享受以下待遇：

（一）从工伤保险基金按伤残等级支付一次性伤残补助金，标准为：五级伤残为 18 个月的本人工资，六级伤残为 16 个月的本人工资。

（二）保留与用人单位的劳动关系，由用人单位安排适当工作。难以安排工作的，由用人单位按月发给伤残津贴，标准为：五级伤残为本人工资的 70%，六级伤残为本人工资的 60%，并由用人单位按照规定为其缴纳应缴纳的各项社会保险费。伤残津贴实际金额低于当地最低工资标准的，由用人单位补足差额。

经工伤职工本人提出，该职工可以与用人单位解除或者终止劳动关系，由工伤保险基金支付一次性工伤医疗补助金，由用人单位支付一次性伤残就业补助金。”

“第三十七条　职工因工致残被鉴定为七级至十级伤残的，享受以下待遇：

（一）从工伤保险基金按伤残等级支付一次性伤残补助金，标准为：七级伤残为 13 个月的本人工资，八级伤残为 11 个月的本人工资，九级伤残为 9 个月的本人工资，十级伤残为 7 个月的本人工资。

（二）劳动、聘用合同期满终止，或者职工本人提出解除劳动、聘用合同的，由工伤保险基金支付一次性工伤医疗补助金，由用人单位支付一次性伤残就业补助金。”

“第三十九条　职工因工死亡，其近亲属按照下列规定从工伤保险基金领取丧葬补助金、供养亲属抚恤金和一次性工亡补助金：

（一）丧葬补助金为 6 个月的统筹地区上年度职工月平均工资。

（二）供养亲属抚恤金按照职工本人工资的一定比例发给由因工死亡职工生前提供主要生活来源、无劳动能力的亲属。标准为：配偶每月 40%，其他亲属每人每月 30%，孤寡老人或者孤儿每人每月在上述标准的基础上增加 10%。核定的各供养亲属的抚恤金之和不应高于因工死亡职工生前的工资。供养亲属的具体范围由国务院社会保险行政部门规定。

（三）一次性工亡补助金标准为上一年度全国城镇居民人均可支配收入的 20 倍。”

“第四十二条　工伤职工有下列情形之一的，停止享受工伤保险待遇：

（一）丧失享受待遇条件的。

（二）拒不接受劳动能力鉴定的。

（三）拒绝治疗的。”

7.3.5　工伤保险基本药品目录

同医疗保险一样，工伤保险药品按照《国家基本医疗保险、工伤保险和生育保险药品目录（2009 年版）》执行。详见医疗保险部分，此处不再赘述。

相关链接

索要工伤赔偿需特别注意哪些问题

一般情况下，当家人或者亲朋好友突然发生工伤时，很多人会惊慌或者悲痛，有的甚至手足无措，不知道怎么维护自身的权益。要维护自己的合法权益，索要工伤赔偿，就必须把握以下几个方面的问题。

1. 要明确遭遇工伤单位的名称和住址

在没有参加工伤保险的情形下，用人单位是工伤保险待遇的承担者；在参加工伤保险的情形下，一般情况下，单位也应承担部分的工伤保险待遇。如果不知道用人单位的确切名称及地址，就无法确定追索的对象，但是实践中存在不少不知道自己单位确切名称的职工。尤其是工程层层分包后，包工头自己雇用的农民工，很难知道自己的用人单位名称是什么。在这种情况下，一旦发生工伤，劳动者如果不明确单位的名称，便无法索赔。

2. 要寻求证据来证明劳动关系的存在

劳动关系证明是申请工伤认定的前提条件，没有证明劳动关系的材料，劳动保障行政部门就无法进行工伤认定，能证明劳动关系的证据主要包括劳动合同、工作证、上岗证、工资条等。

3. 明确单位是否已经申请工伤认定

不管是否参加工伤保险，工伤认定都是处理工伤的非常重要的一个环节。工伤认定首先是用人单位的义务，用人单位不在规定的期限内申请工伤认定的，工伤职工及其近亲属可以在发生工伤后一年内申请；需要注意的是，申请工伤认定有确定的期限，超过期限，劳动保障行政部门将不会受理，追索工伤保险待遇也将得不到仲裁机构、法院的支持。所以，对于劳动者来说，不要轻信用人单位的虚假承诺，以免错过申请工伤认定的期限。

4. 与单位协商解决前，根据伤残级别和计算标准明确工伤赔偿数额

协商解决多发生在没有参加工伤保险的情形下，由于申请工伤认定有可能影响单位将来的工伤保险缴费比例或者受到相关部门的处罚，用人单位如果没有为劳动者参加工伤保险的，发生工伤后往往不愿申请工伤认定和劳动能力鉴定，而是选择协商赔偿数额。工伤职工或者亲属为了使工伤赔偿早日处理完毕，也会采取迎合态度，但是此时没有劳动能力鉴定的结论，伤残级别及后续医疗费用无法确定，甚至不清楚工伤赔偿的计算标准，劳动者的权益有可能因此受到伤害。所以，如果选择协商解决问题，应多咨询医疗专家、律师等。因经济条件原因不能聘请律师的可以寻求法律援助。

（资料来源：凯文工伤赔偿咨询中心）

7.4 国外工伤保险

1. 德国

德国在建立工伤保险模式方面取得了非常大的成功。德国的同业保险协会既负责事故调查、办理赔付，也负责企业安全生产日常性的监督检查，提供安全生产政策、技术等方面的咨询和指导。

早在1884年，德国政府就通过立法颁布了《德国工伤保险法》，建立了无责任保险制度。此前的德国，生产领域中有一个对雇主和雇工都很关键的问题：当雇工受伤时，他们收到的任何一种来自雇主的赔偿都说明雇主是有过失的。很多雇主认为自己没有过错，不愿意赔偿。这就不可避免地导致了一种争议：雇主希望把责任推到雇工身上，雇工又要把责任推到雇主身上。在德国人设计的这种保险产品中，雇工利益可以得到保障。如果雇工因受伤导致残疾，那么雇工本身和他的家属就能够不需要任何证明或者法律诉讼而自动获得保险赔偿。这种无责任工伤保险制度目前在大多数国家得到了借鉴。

2. 美国

美国的工伤保险制度在发达国家中起步较晚。直到1908年联邦政府才颁布《美国联邦雇员伤害赔偿法》，该法制定了五项基本目标：保障对象为可能受到工业伤害和职业病伤害的所有雇员；工伤保险是对由于工伤事故或职业病而致残的工人丧失劳动能力的实质性保障；提供充足的医疗保健和伤残理疗服务；鼓励雇主加强安全措施；建立有效的补助金支付应有的服务体系。

美国的工伤保险主要依据联邦政府制定的《社会保障法》执行。但各州、企业也可结合本州、本企业制定相应的规定。如盐河水利工程管理局规定，损失在 100 万美元以下的由局自行处理，损失在 100 万美元以上的向保险公司买保险，工伤损失由保险公司赔偿。赔偿的项目有：工伤者所有的医疗费；如果致残不能工作可领取基本工资的 95%，直到重新工作；如果致残严重，一直不能工作，可一直享受赔偿。

3. 英国

1946 年英国颁布了《国民工业伤害保险法》，作为当时建立的国民保险相关法律的一部分，与国民健康服务、家庭津贴计划和社会救济等项目构成了英国社会保障保护体系。英国工业伤害保险使雇主对工人的补偿责任变为一种社会责任，并为工伤职工提供社会服务。

英国由卫生与社会保障部的地方办事机构负责具体管理工伤保险费用和工伤保险待遇支付，英国没有单独的工伤保险基金。

在工业事故中，所有在英国就业的具有劳动合同的职工或学徒工必须参加保险。甚至一些难以订立劳动合同的自谋职业者，如出租车、汽车、轮船驾驶员等，也被工伤保险所覆盖。

4. 日本

日本的《工伤补偿保险法》制定于 1947 年，这部法律的第一条指出，制定这部法律的目的是“对工人因业务上的事由或因上班造成负伤、生病、残疾或死亡者，予以迅速且公正的保护，实行必要的保险给付。同时，谋求促进这些因业务上的事由或上班而病残的工人重返社会、救援该工人及其遗属、确保工人的劳动条件，以利于工人福利的改善”。

在日本，工伤保险由政府主管，平时由一个专门的审议会负责处理具体的工伤保险事务，主要是各种保险支付。

审议会的委员由劳动大臣任命，其中工人代表、雇主代表和公益代表各占 1/3。

保险费用则由政府依据《工伤保险费征收法》，向相关的企业主进行征收。另外，根据《工伤补偿保险法》第二十六条，国库也可以在预算范围内补助一部分费用。此外，政府还负责举办各种劳动福利活动。

课后练习

一、判断题

1. 职工个人缴纳工伤保险金的比例为本人工资的 2%。(　　)

2. 职工发生工伤时，必须到定点医疗机构诊治。(　　)

3. 因工作原因受伤害的职工所在单位，有为受伤害职工申请工伤认定的责任。(　　)

4. 职工发生工伤，就必须进行劳动能力鉴定。(　　)

5. 申请工伤认定的职工（直系家属）或所在单位对工伤认定结论不服的，可以依法申请行政复议；对复议决定不服的，可以依法提起行政诉讼。(　　)

二、单项选择题

1. 五级伤残的一次性伤残补助金为（　　）个月本人工资。

A. 20　　B. 18

C. 16　　D. 10

2. 一次性工亡补助金标准为上一年度全国城镇居民人均可支配收入的（　　）倍。

A. 5　　B. 10

C. 20　　D. 30

3.（　　）必须依法参加工伤社会保险。国务院和县级以上地方人民政府劳动保障行政部门应当加强对工伤社会保险的监督管理，确保劳动者依法享受工伤社会保险待遇。

A. 劳动者　　B. 职工

C. 危险行业　　D. 用人单位

4. 患（　　）病的应认定为工伤。

A. 职业　　B. 胃肠道

C. 心血管　　D. 突发脑溢血

5. 职工发生工伤事故，所在单位如无特殊情况，应在（　　）日内提出工伤认定。

A. 10　　B. 20

C. 30　　D. 40

三、多项选择题

1. 职工工伤认定申请可以由（　　）提出。

A. 所在单位　　B. 本人

C. 直系亲属　　D. 工会组织

2. 在工作时间和工作场所内因（　　）受到事故伤害的不应认定为工伤。

A. 酗酒　　B. 故意犯罪

C. 吸毒　　D. 违反设备操作规程

3. 根据《工伤保险条例》，企业缴纳工伤保险费的数额与（　　）有关。

A. 本单位职工工资总额　　B. 本单位缴费费率

C. 本单位职工人数　　D. 本单位营业额

4. 根据《工伤保险条例》，（　　）应当认定为工伤。

A. 下班后清理工作现场时，被烫伤　　B. 出差乘车途中遇泥石流失踪

C. 上班途中被歹徒扎伤　　D. 城管队员执勤时被无照摊贩打伤

5. 工伤保险的原则有（　　）。

A. 无过错原则　　B. 损害补偿原则

C. 个人不缴费原则　　D. 严格区别工伤和非工伤的原则

E. 预防、补偿和康复相结合的原则

四、简答题

1. 简述工伤保险的含义。
2. 简述工伤保险的特点。

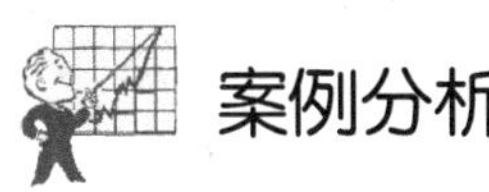

案例分析

打工者享受工伤待遇时为何遭到社会保障部门的拒绝

刘某在深圳找工作时丢了身份证，于是他就借一位老乡的身份证去找工作，公司录用了他，并按规定为他办理了工伤保险。刘某上班不到一个月，发生了工伤事故，被机器压伤了手，送医院抢救治疗，做了截肢手术。据医生估计，至少六级伤残。在刘某要求享受工伤待遇时，遭到社会保障部门的拒绝，原因是他的身份证与本人不符。

请在《工伤保险条例》中找出社会保障部门拒绝他的依据。

第 8 章

失业保险

学习目标

1. 理解失业保险的概念；
2. 掌握失业保险的原则和特点；
3. 熟悉参加失业保险缴纳的费用和待遇。

学习导航

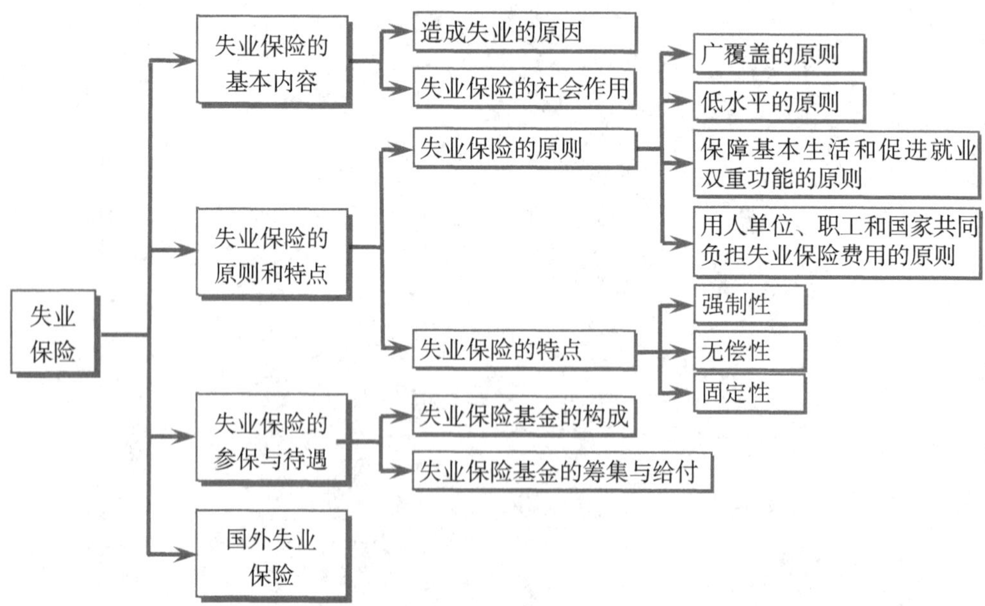

引导案例 8-1

泰国国王的失业保险

曾任泰国国王的帕拉贯德希波克一生中最值得称道的事情之一，就是他在地位声望达到巅峰的时候，对自己命运的清醒预测。1925 年，帕拉贯德希波克登基，当上了泰国国王。执政之后，政绩平平，无所建树，他终日担心害怕有朝一日被政敌废黜，成为一个一贫如洗的贫民。

为防不测，他同时向英国和法国的两家保险公司投保失业保险，那两家保险公司虽然都从未办理过以国王作为被保险人的失业保险，但谁也不愿意错过这一扩大公司影响的机会，欣然接受了投保，开出了保险金额可观的保险单。事实的发展证明了帕拉贯德希波克并非杞人忧天，1935 年他被迫放弃了王位。成为平民的前国王虽不能再享受一国之君的荣华富贵，但也无穷困潦倒之虞，靠着两家保险公司为他支付的丰厚的失业保险金，他安然度过了退位后的 6 年余生。

（资料来源：百度文库）

8.1　失业保险的基本内容

失业保险是指劳动者由于非本人原因暂时失去工作，致使工资收入中断而失去维持生计来源，并在重新寻找新的就业机会时，从国家或社会获得物质帮助以保障其基本生活的一种社会保险制度。它是社会保障体系的重要组成部分，是社会保险的主要项目之一。

失业保险所指失业人员只限定为在法定劳动年龄内有劳动能力的就业转失业的人员。根据有关规定，我国目前的法定劳动年龄是 16～60 岁，体育、文艺和特种工艺单位按照国家规定履行审批程序后可以招用未满 16 周岁的未成年人。对企业中男年满 60 周岁、女年满 50 周岁的职工和机关事业单位中男年满 60 周岁、女年满 55 周岁的职工实行退休制度，对从事有毒、有害工作和符合条件的患病、因工致残职工可以降低退休年龄。

所谓有劳动能力，是指失业人员具有从事正常社会劳动的行为能力。在法定劳动年龄内的人员，若不具备相应的劳动能力，也不能视为失业人员，如精神病人、完全伤残不能从事任何社会性劳动的人员等。目前无工作并以某种方式寻找工作，是指失业人员有工作要求，但受客观因素的制约尚未实现就业。对那些目前虽无工作，但没有工作要求的人不能视为失业人员。这部分人自愿放弃就业权利，已经退出了劳动力的队伍，不属于劳动力，也就不存在失业问题。

8.1.1　造成失业的原因

造成失业的原因是多方面的，具体到不同国家或一个国家的不同时期，其主导因素并不完全相同。失业的原因如图 8-1 所示。

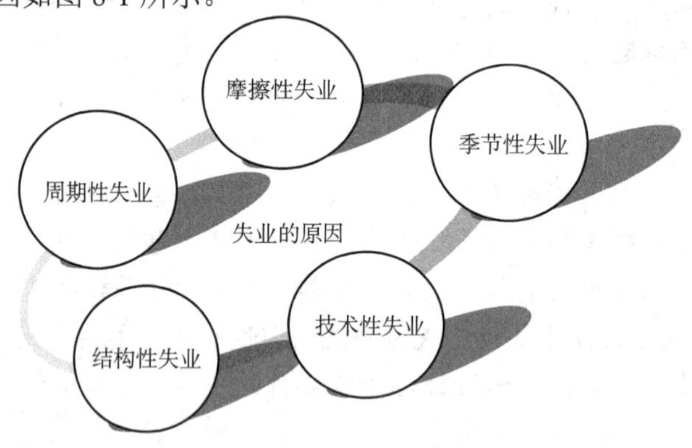

图 8-1　失业的原因

（1）摩擦性失业。由于求职的劳动者与需要提供的岗位之间存在时间上的差异而导致的失业，如新生劳动力找不到工作，工人想转换工作岗位时出现的工作中断等。

（2）季节性失业。由于某些行业生产条件或产品受气候条件、社会风俗或购买习惯的影响，使生产对劳动力的需求出现季节性变化而导致的失业。

（3）技术性失业。由于使用新机器设备和材料，采用新的生产工艺和新的生产管理方式，出现社会局部劳动力过剩而导致的失业。

（4）结构性失业。由于经济、产业结构变化以及生产形式、规模的变化，促使劳动力结构进行相应调整而导致的失业。

（5）周期性失业。市场经济国家由于经济的周期性萎缩而导致的失业。

8.1.2　失业保险的社会作用

失业保险作为整个社会保险制度的重要组成部分，和其他保险项目一起，起着保障劳动者基本生活需要，维护社会政治、经济秩序安定的作用；构筑以“三条保障线”（国有企业下岗职工基本生活保障、失业保险、城市居民最低生活保障制度）为核心的社会安全网，起到“社会稳定器”“社会助推器”的作用。

失业保险的主要作用表现在以下三方面。

1. 维护社会安定

社会保险是社会的“安全网”，保持社会稳定是社会保险的一项基本职能。而作为其中一个重要项目的失业保险在这方面的作用更为突出。社会要安定，人民生活要有保障，失业使劳动者失去生计来源，如果没有制度性的保护措施，就很容易造成社会动荡。这一点可以

借助美国《社会保障法案》出台的经过做一说明。20 世纪 30 年代，世界经济大危机，美国 1 300 万工人失业，城市失业率高达 37%，上百万工人连续举行反饥饿示威大游行。罗斯福政府迫于形势需要，为解决失业问题，颁布了《失业补偿方案》，后发展为著名的《社会保障法案》。

2. 为企业发展保驾护航

企业为了社会稳定不能根据实际需要辞退职工，只能自行消化，自行安置，企业经营的“自主经营、自负盈亏”方针的贯彻就会受到极大的阻碍，变成有名无实。正是失业保险在企业发展的过程中起到了保驾护航的作用，因而失业保险在目前经济体制改革中具有极为重要的地位与作用。进一步发展和完善失业保险制度，充实失业保险基金，才能切实保障广大失业职工的基本生活需要。只有这样，才能使企业有一个良好的外部环境，才能增强企业活力，促进生产发展。

3. 维持劳动力再生产，促使劳动力素质提高

劳动力再生产是社会再生产的基础。失业保险提供的物质保障，满足了劳动力再生产的基本要求；而转业训练、再就业介绍等服务，又使劳动力获得了提高就业能力的机会，为再就业提供了良好的外部条件。

8.2　失业保险的原则和特点

8.2.1　失业保险的原则

失业保险的原则如图 8-2 所示。

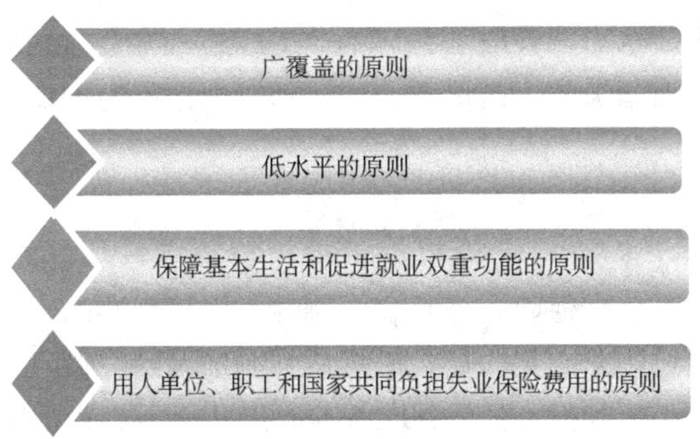

图 8-2　失业保险的原则

1. 广覆盖的原则

失业保险应该覆盖到每一个劳动者，覆盖到各类用人单位及其职工，甚至新成长劳动力中尚未实现就业的人员。要实现这一目标，需要有雄厚的物质基础和先进技术手段的支持。目前我国还不具备条件，需要有一个逐步发展的过程。我国失业保险制度建立以来，根据社会经济的发展，已经几次扩大覆盖范围。从今后发展看，目前的覆盖范围还有进一步扩大的

必要，以实现广覆盖的目标。

2．低水平的原则

保障失业人员的基本生活，这是确立失业保险待遇标准的一个基本原则，是由社会保障基本原理和我国目前的经济发展水平所决定的。

（1）如果领取的失业保险金高于社会最底层独立工作者的收入时，就会有一部分人甘愿失业也不参加工作，从而引发失业陷阱，引发低收入者的故意失业潮。

（2）我国是发展中国家，政府财力、社会财力都很有限，不可能拿出更多的资金投入失业保险；而在资金有限的情况下，保障待遇的低水平可以为更多的失业人员提供帮助。

（3）目前多数地方群众生活水平还比较低，失业保险待遇标准适当保持低水平，可以满足失业人员的基本生活需求，也有利于促进失业人员积极寻找工作，尽快实现再就业。

3．保障基本生活和促进就业双重功能的原则

在我国，保障失业人员的基本生活，目前主要体现在为符合条件的失业人员定期发放失业保险金，为领取失业保险金期间生病的失业人员支付医疗补助，为领取失业保险金期间死亡的失业人员的直系亲属提供丧葬补助和抚恤金。失业保险不同于社会救济，不局限于保障基本生活的单一功能，在保障失业人员基本生活的前提下，失业保险如何帮助失业人员实现再就业至关重要。因此，它还具有促进就业的功能，主要是通过对失业人员开展就业服务，提供资金补贴来实现，以帮助失业人员重新就业。保障失业人员基本生活、促进就业，是我国实施失业保险制度的基本宗旨。

4．用人单位、职工和国家共同负担失业保险费用的原则

失业保险基金是失业保险制度运行的物质基础。我国实行用人单位和职工个人分别缴费、财政予以补贴的制度。这种三方负担失业保险费用的机制，一方面，有利于增强职工的社会保障意识；另一方面，也可以分散压力，不会造成某一方负担过重，影响基金收入。应当说，这一原则是符合我国国情的，是保证失业保障发挥作用的重要前提。

8.2.2 失业保险的特点

一般来讲，失业保险同养老保险一样具有强制性、无偿性和固定性的特征。

（1）强制性。它是通过国家制定法律、法规来强制实施的。按照规定，在失业保险制度覆盖范围内的单位及其职工必须参加失业保险并履行缴费义务。根据有关规定，不履行缴费义务的单位和个人都应当承担相应的法律责任。

（2）无偿性。即国家征收社会保险费后，不需要偿还，也不需要向缴费义务人支付任何代价。

（3）固定性。即国家根据社会保险事业的需要，事先规定社会保险费的缴费对象、缴费基数和缴费比例。在征收时，不因缴费义务人的具体情况而随意调整。固定性还体现在社会保险基金的使用上，实行专款专用。

8.3 失业保险的参保与待遇

8.3.1 失业保险基金的构成

《失业保险条例》规定，失业保险基金由下列各项构成。

（1）城镇企业事业单位、城镇企业事业单位职工缴纳的失业保险费。

（2）失业保险基金的利息。

（3）财政补贴。

（4）依法纳入失业保险基金的其他资金。

失业保险基金的特殊性表现在如下方面。

（1）失业保险基金不是政府资金。与政府资金相比较，失业保险基金具有明显的社会性和特定目的性。社会性是指失业保险基金具有独立的法律地位，政府、任何单位和个人都无权单独处分，不能侵占和挪作他用，财政不得向失业保险基金透支；基金的最终所有权应当由政府、参保单位和个人共同拥有，而不能将其简单地界定给其中的任何一方。特定目的性是指失业保险基金的设立具有深刻的经济原因和社会原因，只能在特定范围内筹集，用于向失业人员提供物质帮助这一特定的社会目的，而不能像财政资金那样在全社会范围内广泛筹集，也不能用于其他公共支出。

（2）失业保险基金不同于投资基金。与投资基金比较，失业保险基金一是不以营利为目的，其运作目标是通过向失业人员提供基本生活保障，为企业创造良好的生产经营环境，实现社会公平，维护社会稳定。虽然将失业保险基金结余存在银行和购买国债能够获得一定的投资收益，但其目的是充实基金，而且数额有限。二是征收的强制性，凡是纳入失业保险实施范围的单位和个人都要履行缴费义务。三是使用的互济性，失业保险基金的支出着眼于公平，在统筹地区内统一使用，待遇发放标准也大体相同。

（3）与其他社会保险基金相比，失业保险基金也有特殊之处。比如，基本养老保险基金、基本医疗保险基金都实行部分积累，而失业保险基金则是现收现付；基本养老保险基金、基本医疗保险基金都建立了个人账户，而失业保险基金则是统筹使用，要强调风险分担和基金的互济性；在基金支出方面，基本养老保险基金、基本医疗保险基金除了要满足眼前的资金需要，还要应付远期的支付压力，而失业保险基金面临的主要是现时支付需要。

8.3.2 失业保险基金的筹集与给付

现行的失业保险的筹集与给付依据是 2011 年 7 月 1 日实施的《社会保险法》，1998 年 12 月 16 日颁布的《失业保险条例》与之有冲突的，按照《社会保险法》执行。

1. 参保人员

《社会保险法》第四十四条规定：职工应当参加失业保险，由用人单位和职工按照国家规定共同缴纳失业保险费。

2. 失业基金的缴纳

失业保险费由企业按照本单位工资总额的 2%缴纳，职工按照本人工资的 1%缴纳。

3. 失业申报期限

用人单位应当及时为失业人员出具终止或者解除劳动关系的证明，并将失业人员的名单自终止或者解除劳动关系之日起 15 日内告知社会保险经办机构。

失业人员应当持本单位为其出具的终止或者解除劳动关系的证明，及时到指定的公共就业服务机构办理失业登记。

失业人员凭失业登记证明和个人身份证明，到社会保险经办机构办理领取失业保险金的手续。失业保险金领取期限自办理失业登记之日起计算。

4. 失业人员享受的待遇

《失业保险条例》规定如下。

“第十四条　具备下列条件的失业人员，可以领取失业保险金：

（一）按照规定参加失业保险，所在单位和本人已按照规定履行缴费义务满 1 年的；

（二）非因本人意愿中断就业的；

（三）已办理失业登记，并有求职要求的。

失业人员在领取失业保险金期间，按照规定同时享受其他失业保险待遇。”

具体来说，包括按月领取的失业保险金，领取失业保险金期间的医疗补助金，领取失业保险金期间死亡的失业人员的丧葬补助金及其供养的配偶、直系亲属的抚恤金。另外，还可以为失业人员在领取失业保险金期间开展职业培训、职业介绍的机构或接受职业培训、职业介绍的本人给予补贴，以帮助失业人员实现再就业，并减轻失业人员的经济负担。失业保险金的标准由省级人民政府确定，原则是低于当地最低工资标准，高于城市居民最低生活保障标准。医疗补助金的标准由省级人民政府规定。丧葬补助金和抚恤金的标准应参照对当地职工的规定办理，一次性发放。

相关链接

2 148 名农民工享新失业保险

佛山市社保局在东方广场组织了大型的社保法和失业保险条例等咨询活动。

按照 2014 年 7 月 1 日起实施的《广东省失业保险条例》（简称《条例》），农民工可以享受和城镇职工同等的失业保险待遇。记者在现场了解到，佛山共有 80 多万的农民工参保，这也就意味着有 80 多万农民工可以享受城镇职工的同等待遇。新《条例》实施首个月来，共有 16 163 人享受了失业保险的待遇，其中新增了 2 148 名农民工。

"7 月 1 日前，如果在失业 60 天内，不主动申领失业金的话，每超过 1 个月就会扣罚 1 个月的失业金。但是现行的规定，取消了这一规定，失业人员申领失业金的时间没有限制了。"佛山市社保局失业保险科的相关负责人介绍说。

"佛山的灵活就业人员从 7 月起，不可以参加失业保险了。"佛山市社保局的相关负责人表示，原来的灵活就业人员必须参加养老保险，但是失业和医疗保险可以自行选择一项或两项，但是新政实施后，灵活就业人员的选择减少了一项。

此外，新的《条例》实施后，在领取失业保险金期间，如果出现生育、求职、自主创业、伤亡等情况，都将有一系列的补助。其中，对领取期间生育的女性失业人员的失业金，标准为生育当月本人失业金的 3 倍。

（资料来源：周文吉，邹花妍. 广州日报，2014-07-21）

"第十五条　失业人员在领取失业保险金期间有下列情形之一的，停止领取失业保险金，并同时停止享受其他失业保险待遇：

（一）重新就业的；

（二）应征服兵役的；

（三）移居境外的；

（四）享受基本养老保险待遇的；

（五）被判刑收监执行或者被劳动教养的；

（六）无正当理由，拒不接受当地人民政府指定的部门或者机构介绍的工作的；

（七）有法律、行政法规规定的其他情形的。"

"第十七条　失业人员失业前所在单位和本人按照规定累计缴费时间满 1 年不足 5 年的，领取失业保险金的期限最长为 12 个月；累计缴费时间满 5 年不足 10 年的，领取失业保险金的期限最长为 18 个月；累计缴费时间 10 年以上的，领取失业保险金的期限最长为 24 个月。重新就业后，再次失业的，缴费时间重新计算，领取失业保险金的期限可以与前次失业应领取而尚未领取的失业保险金的期限合并计算，但是最长不得超过 24 个月。缴费时间与领取失业金最长期限对照如表 8-1 所示。

表 8-1　缴费时间与领取失业金最长期限对照

缴费时间	领取失业金最长期限
1 年以下	0
满 1 年不足 5 年	12 个月
满 5 年不足 10 年	18 个月
10 年以上	24 个月

在 2011 年 6 月 29 日发布的《关于领取失业保险金人员参加职工基本医疗保险有关问题的通知》（人社部发［2011］77 号）中有如下规定。

（1）领取失业保险金人员应按规定参加其失业前失业保险参保地的职工医保，由参保地失业保险经办机构统一办理职工医保参保缴费手续。

（2）领取失业保险金人员参加职工医保应缴纳的基本医疗保险费从失业保险基金中支付，个人不缴费。

8.4 国外失业保险

1．德国式的“失业保险＋失业救济”的衔接型

德国强制性失业保险，几乎涵盖了所有就业人口（公务员和雇主除外），保险费由劳资折半担负，享受的给付标准为本人失业前3个月的平均工资的63%，领取期限根据工作年限1年以上和10年以上，分别为6个月和最多32个月。但是，如果失业者在规定的失业保险给付期间，仍未能找到工作而发生生活问题时，不是进入社会公共救济系统，而是改发失业救济金。当然领取失业救济金者必须符合失业救济的某些条件，并接受劳工局对其家庭进行调查确认，在经过半年的过渡期后才能领取失业救济金。由于失业救济金的财源来自国家财政，因此失业者不承担缴费义务，而且待遇水平也要比失业保险给付低（约低10%），期限也短为1年。这体现了失业救济与失业保险在性质和权益上的不同，同时又考虑被救济的对象是失业者（而非社会的贫困者），待遇水平要比社会救济高些，其目标仍是再就业。由于失业保险与失业救济的衔接为失业人员又提供了一个新层次的保障，避免了部分失业者因未能就业，而陷入社会贫困从而导致就业更加困难的境地。

2．美国式的“失业保险＋企业补充失业津贴”的补充型

美国强制性失业保险，虽会因各州有别而有所不同，但根据联邦政府颁布的《社会保险法》，其失业保险的覆盖面还是很广的，除一般雇员外，公务员和家佣也在其中。失业保险所需费用主要由雇主承担，给付标准较低，各州通常都将保险给付限制在原工资的50%以下。

为了不使失业者及其家庭在失业后的基本生活受到严重影响，从1955年起，美国福特汽车公司，就率先在企业内实施补充失业津贴制度，并逐渐扩大到行业内其他企业乃至其他行业。享受企业补充失业津贴的条件是：① 获得领取法定失业保险金的资格；② 企业工龄1年以上。企业补充失业津贴的费用由雇主和工会共同承担，津贴标准约为本人失业前工资收入的20%左右，领取期限为1年。企业补充失业津贴制度的建立，无疑是对法定失业保险的较好补充，减缓了失业对失业者及其家庭的冲击，同时也为降低法定失业保险的给付水平创造了条件。目前，这种企业和补充失业津贴在大企业比较普及，企业效益仍是实行这种补充手段的前提。

3．加拿大式的“失业保险＋特殊失业补助”的援助型

加拿大强制性失业保险，是加拿大社会安全保障体系中的重要支柱，其费用由雇主、工人和政府三方共同承担；失业保险给付可达本人失业前工资的57%，期限最长为50周，保险待遇不低。加拿大被联合国定为世界上最宜居住的国家，其社会福利发达，在失业保障领域也表现得十分明显，即在普遍实施失业保险的同时，对失业者中一些有特殊困难的弱者，

还给予社会的援助，这就是特殊失业补助。其对象为有特殊困难的伤病失业者，也有老年失业者和孕期女性失业者。这种特殊失业补助的职能，主要是对失业保险对象中的特殊困难者提供 1～15 周的补助。但对老年失业者即使未能取得失业保险的资格，亦能取得一次性相当 3 周失业保险金的补助。当然，取得特殊失业补助也是有条件的，一般应是失业保险的受给者，伤病和孕妇失业者需在过去 52 周内，必须要有超过 20 周的就业经历，并且具备医生的病情证明。由于加拿大的特殊失业补助的财源来自国家财政，因此它的性质应是一种国家援助，它不同于失业救济，是专门针对法定失业保险受给者中特殊困难者的，是国家保护失业弱者的一项政策措施。

总之，西方发达国家的失业保险模式，主要有“失业保险＋失业救济”的衔接型、“失业保险＋企业补充失业津贴”的补充型和“失业保险＋特殊失业补助”的援助型三种。这种复合型失业保险制度优于单一的失业保险制度。我国的社会保险体系也可采用这种方式。考虑到我国各地经济发展差别很大的实际情况，在计算失业保险基数时，应以“上年社会平均工资的一定百分比+固定数”比较合适。“上年社会平均工资的一定百分比”体现了失业者之间的平等，而“固定数”则体现了失业者之间的差异。

课后练习

一、判断题

1. 我国制定现行《失业保险条例》的目的是：保障失业人员失业期间的基本生活，促进其再就业。(　　)

2. 失业保险金的标准，按照低于当地最低工资标准、高于城市居民最低生活保障标准的水平，由省、自治区、直辖市人民政府确定。(　　)

3. 我国目前的法定劳动年龄是男 16～60 岁、女 16～55 岁，体育、文艺和特种工艺单位按照国家规定履行审批程序后可以招用未满 16 周岁的未成年人。(　　)

4. 领取失业保险金人员参加职工基本医疗保险，个人要缴费。(　　)

5. 只要是没有工作，不管是单位辞退还是自动离职均能享受失业保险金。(　　)

二、单项选择题

1. 我国现行的《失业保险条例》是经国务院常务会议通过、以国务院令予以发布的，其施行的时间是（　　）。

A. 1993 年 4 月 12 日　　B. 1998 年 12 月 16 日

C. 1999 年 1 月 22 日　　D. 2000 年 1 月 1 日

2. 我国现行的《失业保险条例》所指失业人员为（　　）。

A. 全部的失业人员　　B. 城镇的失业人员

C. 不充分就业的人员　　D. 就业转失业的人员

3. 失业保险金领取期限（　　）起计算。

A. 自办理失业登记之日　　B. 自解除劳动关系之日

C. 自失业之日　　D. 自单位停发工资之日

4. 失业人员失业前所在单位和本人按照规定累计缴费时间满 1 年不足 5 年的，领取失业保险金的期限最长为（　　）个月。

A. 20　　B. 15

C. 12　　D. 8

5. 城镇企业事业单位职工按照本人工资的（　　）缴纳失业保险费。

A. 0.5%　　B. 1%

C. 1.5%　　D. 2%

三、多项选择题

1.（　　）失业人员，才可以领取失业保险金。

A. 按照规定参加失业保险，所在单位和本人已按照规定履行缴费义务满 1 年的

B. 非因本人意愿中断就业的

C. 已失业，但未参加失业保险的

D. 已办理失业登记，并有求职要求的

2. 失业保险基金由下列（　　）构成。

A. 企业职工：城镇企业事业单位、城镇企业事业单位职工缴纳的失业保险费

B. 农村居民：失业保险基金的利息

C. 城镇居民：财政补贴

D. 依法纳入失业保险基金的其他资金

3. 失业保险基金只能用于（　　）支出。

A. 失业保险金

B. 领取失业保险金期间的医疗补助金

C. 领取失业保险金期间死亡的失业人员的丧葬补助金和其供养的配偶、直系亲属的抚恤金

D. 领取失业保险金期间接受职业培训、职业介绍的补贴（补贴的办法和标准由省、自治区、直辖市人民政府规定）

E. 国务院规定或者批准的与失业保险有关的其他费用

4. 失业人员在领取失业保险金期间有（　　）情形的，停止领取失业保险金，并同时停止享受其他失业保险待遇。

A. 重新就业的

B. 应征服兵役的

C. 移居境外的

D. 享受基本养老保险待遇的

E. 被判刑收监执行或者被劳动教养的

F. 无正当理由，拒不接受当地人民政府指定的部门或者机构介绍的工作的

G. 有法律、行政法规规定的其他情形的

5. 失业的类型有（　　）。

A. 摩擦性失业　　B. 季节性失业

C. 技术性失业　　D. 结构性失业

E. 隐性失业　　F. 周期性失业

四、简答题

1. 简述失业保险的含义。
2. 简述失业保险的社会作用。
3. 简述失业保险的原则。

案例分析

长期旷工被单位除名，能否享受失业保险

孙某，某机械加工企业职工，经常请长假或长期旷工。单位多次要求其正常上班，但他始终置之不理。无奈之下，单位对他出具了因长期离职而予以除名处理的书面通知。孙某持除名通知等相关手续，要求失业保险经办机构发放失业保险金。失业保险经办机构工作人员认为，孙某属因本人意愿中断就业的，不具备享受失业保险待遇的条件。孙某认为失业保险经办机构的具体行政行为侵犯了他的合法权益，向该经办机构的主管机关申请社会保险行政复议。他的理由是，劳动和社会保障部令第 8 号《失业保险金申领发放办法》第四条第三款明确规定：被用工单位开除、除名和辞退的属于非因本人意愿中断就业，同时他也具备领取失业保险金的其他两个条件。因此，失业保险经办机构必须发给他失业保险金。

请分析：孙某是否应该享受失业保险？

第9章

生育保险

学习目标

1. 理解生育保险的概念；
2. 掌握生育保险的原则和特点；
3. 熟悉参加生育保险缴纳的费用和待遇。

学习导航

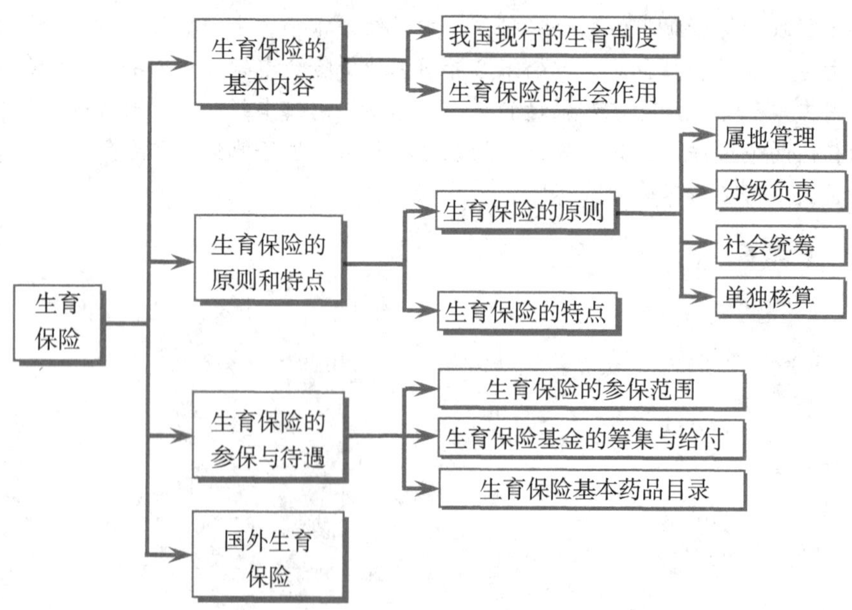

引导案例 9-1

没想到生育保险领了那么多!

东关街道居民王女士刚刚做了母亲，因为办了居民医保，王女士领到了近 6 000 元的生育补助，她感叹道："生育补助惠民的力度真大啊!"

王女士告诉记者，自己原以为只能领取 1 200 元的剖宫产生育补助费用，到埇桥区医保中心办理手续时，工作人员仔细查看了病例，告诉她这种生育情况符合居民医保生育并发症范围，可以参照普通住院政策报销医疗费用，报销金额远超过剖宫产 1 200 元的补助标准。"再加上我属于续保居民，结算费用时报销比例可提高 5%，按 75%报销，我对现在的医保政策十分满意。"王女士高兴地对记者说。

埇桥区医保中心负责人张敬伟介绍：埇桥区城镇居民医保政策不包含独立的生育保险，但参保居民无须另外缴费，符合我区计划生育政策的，即可以享受城镇居民基本医疗保险生育补助。

埇桥区医保中心提醒刚成为或即将成为母亲的参保居民，生育补助在医院是不能够刷卡结算的，要妥善保管好自己的病例资料，不要忘记在生育后到区医保中心办理领取生育补助手续，同时也可以为小于 1 周岁的新生儿随时办理参加城镇居民医疗保险手续，新生儿参保后即可享受居民医保待遇，让母子都能充分享受到国家的惠民政策的关怀。

（资料来源：赵苗苗，欧习习．皖北晨刊，2015-07-16）

9.1　生育保险的基本内容

生育保险是国家通过立法，在怀孕和分娩的妇女劳动者暂时中断劳动时，由国家和社会提供医疗服务、生育津贴和产假的一种社会保险制度，其宗旨在于保障产妇因生育而暂时丧失劳动能力时的基本经济收入和医疗保健，帮助生育女职工恢复劳动能力，重返工作岗位，从而体现国家和社会对妇女在这一特殊时期给予的支持和爱护。

9.1.1　我国现行的生育制度

目前，我国生育保险的现状是实行三种制度并存。

（1）由女职工所在单位负担生育女职工的产假工资和生育医疗费，其适用范围包括我国境内一切国家机关、人民团体、企业、事业单位及其女职工。国务院《女职工劳动保护规定》及劳动部《关于女职工生育待遇若干问题的通知》的规定如下。

1）女职工产假期间，工资照发。

2）女职工怀孕，在本单位的医疗机构或者指定的医院机构检查或分娩时，其检查费、接生费、手术费、住院费和药费由所在单位负担。

（2）生育社会保险。其核心内容是实行社会保险，生育费用社会统筹，以适应社会主义市场经济体制和建立现代企业制度的需要，促进企业公平竞争和妇女平等就业。根据劳动部《企业职工生育保险试行办法》规定，参加生育保险社会统筹的用人单位，应向当地社会保险经办机构缴纳生育保险费；生育保险费的缴费比例由当地人民政府根据计划内生育女职工的生育津贴、生育医疗费支出情况等确定，参保单位女职工生育或流产后，其生育津贴和生育医疗费由生育保险基金支付。生育津贴按照本企业上年度职工月平均工资计发；生育医疗费包括女职工生育或流产的检查费、接生费、手术费、住院费和药费（超出规定的医疗服务费和药费由职工个人负担）及女职工生育出院后，因生育引起疾病的医疗费。

（3）2009 年，对城镇居民基本医疗保险参保人员住院分娩发生的符合规定的医疗费用纳入城镇居民基本医疗保险基金支付范围。

9.1.2 生育保险的社会作用

（1）实行生育保险是对妇女生育价值的认可。妇女生育是社会发展的需要，她们为家庭传宗接代的同时，也为社会劳动力再生产付出了努力，应当得到社会的补偿。因此对妇女生育权益的保护，被大多数国家接受和给予政策上的支持。目前世界上有 135 个国家通过立法保护妇女的生育的合法权益。

（2）实行生育保险是对女职工基本生活的保障。女职工在生育期间离开工作岗位，不能正常工作。国家通过制定相关政策保障她们离开工作岗位期间享受有关待遇。其中包括生育津贴、医疗服务及孕期不能坚持正常工作时，给予的特殊保护政策。在生活保障和健康保障两方面为孕妇的顺利分娩创造了有利条件。

（3）实行生育保险是提高人口素质的需要。妇女生育体力消耗大，需要充分休息和补充营养。生育保险为她们提供了基本工资，使她们的生活水平没有因为离开工作岗位而降低，同时为她们提供医疗服务项目，包括产期检查、围产期保健指导等，为胎儿的正常生长进行监测。对于在妊娠期间患病或接触有毒有害物质的妇女，做必要的检查，如发现畸形儿，可以及早中止妊娠。对于在孕期出现异常现象的妇女，进行重点保护和治疗，以达到保护胎儿正常生长、提高人口质量的作用。

9.2 生育保险的原则和特点

9.2.1 生育保险的原则

生育保险在医疗保险的基础上，坚持属地管理、分级负责、社会统筹、单独核算的原则，生育保险的原则如图 9-1 所示。

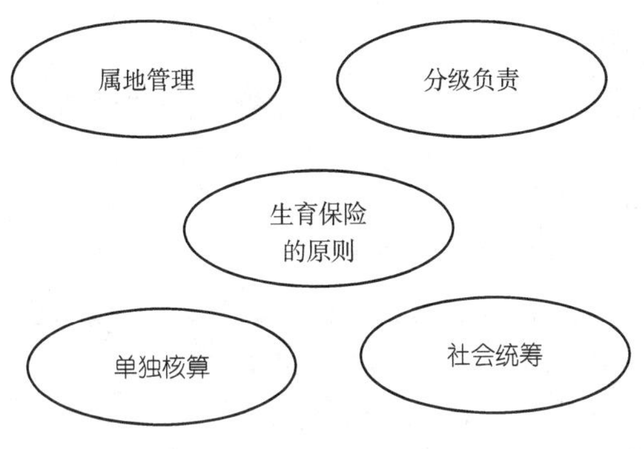

图 9-1　生育保险的原则

1. 属地管理

属地管理是指生育保险按行政区域划分的自治州、地区、州、盟、市或县、自治县、旗等为统筹单位，辖区内的各类企业（不分企业的所有制性质、不分隶属关系，即包括中央部属企业）一律参加所在地的生育保险社会统筹，执行当地的统一政策。同级社会保险经办机构负责生育保险基金管理及运作。我国地域辽阔，区域之间发展不平衡，中央部属企业、省属企业分布在全国各地，它们参加当地的社会保险统筹，一方面，可以扩大生育保险的覆盖范围，提高基金的调剂和互助能力；另一方面，计划生育指标数是以行政区域下达，同时各地生育医疗费用差异很大。保险机构根据当地的实际情况测算生育保险待遇支付标准，可以对各地生育费用的测算和待遇支付实现系统和统一管理，也有利于社会保险事业的协调发展。

2. 分级负责

省劳动部门负责本行政区域内的中央直属企业、军队企业、省直属企业的生育保险基金的筹集、支付和医疗认定工作。市、地劳动部门负责所管辖企业的生育保险基金的筹集、支付和医疗认定工作。

3. 社会统筹

社会统筹是指生育保险基金在大范围内由社会保险经办机构依法统一征收、统一管理、在属地范围内统一调剂使用。生育保险社会统筹可以缓解企业之间生育费用负担不均衡的矛盾，为企业平等参与市场竞争创造条件。女职工生育期间的费用均由所在企业负担，致使女职工多的企业的人工成本高于其他企业。实行生育保险社会统筹，可以在一定程度上缓解这一矛盾，使企业支付的生育费用得到相对的均衡，减轻女职工多的企业的经济负担，并与其他企业站在同一起跑线上参与市场竞争。

4. 单独核算

生育保险基金存入社会保障基金财政专户，专款专用，任何单位或个人不得挪用。

9.2.2 生育保险的特点

生育保险的特点如图 9-2 所示。

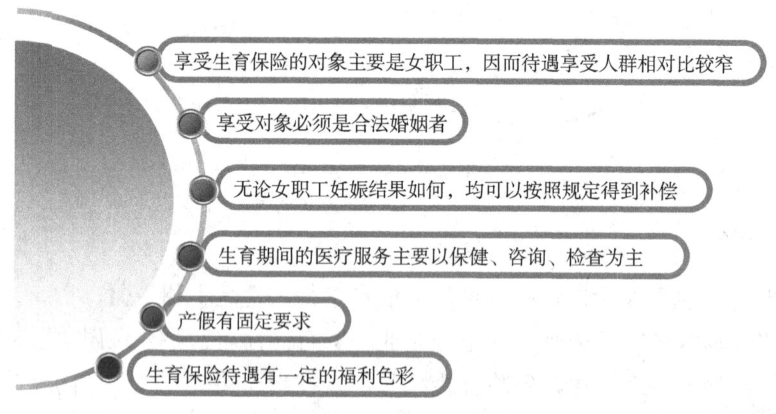

图 9-2 生育保险的特点

（1）享受生育保险的对象主要是女职工，因而待遇享受人群相对比较窄。随着社会进步和经济发展，有些地区允许在女职工生育后，给予配偶一定假期以照顾妻子，并发给假期工资；还有些地区为男职工的配偶提供经济补助。

（2）享受对象必须是合法婚姻者。我国生育保险要求享受对象必须是合法婚姻者，即必须符合法定结婚年龄、按婚姻法规定办理了合法手续，并符合国家计划生育政策等。

（3）无论女职工妊娠结果如何，均可以按照规定得到补偿。也就是说无论胎儿存活与否，产妇均可享受有关待遇，并包括流产、引产以及胎儿和产妇发生意外等情况，都能享受生育保险待遇。

（4）生育期间的医疗服务主要以保健、咨询、检查为主，与医疗保险提供的医疗服务以治疗为主有所不同。生育期间的医疗服务侧重于指导孕妇处理好工作与修养、保健与锻炼的关系，使她们能够顺利地度过生育期。产前检查以及分娩时的接生和助产，则是通过医疗手段帮助产妇顺利生产。分娩属于自然现象，正常情况下不需要特殊治疗。

（5）产假有固定要求。产假要根据生育期安排，分产前和产后。产前假期不能提前或推迟使用。产假也必须在生育期间享受，不能积攒到其他时间享用。

（6）生育保险待遇有一定的福利色彩。生育期间的经济补偿高于养老、医疗等保险。生育保险提供的生育津贴，一般为生育女职工的原工资水平，也高于其他保险项目。另外，在我国职工个人不缴纳生育保险费，而是由参保单位按照其工资总额的一定比例缴纳。

相关链接

未婚先孕女工不能享受生育保险

今年 26 岁的张小姐系江西省遂川县某公司职工，2012 年 8 月入职，该公司自张小姐入职后就一直在为她缴交生育保险。张小姐和男朋友感情稳定，准备明年结婚，但上个月她发现自己怀孕了，想把孩子生下来，于是张小姐到遂川县医保局咨询是否可以享受生育保险的相关待遇。遂川县医保局答复：没有结婚证是无法享受生育保险待遇的。不符合国家生育规定的，生育保险基金不予支付。

本案中公司自 2012 年 8 月开始为张小姐缴交生育保险，到 2015 年 8 月已缴满 3 年，符合“生育保险缴满一年方可享受生育保险”的规定，如要享受生育保险相关待遇就必须先领取结婚证，再按生育保险申报流程办理。

（资料来源：找法网，2015-08-04）

9.3　生育保险的参保与待遇

9.3.1　生育保险的参保范围

所在城市常住户口的职工和持有所在城市工作居住证的外埠人员都应该参加生育保险。

9.3.2　生育保险基金的筹集与给付

1．生育保险缴费

职工应当参加生育保险，由用人单位按照国家规定缴纳生育保险费，企业不论男女职工比例多少，按照统一费率（最高不超过职工工资总额的 1%）缴纳生育保险费，职工个人不缴费（北京生育保险缴费比例为：企业按照职工缴费基数的 0.8%缴纳生育保险费。深圳生育保险缴费比例为：企业按照职工工资总额的 0.5%缴纳生育保险费）。

2．享受生育保险的条件

享受生育保险，需要同时具备下面两个条件。

（1）所在单位必须按照规定参加了生育保险并履行了缴纳义务（各地规定略有差异，大部分地区规定为参加生育保险累计满一年，并且在生育（流产）时仍在参保的（需在职人员才能参保）。

（2）生育或施行计划生育手术的职工必须符合《中华人民共和国人口与计划生育法》规定的条件，即符合国家计划生育政策的。

3. 生育保险的待遇

生育保险待遇包括生育津贴、生育医疗费用、计划生育手术费用、国家和各地自行规定的其他费用。

（1）生育津贴，指女职工产假期间的工资，生育津贴低于本人工资标准的，差额部分由企业补足。生育津贴按照女职工本人生育当月的缴费基数除以30再乘以产假天数计算（一般地区要求生育津贴要在生产后5个月内办理）。

（2）生育医疗费用。

1）在医保中心确认生育就医身份就医的医疗费用，由市劳动和社会保障局同医院定额结算（超过1万元以上的部分按核定数结算）。

2）怀孕16周前的突然流产，非定点医院的急诊、产假期间产科并发症按核定的数额报销。

3）异地分娩的医疗费用，低于定额标准的按实际报销；高于定额标准的，按定额标准报销。

（3）计划生育手术费用，指符合政策的计划生育的医疗费用。

（4）一次性分娩营养补助费。

1）正常产、满7个月以上流产为上年度市职工月平均工资×25%。

2）难产、多胞胎为上年度市职工月平均工资×50%。

（5）假期天数。

1）正常产假98天（包括产前检查15天）。

2）晚育假增加15天。

3）难产假。剖宫产、Ⅲ度会阴破裂增加30天；吸引产、钳产、臀位产增加15天。

4）多胞胎生育假，每多生育一个婴儿增加15天。

5）流产假：怀孕不满2个月15天；怀孕不满4个月30天；满4个月以上（含4个月）至7个月以下42天；7个月以上遇死胎、死产和早产不成活75天。

相关链接

生二胎符合政策也可享受生育保险

自2014年我省“单独二孩”政策放开之后，我市生二胎的数量也随之增加。为了更好地惠及百姓，日前，我市转发了省人力资源和社会保障厅发布的《关于进一步完善生育保险政策的指导意见》，并对二胎生育待遇及时进行了调整。

生二胎产假怎么休？津贴拿多少？生育医疗费报销标准有哪些？5月7日，记者针对市民关心的问题，采访了市医保局生育保险科科长于颖。

1. 三类人可享受二胎生育保险待遇

据于颖科长介绍，享受二胎生育保险待遇的对象是，我市行政区域内已参加生育保险，用人单位为生育职工连续缴费满10个月并继续为其缴费（各地对缴费时间规定有所不同——作者注），同时符合国家和省人口与计划生育政策生育（含计划生育）的职工。

具体包括如下三类人。

城镇职工：我市行政区域内的城镇各类企业、事业单位、国家机关、社会团体、民办非企业单位及职工。

城镇居民：参加城镇居民基本医疗保险的参保人员。

灵活就业人员：参加基本医疗保险的灵活就业人员。

2. 生二胎与生一胎享受同样假期和津贴

根据国务院《女职工劳动保护特别规定》和《辽宁省人口与计划生育条例》的规定，女职工生育二胎后依旧享受 98 天产假。难产的增加产假 15 天；生育多胞胎的，每多生一个婴儿，增加产假 15 天；晚育的（23 周岁零 9 个月后生育）增加 60 天，男方护理假为 15 天。生育津贴根据生育职工产假天数计发。

对此，于颖科长解释说，生育一胎的女职工符合计划生育晚育政策的增加 60 天的生育津贴，生育二胎享受同样的假期和津贴待遇。而在政策修改前，符合政策的女职工要想获得 60 天晚育假，必须同时满足晚育、办理“独生子女光荣证”两个条件，这意味着二胎生育者根本无法享受 60 天晚育假，男职工申领护理津贴的也必须满足上述两个条件。政策调整后，取消了“独生子女光荣证”的限制，只要满足晚育条件，就可以同样拥有 60 天的晚育假期。这样一来，和基础产假加在一起，女职工至少可以享受 158 天的假期，男职工也可享受半个月的护理津贴。

在生育医疗费方面，根据《关于印发〈丹东市城镇职工生育保险实施办法〉的通知》规定，我市具体标准如下。

城镇职工：正常产为 1 700 元、难产为 2 200 元、剖宫产为 2 800 元。

城镇居民：正常产为 1 300 元、难产为 1 800 元、剖宫产为 2 400 元。

灵活就业人员：已参加基本医疗保险的灵活就业人员，连续缴费 24 个月后，方可享受生育医疗费补贴待遇。欠费期间不享受生育医疗费补贴待遇。待其补缴保费 3 个月后，方可享受生育医疗费补贴待遇。灵活就业人员生育医疗费补贴标准与城镇职工生育保险的生育医疗费补贴待遇标准相同。参保人发生的生育医疗费，正常情况下在生育定点医院持医保 IC 卡按文件规定标准直接结算。

3. 二胎生育津贴申报时限为 3 个月

一般情况下，生育职工在生育后 3 个月内，将相关材料交单位医保专管员，由其按规定到市医保局申报，逾期不予受理。

（资料来源：佚名. 东北新闻网，2015-05-12）

（6）男职工假期及假期工资。符合生育政策的男配偶享受 10～15 天假期（具体假期时间，各地略有不同），以孩子出生当月缴费工资计发。

注：生育保险津贴办理时间为：生产后 5 个月内，分别由女职工、男配偶所在单位申领生育保险待遇。

4．城镇居民生育医疗费用的解决

2009年7月31日发布的《人力资源和社会保障部关于妥善解决城镇居民生育医疗费用的通知》（人社厅发[2009]97号）中有如下规定。

（1）各地要将城镇居民基本医疗保险参保人员住院分娩发生的符合规定的医疗费用纳入城镇居民基本医疗保险基金支付范围。开展门诊统筹的地区，可将参保居民符合规定的产前检查费用纳入基金支付范围。

（2）城镇居民生育医疗服务管理，原则上参照城镇居民基本医疗保险有关规定执行。

9.3.3 生育保险基本药品目录

同医疗保险一样，生育保险药品还是按照《国家基本医疗保险、工伤保险和生育保险药品目录（2009年版）》执行。具体内容见医疗保险部分，此处不再赘述。

引导案例 9-2

说说我经历生育保险报销过程的故事

我怀孕时刚赶上了生育保险政策，在公司我是第一个享受生育保险的员工，在公司人力资源部门填写了“武汉市生育保险生育就医登记表”一式五份：社保留存一份、公司留存一份、本人一份、产检医院一份、手术医院一份。公司人力资源部门具体办理此业务的专员也刚接触生育保险，也不是很熟悉流程，而我也就似懂非懂地填好了表，盖好了章，社保交了一份，公司留存一份，剩下三份在自己手上。

到医院产检时，我找到产检医院的医保科交一份表，结果医院医保科不收，说现在不要这个表，到生的时候再说（现在才知道，是一定要交这个表的，可以免500元的产前检查费用）。

到我要生时去医院，那天是下午2点左右，我肚子已经痛了大概12小时了，去了医院就收入院了，入院的医生和护士只问过我是不是享受生育保险，我说是的，也没找我要什么表或资料的，我当时肚子一阵阵的痛也没多问，想可能医院问了就会按生育保险去办的。由于胎位不正，顺产不行，当天就剖宫产了，之后在医院的那几天我光顾自己和宝宝了，也没顾得上问生育保险手术费怎么算，都交给老公去办理了，交费时医院要多少就交了多少费用，整个手术费用都自费全额交清了（现在才知道，也是一定要交这个表的，出院结算费用时就可直接免除部分手术费用）。

出院回家后就把所有产检和手术费用的票据让老公送到公司给办生育保险的专员，就等生育保险的报销了。等我休完3个月的产假到公司上班，财务通知我可以领生育险报销了，结果只报销了一千多块。我当时就觉得不对，我从产检到生一共用了七千多块，怎么报销下来这么少呢？以前的同事没享受生育保险的报销下来也有三千多块呢？于是我去公司人力资源部门询问，之前办生育保险的专员已经辞职了，新负责的专员把我社保办生育保险退回的医院单据给我看，我才发现医院手术的五千多块的发票退回来了，我才明白原来这一项没给我报。

于是我打了社保局生育保险的咨询电话问其原因，社保说生育保险报销分四项：① 门

诊报销；② 手术费用报销；③ 生育津贴；④ 计划生育报销。其中，第①、②、④都是医院直接减免费用，先由医院垫付，社保再返给医院；第③项社保只支付钱给公司账户，然后公司扣除产假发给员工的工资后剩余的再返给员工。像我这种情况，公司给报销的一千多块钱只是生育津贴扣除产假工资后的那部分，第①、②项费用我要自己去找医院办才行。

第二天请了假去医院，找到了医院的医保处，医保处要我去找社保局解决这个问题。社保说找医院，医院说找社保，公司说这属于我的个人问题，只能自己找社保去办。

（中间艰辛过程作者省略……）

两个月后我终于在商业银行取到了我生育险手术报销的钱。

有些事错了可以跟自己说下次注意，之所以把我的经历写出来，是因为想告诉大家要搞清楚生育险的报销流程，不要像我这样不熟悉生育险，给自己找这么大的麻烦。

（资料来源：朋朋妈. 武汉论坛，有删节）

9.4 国外生育保险

1．实行社会保险制度的国家（也称实行参保制的国家）

主要做法：通过立法规定个人、雇主、政府对疾病、生育保险基金的筹资比例（不一定都是三方负担），建立统一的基金，由基金支付覆盖群体的生育或医疗费用。这种制度一般覆盖所有或部分雇员。有些国家对铁路、银行、公务人员、自我雇用者等特殊行业另有专门的规定。

实行社会保险制度的有美国、德国、芬兰、巴西等 91 个国家。

2．实行福利制度的国家（也称实行强制性保险和普遍医疗保健相结合的制度的国家）

主要做法：不以是否参保作为享受生育保险待遇的前提。本国所有雇员均可以享受疾病或生育津贴，所有常住居民可以免费或负担很少的费用享受医疗保健。享受生育津贴的人员，必须在生育前有一定时间的参保或就业记录，而享受医疗保健的人员只要求是本国常住居民。如新西兰等国政府规定，只要符合国家公民资格和财产调查手续的妇女，一般都能享受生育保险待遇。

这种制度一般在经济条件比较好的国家沿用，如加拿大、瑞士、丹麦、澳大利亚、新西兰等 20 个国家。

3．实行雇主责任制的国家

主要做法：生育费用由企业雇主或职工所在单位负担，不要求有缴费记录。

这种制度所占的比例比较小。一般在经济尚不发达的国家中采用，如利比亚、乌干他、布隆迪等国家。

课后练习

一、判断题

1. 生育保险基金主要由参加统筹的单位缴纳，职工个人不缴纳。(　　)

2. 产假可以在生育期间享受，也可以积攒到其他时间享用。(　　)

3. 女职工违反计划生育政策生育，其医疗费不能从生育保险基金中支付。(　　)

4. 晚育假增加15天。(　　)

5. 各地要将城镇居民基本医疗保险参保人员住院分娩发生的符合规定的医疗费用纳入城镇居民基本医疗保险基金支付范围。开展门诊统筹的地区，可将参保居民符合规定的产前检查费用纳入基金支付范围。(　　)

二、单项选择题

1. 女职工正常产假为（　　）天。

A. 80　　B. 98
C. 100　　D. 120

2. 职工应当参加生育保险，由用人单位按照国家规定缴纳生育保险费，企业不论男女职工比例多少，按照统一费率，最高不超过职工工资总额的（　　）。

A. 0.5%　　B. 0.8%
C. 1%　　D. 1.2%

3. 在医保中心确认生育就医身份就医的医疗费用，由（　　）同医院定额结算。

A. 劳动和社会保障局　　B. 个人
C. 用人单位　　D. 女方单位

4. 符合生育政策的男配偶享受（　　）天产假。

A. 20 ~ 30　　B. 15 ~ 20
C. 10 ~ 15　　D. 5 ~ 10

5. 异地分娩的医疗费用，低于定额标准的按实际报销；高于定额标准的按（　　）。

A. 9折报销　　B. 实际报销
C. 8折报销　　D. 定额标准报销

三、多项选择题

1. 根据国务院《女职工劳动保护规定》及劳动部《关于女职工生育待遇若干问题的通知》，(　　)。

A. 女职工产假期间，工资照发

B. 女职工怀孕或分娩时，在本单位的医疗机构或者指定的医院机构检查，其检查费、接生费、手术费、住院费和药费由所在单位负担

C. 企业和个人共同负担生育保险费用

2. 生育保险的主要社会作用有（　　）。
A. 提高社会经济发展水平
B. 认可妇女的生育价值
C. 保障女职工的基本生活
D. 提高人口素质
3. 生育保险在医疗保险的基础上，坚持（　　）的原则。
A. 属地管理　　B. 分级负责
C. 社会统筹　　D. 单独核算
4. 享受生育保险，需要同时具备的条件有（　　）。
A. 所在单位必须按照规定参加了生育保险并履行了缴纳义务
B. 符合国家计划生育政策
C. 个人缴费
5. 生育保险待遇包括（　　）。
A. 生育津贴　　B. 生育医疗费用
C. 计划生育手术费用　　D. 营养费
E. 国家和各地自行规定的其他费用

四、简答题

1. 简述生育保险的含义。
2. 简述我国现行的生育保险制度。
3. 简述生育保险的特点。

案例分析

女职工分摊部分生育保险费合理吗?

某服装公司按照规定自 2015 年参加了生育保险，并按照要求以公司职工工资总额 0.9%的比例按月向当地社会保险机构缴纳生育保险费。该公司女职工较多，公司即自行规定每个女职工负担一部分保险费，按女职工月工资 0.3%的比例向女职工征收生育保险费。这笔费用该公司并未缴给社会保险机构，而是冲抵了公司缴纳的生育保险费。

请分析：该公司女职工的生育保险费应该由谁负担呢?

第10章

社会优抚

学习目标

1. 理解社会优抚的概念；
2. 掌握社会优抚的作用；
3. 熟悉社会优抚制度。

学习导航

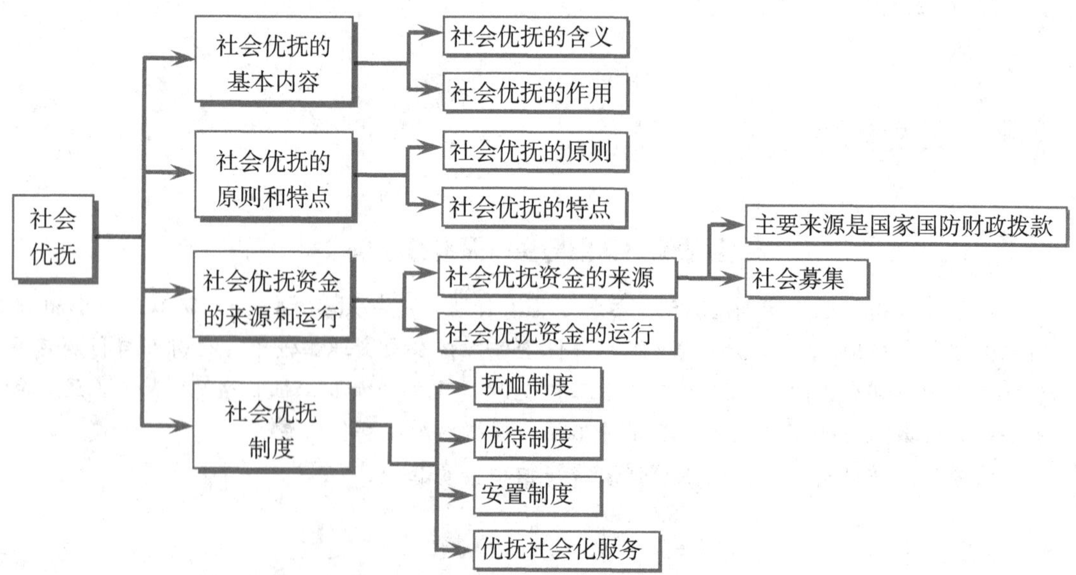

引导案例 10-1

优抚老兵观文演　军民鱼水情谊深

2 月 24 日下午，由郑州市金水区乐缘社会工作服务中心联合搜狐河南、豫民网、军民网等单位共同举办的“豫见正能量公益随手拍”颁奖演出在喜鹊愉家大酒店举行。

活动现场，乐缘社工邀请到了优抚老兵、军工代表与各地公益组织、志愿者等 300 余人共同观看了演出。在社工的带领下，整场演出以乐缘志愿者、退休老干部、优抚老兵和军工代表为表演主体，近两个小时上演了歌曲、舞蹈、戏曲、说唱、时装秀等形式多样的节目，呈现出一幅“军爱民、民拥军，军民团结一家亲”的动人场景。

一位老兵在接受采访时告诉记者：“我现在的安定生活都是共产党给的，所以我要求自己，为人民奉献，就不能计较一切个人得失。”老人退休后依然热心于社会活动，经常为社区里的孩子们讲述战争时候的故事，还积极参加乐缘社会工作服务中心组织的公益活动。

（资料来源：陈晨，姜妍. 发展中国网，2015-01-27）

10.1　社会优抚的基本内容

10.1.1　社会优抚的含义

社会优抚是针对军人及其家属所建立的社会保障制度，是指国家和社会对军人及其家属所提供的各种优待、抚恤、养老、就业安置等待遇和服务的保障制度。主要包括抚恤制度、优待制度、安置制度、优抚社会化服务。

《中华人民共和国宪法》第四十五条规定，“国家和社会保障残废军人的生活，抚恤烈士家属，优待军人家属”。保障优抚对象的生活是国家和社会的责任。

新中国成立之初，颁布了一系列优抚优待的法规，如 1950 年颁布了《革命军人牺牲病故褒恤暂行条例》《民兵兵工伤亡褒恤暂行条例》《革命残废军人优待抚恤暂行条例》等 5 个规定，建立起了以军人及其家属为对象的优抚制度。当时的规定主要涉及优待和抚恤问题，后来逐步扩展到安置、养老等措施和服务上。1981 年和 1982 年国务院和中央军委分别颁布了《关于军队干部退休的暂行规定》和《关于军队干部离职休养的暂行规定》，对军队干部离退休问题做了具体的规定。1984 年第六届全国人民代表大会第二次会议通过了《中华人民共和国兵役法》，其中对军人的抚恤、优待、退休养老、退役安置等问题做了具体规定，同时废除了 20 世纪 50 年代颁布的 5 个条例，建立了国家、社会、群众三结合的抚恤优待制度。

10.1.2　社会优抚的作用

军人社会保障已成为影响军心士气和部队战斗力的重大问题，受到各国的普遍重视，社会优抚有如下几方面的作用。

1．优抚事业是国家稳定与发展的保证

优抚事业是和国家的军事活动紧密相连的，它的地位和作用与军队的地位和作用紧密相关。军队是国家政权的重要组成部分，只要有国家存在，就必然有军队存在。同样，要使军队存在并正常发挥作用，就必须建立优抚事业。支持军队建设，加强军政、军民团结，做好优抚工作，是国家长治久安、社会稳定发展的重要保证。“兵者，国之大事也，不可不察也。”

2．优抚事业是社会经济繁荣发展的重要保证

优抚制度与政治、军事一样，同属上层建筑，是为社会经济基础服务的。国家通过优抚事业促进军队建设，安定军心，可以使军队在保卫国家，维护和平，为社会经济建设创造和谐、安定的环境中充分发挥作用，从而促进经济和社会的发展。同时，国家通过优抚工作，可以增强军队实力，融洽军政、军民关系，可以使军队在和平时期直接参与地方建设，为社会经济发展做出贡献。

3．优抚事业是鼓舞士气、焕发民族精神的重要环节

国家通过优抚工作，可以鼓舞和调动军事人员的民族献身精神。同时，在群众性的优抚活动中，可以使军人的献身精神得到弘扬，使民众和各界人士的爱国热情得到鼓舞，从而使国家的精神文明建设得到进一步加强。

4．优抚制度具有稳定社会的作用

优抚对象在生活和工作上得不到合理安排和必要保障时，必然会造成他们物质和精神上的损害，从而形成社会上的不稳定因素。优抚项目的实施，不但可以解除优抚对象的困难，而且可以解除正在服役者的后顾之忧，使他们安心服役，尽心尽力，完成军队的任务。

10.2 社会优抚的原则和特点

10.2.1 社会优抚的原则

1．抚恤优待工作实行国家、社会、群众三结合的原则

要贯彻“国家抚恤、群众优待、思想教育、扶持生产”的基本思想。

2．根据对国家贡献大小、困难大小确定保障水平的原则

革命军人对国家安定团结有极大的贡献，在确定优抚水平时，首先要根据其对国家贡献的大小，给予相应的保障水平，但同时也要考虑到被保障人的困难，困难大的，适当有所提高。

3．因地制宜确立优待对象生活保障标准的原则

我国幅员辽阔，各地经济发展水平不一致，因此我们要因地制宜、分类推进，建立起与当地经济社会发展水平相适应、标准有别和综合配套的优抚制度，更加扎实、有效地维护社会稳定。

4．保障水平随经济发展和国民收入提高同步增长的原则

政府历来重视抚恤优待工作，随着国家改革开放和社会经济的全面发展，国家和各级政府每年大幅度增拨抚恤事业费，优抚对象生活水平与经济发展和人民生活水平同步提高，开创了抚恤优待工作空前发展的大好局面。

10.2.2　社会优抚的特点

社会优抚同其他社会保障项目相比，又有其自身的特点，如图 10-1 所示。

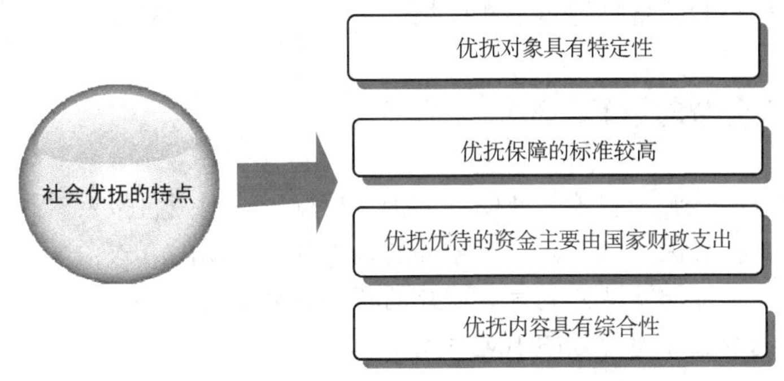

图 10-1　社会优抚的特点

1．优抚对象具有特定性

优抚的对象是为革命事业和保卫国家安全做出牺牲和贡献的特殊社会群体，由国家对他们的牺牲和贡献给予补偿和褒扬。

2．优抚保障的标准较高

由于优抚具有补偿和褒扬性质，因此，优抚待遇高于一般的社会保障标准，优抚对象能够优先优惠地享受国家和社会提供的各种优待、抚恤、服务和政策扶持。

3．优抚优待的资金主要由国家财政支出

优抚工作是政府的一项重要行为，优抚优待的资金主要由国家财政投入，还有一部分由社会承担，只有在医疗保险和合作医疗等方面由个人缴纳一部分费用。

4．优抚内容具有综合性

社会优抚与社会保险、社会救助和社会福利不同，它是特别针对某一特殊身份的人所设立的，内容涉及社会保险、社会救助和社会福利等，包括抚恤、优待、养老、就业安置等多

方面的内容，是一种综合性的项目。

10.3 社会优抚资金的来源和运行

10.3.1 社会优抚资金的来源

社会优抚资金的主要来源是国家国防财政拨款，这体现出政府在社会优抚工作中的主体地位，由国家预算安排的优抚事业费是社会优抚制度的主要财力保证，由各级民政部门负责管理和使用。

社会优抚资金的另一个来源是社会募集，即企业、团体和个人的捐助，这是优抚资金的重要补充来源，随着社会经济水平的不断增长，这部分资金呈现出增长的势头。

优抚资金的来源，体现出优抚资金来源和筹集的多渠道和多层次，随着社会经济水平的不断发展，社会优抚资金的规模也将不断增长。

10.3.2 社会优抚资金的运行

社会优抚资金分为抚恤、安置和补助三大类，抚恤、安置费直接发放到优抚对象手中，补助分为国家补助和社会优待两部分。国家补助采用社会救助的方式由民政部门提供给生活有困难的优抚对象，具体的补助方式有定期补助和临时补助两种。

社会保障资金的筹集和运行如图10-2所示。

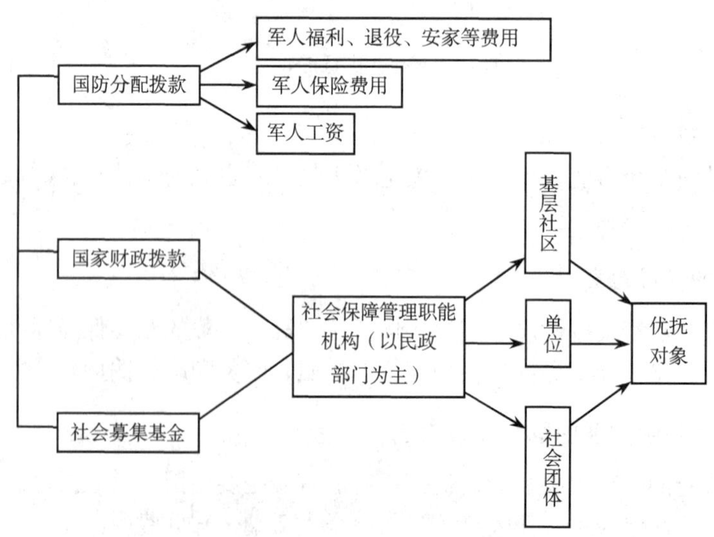

图10-2 社会保障资金的筹集和运行

10.4 社会优抚制度

社会优抚制度的具体内容如图 10-3 所示。

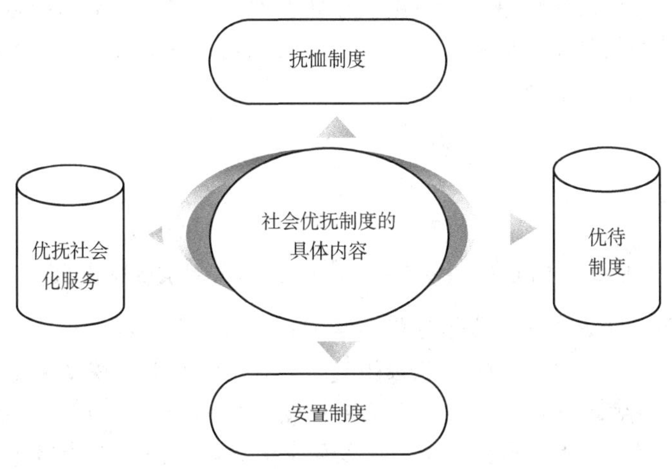

图 10-3 社会优抚制度的具体内容

10.4.1 抚恤制度

抚恤制度是政府对因公伤残人员、因公牺牲及病故人员家属采取的一种物质抚慰方式，包括伤残抚恤和死亡抚恤。抚恤制度包括现役军人的死亡抚恤和伤残抚恤两种。

1. 死亡抚恤

死亡抚恤又分为以下几种。

（1）一次性抚恤金。现役军人死亡，根据死亡性质和本人死亡时的工资收入，由民政部门发给家属一次性抚恤金。立功和获得荣誉称号的现役军人死亡，根据其立功和荣誉称号的不同，可增发 5%～35%的抚恤金。

（2）定期抚恤金。革命烈士、因公牺牲军人、病故军人的家属按照规定的条件享受定期抚恤金。享受定期抚恤金的人员死亡时，加发半年的定期抚恤金，作为丧葬补助费。

（3）特别抚恤金。在国防和军队建设、科研职业或者作战中做出牺牲贡献的现役军人死亡，除上述抚恤金外，可由国防部发给特别抚恤金。

2. 伤残抚恤

伤残抚恤包括以下内容。

（1）伤残等级。革命伤残军人的伤残等级，根据丧失劳动能力及影响生活能力的程度确定。因战、因公致残的伤残等级，分为特等、一等、二等甲级、二等乙级、三等甲级、三等乙级；因病致残的伤残等级，由军队规定的审批机关在医疗终结后负责评定伤残等级，发给“革命伤残军人证”。

（2）伤残抚属待遇。退出现役后没有参加工作的革命伤残军人，由民政部门发给伤残抚恤金；退出现役后参加工作，或者享受离休、退休待遇的革命伤残军人，由民政部门发给伤残保健金。继续在部队服役的革命伤残军人，由所在部队发给伤残保健金。伤残抚恤金的标准，根据伤残性质的伤残等级，参照中国一般职工的工资收入确定。退出现役的特等、一等革命伤残军人，由国家供养终身。因战致残的革命伤残军人在评残发证后，一年内因伤口复发死亡的，按照革命烈士的抚恤规定，发给其家属一次性抚恤金和定期抚恤金；因战、因公致残的特等、一等革命伤残军人因病致残死亡后，其家属按照病故军人家属的抚恤规定享受定期抚恤金。

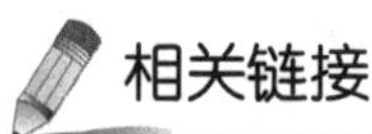

相关链接

失踪 25 年回乡，谯城区一退伍老军人重获优抚补助

在失踪 20 余年后，谯城区古城镇退伍老军人王立修在山东枣庄和我市民政部门的共同努力下回到了家乡。日前，老人的户籍已经恢复，优抚生活补助也恢复享受。

据了解，王立修是古城镇古东居委会小王庄村民，今年已经 75 岁了。1959 年入伍，1961 年退伍，患有精神疾病，一直领取民政部门发放的生活补助。1990 年春节期间，王立修外出后便和家人失去了联系。其家人多方寻找，但一直没有结果。

由于长期没有音信，王立修的户籍被公安机关注销，民政部门也根据优抚政策，停止其生活补助待遇。

2014 年 11 月，山东省枣庄市救助站在巡查时发现了流浪在街头的王立修，并和其亲属取得联系后，这位走失了 20 余年的老人终于回到了阔别已久的亳州老家。

为何会流落到山东？这些年是怎么度过的？由于老人患有精神病，这些问题就成了谜。

在回来以后，老人的户籍得以恢复，民政部门也重新为其建立完善优抚生活补助档案和优抚信息管理系统数据库信息，恢复其生活补助等待遇。

（资料来源：刘义山，薄宇，李锦文. 中国亳州网-亳州晚报，2015-01-08）

10.4.2 优待制度

优待制度是指从政治上和物质上给予优待对象良好的物质或资金待遇、优先照顾与专项服务。根据《军人抚恤优待条例》的规定，军人享受的优待措施主要如下。

（1）义务兵入伍前是农业户口的，他们在农村承包的责任田和分得的自留地（山、林）等继续保留；入伍前是企业事业单位职工的，其家属继续享受原有的劳动保险福利待遇。

（2）医疗待遇。二等乙级以上（含二等乙级）革命伤残军人，享受公费医疗待遇。三等革命伤残军人不享受公费医疗待遇的，伤口复发所需医疗费由当地民政部门解决；革命烈士、因公牺牲军人、病故军人、现役军人的家属及带病回乡的复员退伍军人，不享受公费医疗待遇的，因病无力支付医疗费，由当地卫生部门酌情给予减免。

（3）伤残优抚。在国家机关、社会团体、企业事业单位工作的因战、因公致残的革命伤残军人，享受与所在单位因公（工）伤残职工相同的生活福利待遇。革命伤残军人因伤残需要配制的假肢、代步三轮车等辅助器械，由民政部门审批并负责解决。

（4）优抚对象在与其他群众同等条件下，享有就业、入学、救济、贷款、分配住房的优先权。家属农村的革命烈士家属符合招工条件的，当地人民政府应安排其中一个就业。革命烈士，因公牺牲军人，病故军人的子女、弟妹，自愿参军又符合征兵条件的，在征兵期间可优先批准一人入伍。复员军人未工作，因年老体弱、生活困难的，按照规定的条件，由当地民政部门给予定期、定量补助，并逐步改善他们的生活待遇等。

10.4.3　安置制度

退役安置是指国家和社会为退出现役的军人提供资金和服务，以帮助其重新就业的一项优抚保障制度。安置的对象包括转业的军官、复员志愿兵和退伍义务兵。资金保障方面包括提供安置费、各级临时性生活津贴和生产性贷款；服务保障包括就业安置、就学安置、落户安置、职业培训、技术培训等。

随着社会主义市场经济体制的建立，企业、机关的用工制度发生了很大的变化，军人退役安置问题也出现了很多新情况，过去采取的通过指令性计划来安置退役军人的做法已不再适用。由于企业有用工自主权，而国家机关也面临机构调整，同时退役军人本身所具备的技能和综合素质与单位招工的要求有一定距离，这使得退役军人的安置更加困难。要解决这些问题，必须采取新的措施和办法，要对原有的退役军人安置制度进行改革，以适应新形势的变化。

10.4.4　优抚社会化服务

优抚社会化服务是指国家和社会筹资建造服务设施，如革命伤残军人休养院、荣复军人慢性病疗养院等。

随着改革开放和社会主义市场经济的发展，医疗难、日常生活等项目也逐步市场化，由此带来了一系列亟待解决的新的服务问题。既要符合市场经济发展的规律，又要使优抚对象能享受到社会的成果，完善优抚对象的生活保障制度，使社区中的优抚对象能享受到多方位、更便利的生活服务，是优抚社会化的内容。

相关链接

教育部出台六项新举措激励高校学生参军报国

为吸引更多高素质高校学生参军入伍，切实提高征集高校学生入伍的数量和质量，近日，教育部办公厅下发了《关于进一步做好高校学生参军入伍工作的通知》，在已有鼓励高校学生入伍优惠政策基础上，出台了 6 项新的优惠政策和激励措施。

一是设立“退役大学生士兵”专项硕士研究生招生计划。根据实际需求，每年安排一定数量的专项计划，专门面向退役大学生士兵招生。专项计划规模控制在5 000人以内，在全国研究生招生总规模内单列下达。

二是将高校在校生（含高校新生）服兵役情况纳入推免生遴选指标体系。鼓励有关高校在制定本校推免生遴选办法时，将在校期间服兵役情况纳入推免生遴选指标体系。在部队荣立二等功及以上的退役人员，符合研究生报名条件的可免试（指初试）攻读硕士研究生。

三是将考研加分范围扩大至高校在校生（含高校新生）。退役人员在继续实行普通高校应届毕业生退役后按规定享受加分政策的基础上，允许普通高校在校生（含高校新生）应征入伍服义务兵役退役，在完成本科学业后3年内参加全国硕士研究生招生考试，初试总分加10分，同等条件下优先录取。

四是退役大学生士兵专升本实行招生计划单列。高职（专科）学生应征入伍服义务兵役退役，在完成高职学业后参加普通本科专升本考试，实行计划单列，录取比例在现行30%的基础上适度扩大，具体比例由各省份根据本地实际和报名情况确定。

五是高校新生录取通知书中附寄应征入伍优惠政策。高校向新生寄送《录取通知书》时，附寄应征入伍宣传单，宣传单主要内容包括优惠政策概要、报名流程指南、学籍注册要求等。

六是放宽退役大学生士兵复学转专业限制。大学生士兵退役后复学，经学校同意并履行相关程序后，可转入本校其他专业学习。

六项新政策加上已有优惠政策，教育部门鼓励大学生参军入伍政策体系初步形成：大学新生从收到录取通知书时，就能了解入伍政策和程序。高校学生入伍，不仅享受国家资助学费，而且复学有保障，可以转专业、优先转本校国防生，考研加10分、单列计划录取，专升本实行招生计划单列，录取比例超过30%。退役后就业的，除按应届毕业生办理就业手续、享受专门就业服务外，各地还拿出政法干警招录培养计划的20%，专门用于退役大学生士兵。

（资料来源：教育部、国防部征兵办公室联合召开全国大学生征兵工作网络视频会议，2015-05-13）

课后练习

一、判断题

1. 义务兵入伍前是农业户口的，他们在农村承包的责任田和分得的自留地（山、林）等继续保留。(　　)

2. 社会优抚需要入伍前工作单位或村委会缴纳优抚费。(　　)

3. 优抚的对象是为革命事业和保卫国家安全做出牺牲和贡献的特殊社会群体，由国家对他们的牺牲和贡献给予补偿和褒扬。(　　)

4. 安置制度是通过指令性计划来安置退役军人。(　　)

5. 抚恤安置费直接发放到优抚对象手中。(　　)

二、单项选择题

1. (　　) 及以上革命伤残军人，享受公费医疗待遇。

A. 一等甲级　　B. 二级　　C. 二等乙级　　D. 三等

2. 退出现役后没有参加工作的革命伤残军人，由 (　　) 发给伤残抚恤金。

A. 社会保障局　　B. 民政部门　　C. 财政局　　D. 公安局

3. 退出现役的 (　　) 革命伤残军人，由国家供养终身。

A. 特等、一等　　B. 二等甲级　　C. 二等乙级　　D. 三等乙级

4. 因战、因公致残的伤残等级，由军队规定的审批机关在医疗终结后负责评定伤残等级，发给 (　　)。

A. 军人证书　　B. 荣誉证书

C. 光荣证　　D. 革命伤残军人证

5. 在国家机关、社会团体、企业事业单位工作的因战、因公致残的革命伤残军人，享受与所在单位因公（工）伤残职工 (　　) 的生活福利待遇。

A. 更高　　B. 更低　　C. 相同

三、多项选择题

1. 社会优抚的具体内容包括 (　　)。

A. 抚恤制度　　B. 优待制度

C. 安置制度　　D. 优抚社会化服务

2. 抚恤优待工作实行 (　　) 三结合的原则。

A. 国家　　B. 社会　　C. 个人　　D. 群众

3. 社会优抚资金的主要来源是 (　　)。

A. 国家财政拨款　　B. 社会募集

C. 个人投保　　D. 个人储蓄

4. 死亡抚恤又可分为 (　　)。

A. 一次性抚恤金　　B. 定期抚恤金　　C. 特别抚恤金

5. 退役安置是指国家和社会为退出现役的军人提供资金和服务，资金保障方面包括 (　　)。

A. 提供住房公积金　　B. 提供安置费

C. 各级临时性生活津贴　　D. 生产性贷款

四、简答题

1. 简述社会优抚的含义。

2. 简述社会优抚的特点。

案例分析

退役军人旧伤复发如何处理

王某是一名退役军人，2010 年在部队服役期间，因公致残，残疾等级为七级，后来到广州打工，2014 年 6 月 1 日，公司与王某签订了劳动合同书一份，双方约定，公司安排王某从事仓库安全保卫工作，每月工资为 3 800 元。2015 年 4 月 18 日，王某向公司提出终止劳动合同的申请报告，并要求对其右臂旧伤复发给予赔偿。

请分析：王某的旧伤社会保障是否负有赔偿责任？

第11章

社 会 福 利

学习目标

1. 理解社会福利的概念；
2. 掌握社会福利的原则；
3. 熟悉公共福利的分类；
4. 熟悉其他福利的具体内容。

学习导航

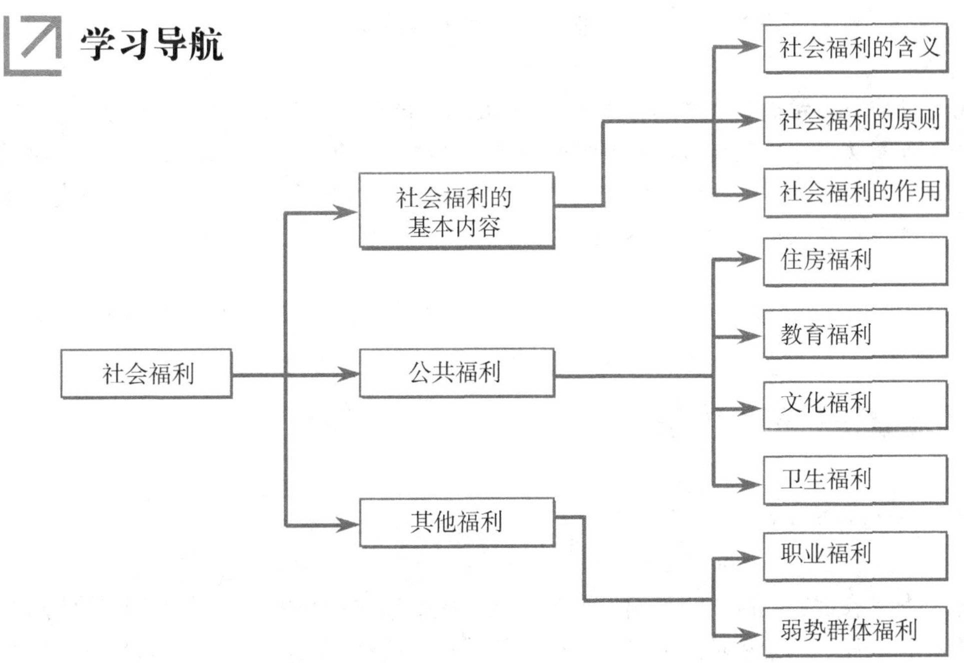

引导案例 11-1

玉溪市社会福利服务中心暖意浓

天空中飘着雪花，屋顶上、车身上堆积的雪花凝结成坚硬的雪块，街道上被衣服包裹得严严实实的行人……1月24日，突如其来的寒流让玉溪市民感受到了袭人的寒意，但在玉溪市社会福利服务中心里却暖意融融，该中心落实各项供暖措施，让这里的老人和孩子过上了一个温暖的冬天。

当天上午10点，记者来到位于玉溪市社会福利服务中心内的老年公寓，见到79岁的郭志树正在院子里悠闲地散步。郭大爷身着过膝的风衣，穿着棉鞋，手上还抱着一个暖手袋。

“大爷，外面风这么大，您不冷吗？”记者问道。

“不冷，我身上的大衣厚呢，还有电热饼。”郭大爷一边笑着，一边从大衣里取出一个电热饼展示给记者看。

郭大爷告诉记者，去年刚入冬时，服务中心为每位老人换上了厚棉被，还每人发放了一床毛毯、一个电热饼和一个暖手宝。当天值班的工作人员告诉记者，中心还在每个楼层的集中休息室里装了空调，老人们在休息、娱乐的时候也不会被冻到。

中午 11 点左右，老人们陆续来到餐厅吃饭，考虑到天冷饭菜容易变凉，服务中心添置了微波炉，让老人们随时可以吃到热饭菜。

在老年公寓一侧便是市儿童福利院，记者看到 20 多个孩子正在吃中午饭，食堂里有蒸鸡蛋、豆豉炒肉、萝卜汤等5个菜品，孩子们打完饭菜在一旁津津有味地吃着，大锅里的饭菜还冒着腾腾热气。

“自2012年市社会福利服务中心建成后，儿童福利院就在每一间儿童宿舍内配置了空调、空调扇和小太阳取暖器等取暖设备，并为每一个孩子发放了围巾、手套等物品。”市儿童福利院主管唐娟说，“同时，我们也会随季节调整饮食结构，增强儿童抵抗力，加大护理力度，确保每一个孩子都能健康快乐地度过寒冬。”

（资料来源：李冉. 玉溪日报，2016-01-24）

11.1 社会福利的基本内容

11.1.1 社会福利的含义

社会福利是社会保障制度的重要组成部分，从一般抽象的意义来说，福利就是能使人们生活幸福的各种条件，它既包括人的身体应得到的保护和照顾，也包括影响人的智力和精神自由发展的各种因素。而作为“社会福利”就更超出了个人的范畴，要求人们在“社会”的层面上来考虑和解决如何使人能够过一种“好的生活”。它涉及社会根据什么来帮助人们生活的幸福，需要通过什么样的制度和政策安排来保证他们生活的幸福。

广义的社会福利是指提高广大社会成员生活水平的各种政策和社会服务，旨在解决广大社会成员在各个方面的福利待遇问题。狭义的社会福利是指对生活能力较弱的儿童、老人、母子家庭、残疾人、慢性精神病人等的社会照顾和社会服务。社会福利所包括的内容十分广泛，不仅包括生活、教育、医疗方面的福利待遇，而且包括交通、文娱、体育、欣赏等方面的待遇。社会福利是一种服务政策和服务措施，其目的在于提高广大社会成员的物质和精神生活水平，使之得到更多的享受。同时，社会福利也是一种职责，是在社会保障的基础上保护和延续有机体生命力的一种社会功能。

11.1.2　社会福利的原则

社会福利的原则如图 11-1 所示。

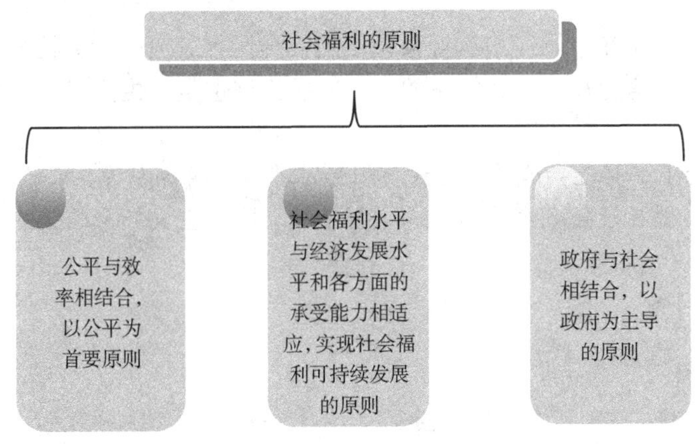

图 11-1　社会福利的原则

1．公平与效率相结合，以公平为首要原则

缓和某些突出的社会矛盾，把全体国民人人享有社会福利，减少工业化进程中两极分化，促进社会公平和稳定，作为社会福利体系建设的首要目标。实现社会福利的共享性，逐步消除因户籍、性别、职业、地位等身份差别所导致的不平等。特别是为贫困家庭的子女提供平等的受教育与其他的发展机会，防止贫困代际相传。在强调社会福利公平性原则的同时，也要兼顾效率，保护发展活力，使社会福利体系能有效地促进经济长期可持续增长。

2．社会福利水平与经济发展水平和各方面的承受能力相适应，实现社会福利可持续发展的原则

建立一个完整的国民福利体系，首先要解决福利制度和项目的“从无到有”的问题，其次循序渐进地解决待遇水平的“由低到高”的问题。既要抓紧建立群众有迫切需求的保障项目，又要根据财政和经济支撑的能力确定适度的保障水平，建立可持续发展的长效机制。由于中国社会福利体系建设还处于起步阶段，各方面制度和机制尚不完善，因此既要立即着手解决制度缺失问题，又要结合城镇化、老龄化的趋势，统筹考虑保障资金长期供求平衡问题，实现可持续发展。

3．政府与社会相结合，以政府为主导的原则

社会福利体系从根本上说是政府行为，政府在社会福利制度建设上发挥主导作用，积极推动立法，增加财政收入，提供更多的公共服务。同时，也要发挥市场和家庭的作用，调动社会组织的资源和各方面的积极性，共同推进社会福利体系建设。在社会福利模式的选择上，缴费性的社会保险和免费性的福利项目具有同样重要的作用，以形成政府、单位和个人共同承担责任的机制。在社会保险制度的设计和运行中，应强化缴费义务与支付待遇的对应关系，鼓励单位和个人参加社会保险并连续缴费，以防止个人逃避缴费义务而对政府和社会过度依赖的道德风险。

11.1.3 社会福利的作用

（1）纠正社会特别是在市场经济运行条件下的社会运行失灵的有关社会问题，如贫穷、健康、就业、失业、住房等社会保障领域的有关问题。这也是自由主义社会政策的主要内容及其解决的主要问题。

（2）国家和社会主动对社会成员或公民提供层次不同、内容不等、水平有异的各种福利，增进社会福利水平，提高社会融合品质。这主要是社会民主主义社会政策的主要内容及其发挥作用的有关功能。

11.2 公共福利

公共福利的内容如图 11-2 所示。

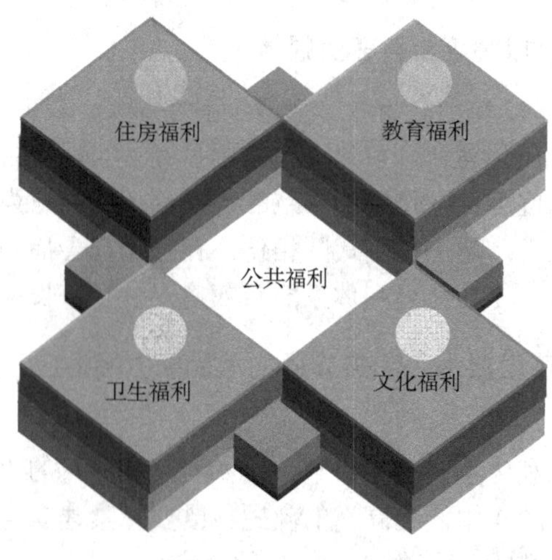

图 11-2 公共福利的内容

11.2.1　住房福利

住房福利是指政府利用国家和社会力量，为公民（尤其是低收入家庭）解决住房困难所采取的措施和手段。

1. 住房福利的特征

（1）普遍性。居民住房福利的普遍性来自生存权利的普遍性。在这一问题上，坚持以人为本，就是坚持以人的普遍生存权利为本。经过这些年的改革，目前中国也初步建立了以住房公积金为核心内容的住房福利制度，但还存在覆盖面过小和高福利的特点，未能很好地体现住房福利的普遍性原则，因此，需要在原有制度的基础上进行改革和建设，使之进一步得到完善。

（2）消费需求优先。住房本质上是消费品，但在市场运行中，又可以成为投资品。那么，在住房的消费需求与投资需求之间，政策的天平应当倾向于哪一边呢？显然应当是前者。目前，我们对这两种需求还没有进行明确的区分，投资需求与消费需求完全是在一个平台上共享住房资源。要坚持消费需求优先，必然要对现有的利益格局进行调整，如此一来，既得利益的反对呼声肯定不小。在这里，能否坚持“以人为本”的理念，将具体化为“以人的实际消费需求为本”还是“以资本为本”的选择。于是，能否真正坚持住房消费需求优先，也将形成对“以人为本”原则能否落实的考虑。

（3）存款购房优先。在住房消费上，应当是存款消费优先还是贷款消费优先？显然，无论在何种情况下，都应当是前者。然而，由于没有相应的制度安排，居民用存款购房不仅没有享受到任何政策优惠，而且实际上是被征税的。因为购买住房需要的资金量很大，居民为此要进行长期储蓄，但在目前的存款制度下，所有的储蓄存款必须缴纳利息税，因此，居民用自己存款购房的同时缴纳利息税，实际上就等于缴纳了住房消费税。相比之下，贷款买房则不存在这一问题。这也就意味着，如果对居民用存款买房不做出特殊的政策安排，仅因购买方式的不同，存款购房与贷款购房之间就会产生一种实际上的不公平。

（4）低收入者优先。对低收入者采取更加倾斜的政策，是许多国家的普遍做法。在中国，近几年来各地也根据不同情况，对低收入者的住房问题给予了关照。但就全国而言，还未能形成一个统一的政策框架。

（5）资源占用补偿。住房消费要占用土地资源和环境资源，这些资源都是不可再生的。在资源有限的情况下，以产权所有方式购买的住房越多，面积越大，就意味着全社会为其付出的资源成本越高。所以，尽管富有者购买大面积房屋或多套房屋支付了较高的价格，其社会资源成本却还是由全体社会成员为其分担的。为体现全体居民在土地和环境资源方面的平等权利，对于在基本生存之上多消费或多购买的住房，应通过征税等手段，让住大房子和拥有多套住房的人进行相应的补偿，承担一定的社会资源成本。

2. 住房福利的政策调控

当“投资热”“炒房热”从人们的视野中逐渐淡去，新一期楼市价格已不可避免地成为大众难以消受的串串数字。于是，各地开始陆续出台政策以调控“一月千里”的房价。房产税担负着这样的使命空降房地产市场，它似乎想成为一支“强心剂”，但却收效甚微。2011

年春节前，“国八条”的出台似乎让楼市调控犹有期待，根据它的规定，尚未采取住房限购措施的直辖市、计划单列市、省会城市和房价过高、上涨过快的城市，要在2月中旬之前出台住房限购实施细则。2月1日，上海公布了9条房地产市场调控措施。时隔一个月，北京出台了被称为“史上力度最强的”楼市调控政策“京十五条”，从住房保障、税收征管、差别化信贷、供地、限购、官员约谈与问责、舆论引导等方面，对北京房地产市场做出了新的更为严厉的要求和规定。

（1）廉租房，是指政府以租金补贴或实物配租的方式，向符合城镇居民最低生活保障标准且住房困难的家庭提供社会保障性质的住房。我国的廉租房只租不售，出租给城镇居民中最低收入者。

（2）经济适用房，是指已经列入国家计划，由城市政府组织房地产开发企业或者集资建房单位建造，以微利价向城镇中低收入家庭出售的住房。

经济适用房是具有社会保障性质的商品住宅，具有经济性和适用性的特点。经济性，是指住房的价格相对同期市场价格来说是适中的，适合中等及低收入家庭的负担能力。适用性，是指在房屋的建筑标准上不能削减和降低，要达到一定的使用效果。和其他许多国家一样，经济适用房是国家为低收入人群解决住房问题所做出的政策性安排。

（3）限价房，又称限房价、限地价的“两限”商品房。它是一种限价格、限套型（面积）的商品房，主要解决中低收入家庭的住房困难，是目前限制高房价的一种临时性举措，并不是经济适用房。限价商品房按照“以房价定地价”的思路，采用政府组织监管、市场化运作的模式。与一般商品房不同的是，限价房在土地挂牌出让时就已被限定房屋价格、建设标准和销售对象，政府对开发商的开发成本和合理利润进行测算后，设定土地出让的价格范围，从源头上对房价进行调控。

（4）住房公积金，是单位及其在职职工缴存的长期住房储金，是住房分配货币化、社会化和法制化的主要形式。住房公积金制度是国家法律规定的重要的住房社会保障制度，具有强制性、互助性、保障性。单位和职工个人必须依法履行缴存住房公积金的义务。职工个人缴存的住房公积金及单位为其缴存的住房公积金，实行专户存储，归职工个人所有。这里的单位包括国家机关、国有企业、城镇集体企业、外商投资企业、城镇私营企业及其他城镇企业、事业单位、民办非企业单位、社会团体。

（5）住房补贴，是国家为职工解决住房问题而给予的补贴资助，即将单位原有用于建房、购房的资金转化为住房补贴，分次（如按月）或一次性地发给职工，再由职工到住房市场上通过购买或租赁等方式解决自己的住房问题。2009年11月，国家对于享受住房补贴的个税问题做出如下规定：对职工因未享受国家福利分房政策，或虽已享受国家福利分房但未达规定面积标准的，单位按国家或地方政府规定的补贴标准，一次性或按月计入职工个人所在的住房公积金管理中心专用账户的住房补贴，暂不征收个人所得税。

11.2.2 教育福利

教育福利是指政府配置教育资源，提高国民素质方面的各种社会福利措施与手段。教育福利政策的宗旨在于维护和保障公民的受教育权利，促进教育公平进而深刻影响社会生活的

其他领域，推动社会协调全面发展。温家宝总理在 2007 年《政府工作报告》中曾强调指出："教育是国家发展的基石，教育公平是重要的社会公平。"

1．教育福利的特征

（1）保障受教育权利，促进教育公平。教育公平是教育福利政策的合法性基础，教育福利政策是促进教育公平的重要手段。教育公平包括入学机会公平、受教育过程公平和教育结果公平三个层面。与此相对应需确立三项基本原则：机会均等原则，即不论种族、肤色、性别、语言、宗教、政治或其他观点、民族或社会出身、经济条件或家庭背景，所有人均有相同的机会升入教育系统某个特定学习阶段；过程公正原则，即学习者在大致相当的环境和条件下接受教育，并且基于公正的规则要求开展竞争；结果补偿原则，即对处于相对弱势的受教育群体予以必要的支持，保障其平等参与学习和竞争，共享教育发展成果。诚如罗尔斯主张的，"为了平等对待所有人，提供真正同等机会，社会必须更多注意那些天赋较低和出生于较不利的社会地位的人们"。

（2）提高个人收入水平，促进国民经济增长。推动经济长期增长最主要的动力来自知识（人力资本），这些知识一方面可以转化为新技术和新产品，直接推动经济增长；另一方面会通过溢出效应增加社会的知识总量，长期推动经济增长。随着我国劳动力市场化程度的提高，教育与人们的收入水平、生活水平之间的共变关系越来越密切。个人的受教育程度，将直接决定其工作机会的选择和工作报酬的水平。

（3）消除贫困，促进社会融合。美国社会学家与人类学家奥斯卡·刘易斯提出的"贫困文化"观念认为，长期生活于贫困之中的穷人，会逐渐脱离社会主流文化、不受主流文化的影响而形成一种自我保护机制，即特定的生活方式、行为规范、价值观念等。这一"贫困文化"的形成和存续，会对周围的人，特别是穷人的后代产生深远影响并且代际相传。"贫困文化"现象割裂了社会群体之间的融合，并极有可能造成彼此间的对立和冲突，与建设和谐文化的努力方向背道而驰。教育可以增加医疗卫生知识，改善配偶和家庭成员的健康状况，降低因病致贫的风险；教育可以降低生育率，减轻家庭抚养子女的负担，等等。刘易斯认为，"要消灭贫困，首先必须改造贫困文化……而要摆脱贫困文化的束缚，就应当增加他们及其后代与主流文化接触的机会及其被主流文化接纳的技能。而要做到这一点，关键在于教育，即促进教育机会的均等"。

2．教育福利的政策措施

（1）九年制义务教育。义务教育是根据法律规定，适龄儿童和青少年都必须接受，国家、社会、家庭必须予以保证的国民教育。其实质是国家依照法律的规定对适龄儿童和青少年实施的一定年限的强迫教育的制度。义务教育又称强迫教育和免费义务教育。义务教育具有强制性、免费性和普及性的特点。我国义务教育法规定的义务教育年限为九年，这一规定符合我国的国情。

（2）中等职业教育国家助学金和免学费。长期以来中国的教育是抓两头，一头是"九年义务教育"，完成最基本的教育任务，一头是"高等教育"，大学不断扩招，要提高国民的整体教育水平，这"两头"，国家都有完整的教育标准，包括考核办法。但初中毕业以后，有相当一部分孩子就不能上高中，而国家对这些孩子没有延伸教育了，15 岁、16 岁的未成年人，出去打工，年龄不够，正规的企业不敢要，孩子们能干什么去？

《财政部、国家发展改革委、教育部、人力资源社会保障部关于扩大中等职业学校免学费政策覆盖范围的通知》（财教［2010］345 号）中，扩大了原来只有农村家庭经济困难学生的免学费范围，并且对于中等职业教育，每个学生每年补助 1 500 元。

（3）国家助学金。为体现党和政府对普通本科高校、高等职业学校家庭经济困难学生的关怀，帮助他们顺利完成学业，根据《国务院关于建立、健全普通本科高校、高等职业学校和中等职业学校家庭经济困难学生资助政策体系的意见》（国发［2007］13 号）第五条明确规定：国家助学金主要资助家庭经济困难学生的生活费用开支。国家助学金的平均资助标准为每生每年 2 000 元，具体标准在每生每年 2 000～4 000 元范围内确定，可以分为 2～3 档。中央高校国家助学金分档及具体标准由财政部与有关部门确定，地方高校国家助学金分档及具体标准由各省（自治区、直辖市）确定。

另外，根据 2010 年 12 月 22 日温家宝总理召开国务院常务会议决定继续提高企业退休员基本养老保险，将未参保集体企业退休员纳入基本养老保险，扩大大中专学校家庭困难学生资助范围、提高资助标准。

为缓解价格上涨给大中专学校家庭经济困难学生基本生活带来的压力，国务院决定从 2010 年秋季学期起：将普通高等学校国家助学金平均资助标准从原来的年生均 2 000 元提高到 3 000 元，惠及 430 万名家庭经济困难学生，占在校生总数的 20%。

（4）助学贷款。国家助学贷款是党中央、国务院在社会主义市场经济条件下，利用金融手段完善我国普通高校资助政策体系，加大对普通高校贫困家庭学生资助力度所采取的一项重大措施。国家助学贷款是由政府主导、财政贴息、财政和高校共同给予银行一定风险补偿金，银行、教育行政部门与高校共同操作的专门帮助高校贫困家庭学生的银行贷款。借款学生不需要办理贷款担保或抵押，但需要承诺按期还款，并承担相关法律责任。借款学生通过学校向银行申请贷款，用于弥补在校学习期间学费、住宿费和生活费的不足，毕业后分期偿还。

11.2.3 文化福利

文化福利是政府为了让人民群众能提高文化修养，并享受文化带来的乐趣。

经过 30 年经济大发展，中国已经成为名副其实的经济大国和政治大国，唯独弱在文化大国。文化是自由精神的表现，没有自由精神的民族，难有大的文化气派与胸怀。2009 年 9 月 27 日，《文化产业振兴规划》公布，国家将文化列入战略决策规划，作为新一轮经济发展的投资目标，要举办各种活动或提供免费使用的文化设施。

11.2.4 卫生福利

卫生福利是指国家和社会以保障公民身体健康为目的所提供的以医疗和保健为内容的公共福利，它是政府实行的一项社会公益事业，是社会保障体系的重要组成部分。人人享有卫生保健，全民健康素质的提高，是全面建设小康社会及构建和谐社会的重要保障。

1．预防性卫生福利

卫生防疫主要是为食品卫生及预防疾病的机构而设立的一个名称。从新中国成立以来，中央政府一直坚持卫生防疫事业的建设，取得了很大的成绩，尤其是对各种传染病的控制和监测，并逐渐消灭了各种传染病的发展和流行。新中国成立之初，中央政府针对当时的形势，制定了“预防为主”的卫生工作方针，借鉴前苏联疾病控制的经验和模式，国内组建起中央卫生防疫大队，分赴全国各地疫区，以作战的思路和方式，开展消灭和控制传染病的工作。1954 年卫生部下发了《卫生防疫站暂行办法》，之后，国内各地陆续成立了卫生防疫站，从此全国形成了中央卫生部防疫司领导下的省、市、县三级卫生防疫机构。城市的地段医院、农村的乡镇卫生院的防保人员队伍构成防病的网络。防疫机构与医疗机构密切合作，共同担负起辖区内传染病、地方病、职业病、寄生虫病等各种病的预防、控制工作，使这些疾病的发病率、死亡率、致残率大大降低，有效地保护了人民群众的健康，促进了我国社会全面发展。

卫生防疫包含疾病预防控制、卫生监督检测、预防技术咨询与服务、基层防疫人员培训和卫生健康教育的业务技术指导，流行病防治、计划免疫、消杀灭、地慢病防治、结核病防治、性病防治、寄生虫病防治、食品卫生、环境卫生、劳动卫生、放射卫生、学校卫生、健康教育、卫生检验、预防医学等内容的统称。

2．治疗性卫生福利

治疗性卫生福利指政府投资，兴办医院等设施，提供相关的治疗的福利政策，包括医疗保险、工伤保险、生育保险等，此处不再赘述。

11.3　其他福利

其他福利如图 11-3 所示。

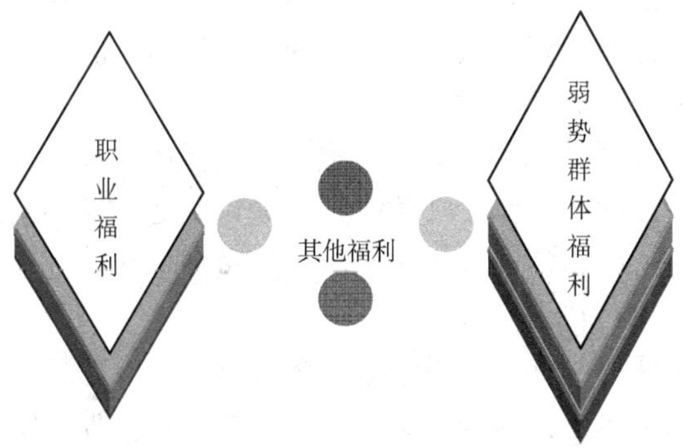

图 11-3　其他福利

11.3.1　职业福利

职业福利是指企业单位在工资和社会保险之外，以职工为对象提供的各种福利设施和福利项目的总称，它是工资以外的津贴、设施和服务的社会福利项目。职业福利按其“社会化”程度可以划分为两个层次：一个层次是国家通过一定的法律手段和途径在某些行业和企业中普遍实行的制度，如职工探亲假制度、与职业关联的特殊津贴制度；另一层次是单位在完成国家所有税项任务前提下力所能及地自主地为职工提供的福利。

1. 职业福利的特征

（1）补偿性。员工福利是对劳动者为企业提供劳动的一种物质性补偿，也是员工工资收入的一种补充形式。

（2）均等性。企业内履行了劳动义务的员工，都可以平均地享受企业的各种福利。

（3）集体性。企业兴办各种集体福利事业，员工集体消费或共同使用共同物品等是员工福利的主体形式，也是员工福利的一个重要特征。

（4）差别性。各个企业单位的福利项目、水平和享受范围等存在很大的差别。

2. 职业福利的内容

（1）福利津贴。一般以现金形式提供，是职工工资以外的收入。

（2）福利设施。包括职工食堂、职工宿舍、托儿所、幼儿园、浴室、理发室、休息室等生活福利设施，以及文化室、俱乐部、职工图书馆、健身房、泳池、运动场、歌舞厅等文化、康乐设施和场所。

（3）福利服务。其内容相当广泛，包括与上述各项设施相关的各项服务，也包括诸如接送上下班、接送女职工子弟上学、提供健康检查等特别服务。

11.3.2　弱势群体福利

1. 老年人福利

老年人福利，是指国家和社会以安定老人生活，维护老人健康，充实老人精神文化生活为目的而提供的供养、医疗、康复、娱乐等方面的服务设施和服务。

老年社会福利的内容包括如下方面。

（1）满足生存与安全需要的福利。如住房福利，生活照顾福利，医疗护理福利。

（2）满足尊重与享受需要的福利。如建立适合老年生活和活动的配套设施；开展适合老年人的群众性文化、体育、娱乐活动，丰富老年人的精神生活；在参观、游览、乘坐公共交通工具等方面为老年人提供优待和照顾。

（3）满足发展需要的福利。如国家发展老年教育事业，办好各类老年学校，为老年人继续受教育提供方便；国家为老年人参与社会主义物质文明和精神文明建设创造条件，发挥老年人的专长和作用。

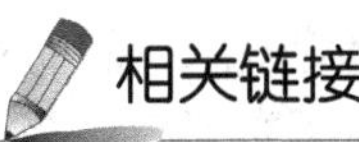
相关链接

崂山区社会福利中心：一对一陪失智老人过年

春节将至，崂山区社会福利中心特护部内，20 多位失智老人正置身在一片温馨氛围里：特护部里张灯结彩，一派喜气洋洋，老人们在跟社工们做互动游戏……

据中心工作人员介绍，目前阿兹海默症的患病率高达 27.7%，那种日复一日、年复一年的无法沟通与无望，让很多家属感到绝望。崂山区民政部门正式启动了失能和失智老人的专项养老护理研究项目，与锦云村养老产业公司合作，将社会福利中心空余床位以"特护部"的形式，交由该公司使用，锦云村负责对失能、失智老人进行具体的护理和研究，采取"一对一"的方式，为每位老人制订个性化护理方案，并与崂山区共享研究成果。

2016 年春节，是这些失智老人在特护部过的第一个春节。为此，20 多名工作人员放弃假期，都留在特护部陪老人过年。"一对一的照顾，时间长了，护工们跟老人有了很深的感情，就像对待自己的父母一样，过年也舍不得离开，怕自己放假回家了，别人照顾不好。"锦云村的负责人说。

工作人员介绍，为了让老人们感受到春节的气氛，工作人员精心准备了"春节联欢会"，希望老人们感受到浓浓的年味和家人的温暖。

（资料来源：钱卓，孙博. 青岛新闻网，2016-02-07）

2. 妇女儿童福利

妇女儿童福利是国家和社会为满足妇女、未成年人的特殊需要和维护其特殊利益而提供的照顾和福利服务，是社会福利项目之一。

（1）妇女福利，主要包括生育保护、劳动保护、专门的福利设施和服务。

1）生育保护。国际劳工大会通过的《生育保护公约（修订）》（第 103 号）、《生育保护建议书》（第 95 号）及《生育保护公约》（第 3 号），都对妇女生育照顾提出了政策框架，旨在确保妇女劳动者在产前和产后其本人及婴儿得到照顾。许多国家都立法对妇女生育提供保护，我国的生育保险制度则是社会保险制度的五大险种之一，较全面地对妇女劳动者提供了生育保护。

2）劳动保护。根据《宪法》《妇女权益保障法》《女职工禁忌劳动范围的规定》等法律、法规和政策，对女职工实行特殊劳动保护的规定主要如下。① 禁止安排女职工从事高劳动强度的劳动。《妇女权益保障法》规定：任何单位均应根据妇女的特点，依法保护妇女在工作和劳动时的安全和健康，不得安排不适合妇女从事的工作和劳动。根据《劳动法》和《女职工劳动保护规定》：禁止安排女职工从事矿山井下、国家规定的第四级体力劳动强度的劳动和其他禁忌从事的劳动。② 对妇女生理机能变化过程中的保护，一般是指女职工的经期、孕期、产期、哺乳期的保护。《劳动法》《妇女权益保障法》《女职工劳动保护规定》《女职工禁忌劳动范围的规定》对这些问题均做了规定。

3）专门的福利设施与服务。根据《女职工劳动保护规定》：女职工比较多的单位，应当按照国家有关规定，以自办或者联办的形式，逐步建立女职工卫生室、孕妇休息室、哺乳室、托儿所、幼儿园等设施，并妥善解决女职工在生理卫生、哺乳、照料婴儿方面的困难。在福利性设施与服务方面，国家和社会建设妇幼保健院、妇产医院，为妇女提供医疗保健服务，设立妇女活动中心、咨询中心，为妇女提供服务。许多国家和地区还专门设立妇女庇护所，为受虐待的妇女或遭遇特殊困难的妇女提供特殊救助。

（2）儿童福利，主要包括儿童健康、儿童教育和法律保护。

1）儿童健康。提高儿童基本医疗保障覆盖率和水平，在儿童进行免费疾病预防，为孤儿、贫困和大病儿童提供医疗救助。

2）儿童教育。推动落实国家中长期教育改革和发展规划纲要有关加强基础教育的内容，实行九年制义务教育。

3）法律保护。贯彻《未成年人保护法》，要求从立法、执法层面体现儿童优先原则，从实现儿童最大利益出发，完善和落实保护儿童的法律体系和工作机制，保护儿童人身权利和合法财产权益，完善儿童监护制度等。

3．残疾人福利

残疾人福利，是国家和社会在保障残疾人基本物质生活需要的基础上，为残疾人在生活、工作、教育、医疗和康复等方面提供的设施、条件和服务。

残疾人福利主要包括以下内容。

（1）多渠道、多层次、多形式开拓残疾人的就业门路，扩大就业范围，提供就业机会，保障残疾人的工作权利和自我实现的权利。

（2）大力发展残疾人特殊教育，提高残疾人的文化素质和自立能力。

（3）开展立法、宣传和教育，保障残疾人的合法权益和提供特殊保护，呼吁社会尊重、关心和帮助残疾人。

（4）兴办残疾人生活、工作、教育、文化娱乐活动的设施及器材的生产。

（5）在社会事业的各个领域尽可能地为残疾人提供方便条件。

课后练习

一、判断题

1．社会福利是为了缓和某些突出的社会矛盾，减少工业化进程中两极分化，促进社会公平和稳定。(　　)

2．社会福利体系从根本上说是社会自发行为，人民群众在社会福利制度建设上发挥主导作用。(　　)

3．廉租房是指政府以租金补贴或实物配租的方式，向符合城镇居民最低生活保障标准且住房困难的家庭提供社会保障性质的住房。(　　)

4. 优秀者接受教育是教育福利政策的合法性基础，教育福利政策是促进教育公平的重要手段。(　　)

5. 卫生福利是指国家和社会以保障公民身体健康为目的所提供的以医疗和保健为内容的公共福利，它是政府实行的一项社会公益事业，是社会保障体系的重要组成部分。人人享有卫生保健、全民健康素质的提高是全面建设小康社会及构建和谐社会的重要保障。(　　)

二、单项选择题

1. 住房本质上是消费品，但在市场运行中，又可以成为(　　)。

A. 奢侈品　　B. 投资品　　C. 必需品　　D. 炫耀品

2. 在(　　)有限的情况下，以产权所有方式购买的住房越多，面积越大，就意味着全社会为其付出的资源成本越高。

A. 资源　　B. 房源　　C. 收入　　D. 生活水平

3. (　　)是根据法律规定，适龄儿童和青少年都必须接受，国家、社会、家庭必须予以保证的国民教育。其实质是国家依照法律的规定对适龄儿童和青少年实施的一定年限的强迫教育的制度。

A. 小学教育　　B. 中学教育

C. 义务教育　　D. 适当教育

4. 文化福利是政府为了让人民群众能提高文化修养，并享受(　　)带来的乐趣。

A. 音乐作品　　B. 文娱作品

C. 娱乐　　D. 文化

5. 职业福利是指企业单位在工资和社会保险之外，以(　　)为对象而提供的各种福利设施和福利项目的总称，它是工资以外的津贴、设施和服务的社会福利项目。

A. 工会成员　　B. 企业基层员工

C. 职工　　D. 领导

三、多项选择题

1. 公共福利的内容包括(　　)。

A. 住房福利　　B. 教育福利

C. 文化福利　　D. 卫生福利

2. 住房福利的特征有(　　)。

A. 普遍性　　B. 消费需求优先

C. 存款购房优先　　D. 低收入者优先

E. 资源占用补偿

3. 教育福利的特征有(　　)。

A. 保障受教育权利，促进教育公平

B. 提高个人收入水平，促进国民经济增长

C. 消除贫困，促进社会融合

D. 全民接受高等教育

4. 儿童福利主要包括（　　）。

A. 儿童健康　　B. 儿童教育

C. 儿童娱乐　　D. 法律保护

5. 老年社会福利的内容包括（　　）。

A. 满足优待方面的福利　　B. 满足生存与安全需要的福利

C. 满足尊重与享受需要的福利　　D. 满足发展需要的福利

四、简答题

1. 简述社会福利的含义。
2. 简述社会福利的作用。
3. 简述妇女福利的内容。

案例分析

外嫁女能否享受村集体福利

2015年5月，某村经济社集体所有的土地被征用。2015年12月，该村经济社制订补偿款分配方案，发放每位村民5万元土地补偿款，“外嫁女”一次性赠送5 000元。2016年2月，村经济社制订第二次补偿款分配方案，每位村民分得承包金5 000元，“外嫁女”没有分配权利。

请分析：外嫁女能否享有村集体福利？

第12章

社会救助与补充保障

学习目标

1. 理解社会救助的概念；
2. 理解补充保障的概念；
3. 掌握社会救助的原则和特点；
4. 熟悉参加社会救助的内容。

学习导航

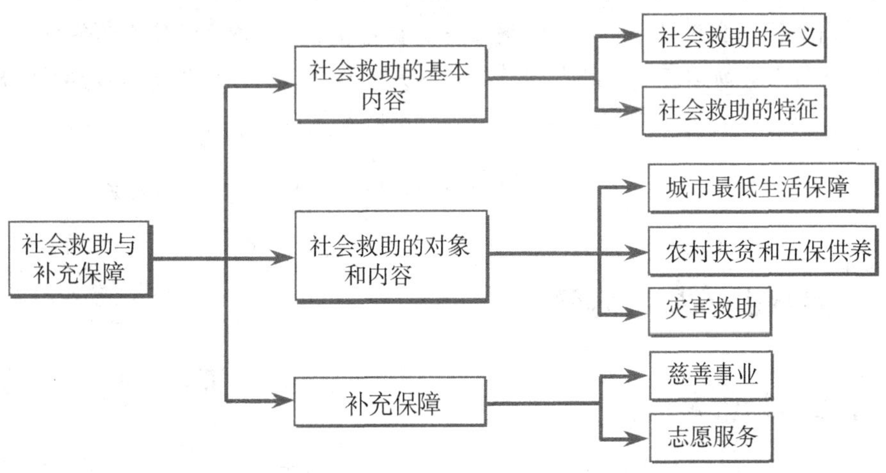

引导案例 12-1

社会救助补齐“基层民生”短板

近日，随着“两节”的临近，班玛县民政局全体干部职工奔波全县 9 个乡镇困难牧户，把一笔笔救助金和棉衣棉被等救助物品亲自送到五保户、低保户等困难群众手中，切实保障了困难群众的基本生活。

据悉，今年该县坚持“动态管理、应保尽保”的原则，为全县 1 260 户 2 920 名农村低保户发放全年低保金 513.512 万元，为 470 户 1 108 名城镇低保户发放 1 月至 10 月低保金 249.658 1 万元，为 676 名五保户发放全年五保供养金 208.208 万元。为 4 726 名城乡低保户、五保户代缴参合金 42.032 万元，为 274 名城乡低保户、五保户报销医疗费 62.8047 万元，为 4 704 名城乡低保户、五保户发放“两节”生活补贴 105.22 万元、一次性生活补贴 152.2 万元。为 235 名重度残疾人发放生活补贴 28.2 万元。为 137 名遗属发放 1 月至 10 月生活费 109.322 万元。为 105 名孤儿和 414 名困境儿童发放全年生活补贴 150.12 万元。为 985 名 70 岁以上高龄老人发放老龄生活补贴 87.552 万元。为 149 人次流浪乞讨人员发放救助金 5.96 万元。为 84 名因灾致贫户发放临时救助金 21.92 万元，救助大米 7 200 斤，面粉 9 750 斤、青稞 700 斤、色拉油 4 桶，椅 10 辆、帐篷 6 顶。为 2 名退役士兵发放义务兵家庭优待金 4 万元、退役士兵就业补偿金 8.9224 万元，为 5 名优抚对象发放抚恤金 7.913 2 万元、“两节”生活补贴 0.18 万元、一次性生活补贴 2 300 元，为 3 名优抚对象发放门诊补助 0.55 万元。

据了解，近年来，班玛县坚持民生至上服务理念，把保障困难群众基本生活作为民生工程的重点，按照全面建设小康社会、统筹城乡经济社会发展的要求，从实际出发，从解决困难群众最关心、最迫切的问题入手，认真落实社会救助各项政策法规，加大社会救助资金投入力度，不断提高社会救助保障水平，逐步建立和完善了以最低生活保障为基础，以养老、医疗、教育、住房、就业等专项救助为辅助，以其他救助救济和社会帮扶为补充的社会救助体系，有效保障和改善了社会最底层、最贫困群众的基本生活。

（资料来源：王剑辉，童世艳. 青海新闻网，2015-12-17）

12.1 社会救助的基本内容

12.1.1 社会救助的含义

社会救助是指国家和其他社会主体对于失去劳动能力或者其他低收入、遭受自然灾害公民给予物质帮助或精神救助，以维持其基本生活需求，保障其最低生活水平的各种措施。社会救助最根本的目的是扶贫济困、保障困难群体的最低生活需求。它对于调整资源配置、实现社会公平、维护社会稳定有非常重要的作用。

在实际操作中，通常的做法是：根据维持最起码的生活需求的标准设立一条最低生活保

障线，每个公民，当其收入水平低于最低生活保障线而生活发生困难时，都有权利得到国家和社会按照明文公布的法定程序和标准提供的现金和实物救助。社会救助可以根据不同出发点、不同依据和标准，从多角度做出不同的划分。依据救助的实际内容来划分，可分为生活救助、住房救助、医疗救助、教育救助、法律援助等；依据救助手段来划分，可分为资金救助、实物救助和服务救助等。以贫困持续时间的长短变化来划分，贫困可分为长期性贫困、暂时性贫困和周期性贫困，因此社会救助就可以分为针对长期性贫困的定期救助（如孤寡病残救助）、针对暂时性贫困的临时救济（如多数情况下的失业救助、自然灾害救助等）和针对周期性贫困的扶贫（如贫困户救助）。

12.1.2　社会救助的特征

在历史上，社会救助通过各种形式的慈善事业开展，表现为救济者的施舍和恩赐，使受惠者受到人格和尊严的损害。在现代社会中，享受社会救助是社会成员的一项基本权利，提供社会救助是国家和社会的应尽职责和义务，两者都通过法律制度加以确定和规范。社会救助已构成现代社会保障体系的基础性保障措施。

与其他的社会保障制度相比较，社会救助制度具有一定的特殊性，社会救助的特征如图 12-1 所示。

图 12-1　社会救助的特征

（1）义务的单向性。社会救助只强调国家和社会对社会成员的责任和义务；社会成员享受社会救助是他的权利，并不需要承担相应的义务。社会救助资金一般由政府财政拨付，社会成员不用缴纳任何费用。

（2）对象的限制性。即社会救助对象由法律加以规定，只有符合条件且真正陷入生活困境的社会成员才有资格享受救助。

（3）社会救助目标的低层次性。即社会救助的目标是应付灾害和克服贫困，而非改善或提高福利及生活质量，社会救助处于现代社会保障体系的最低或最基本层次。

（4）社会救助手段的多样性。社会救助既可采用实物救助也可采用现金救助；既有临时应急救助又有长期固定救助，既有官方救助又有民间救助，社会救助手段的多样性是使社会成员得到救助的关键。

12.2 社会救助的对象和内容

12.2.1 城市最低生活保障

1. 城市最低生活保障的对象

救助对象的界定主要有两个标准：一是户口标准，另一个是居住时限标准，目前我国采用的是户口标准。

1999 年 9 月颁布并于当年 10 月 1 日正式实施的《城市居民最低生活保障条例》第七条规定：申请享受城市居民最低生活保障待遇，由户主向户籍所在地的街道办事处或者镇人民政府提出书面申请，并出具有关证明材料，填写《城市居民最低生活保障待遇审批表》。城市居民最低生活保障待遇，由其所在地的街道办事处或者镇人民政府初审，并将有关材料和初审意见报送县级人民政府民政部门审批。

从实施救助的各城市来看，救助对象的界定标准一般都是规定只有城市的常住人口（以户口为依据）才能享有最低生活保障。兰州市、重庆市明文规定只有非农业户口的人才有申请资格。武汉市明确规定持蓝本户口和暂住户口的，以及有常住户口但长期在外地居住的人口不属于最低生活保障对象。只有武汉市的城市红本户口，包括中央或省在武汉企事业单位，才能享有最低生活保障。其他城市的界定也与此相同。上海市和天津市则将城乡居民都纳入保障范围之内，这与其经济发水平是一致的，但是就大多数城市而言，农村居民是被排除在外的，同时生活在城市的上千万民工，因不具备城市居民的资格，无论其居住时间长短，无论其贡献大小，都不可能得到他所服务的城市的保护。

下面以兰州市为例来说明。《兰州市城市居民最低生活保障实施细则》第六条规定，凡持有本市非农业户口的城市居民且长期共同生活的家庭成员，月人均收入低于户籍地城市低保标准的，均有权申请享受城市低保。第七条规定有下列情形之一者，不能享受城市低保待遇：① 月人均收入虽然低于低保标准，但实际生活水平明显高于当地城市低保标准的家庭；② 有劳动能力而不按要求进行求职登记，或虽进行登记，但无正当理由半年内两次不接受就业服务机构或街（镇）劳动保障事务所介绍就业的；③ 拥有并使用机动车（残疾人用于代步机动车除外）的家庭；④ 近三年内购买高档家用电器等非生活必需品、非拆迁原因购买商品房、高标准装修现有住房的家庭；⑤ 饲养高档宠物的，经常出入餐饮、娱乐场所消费的；⑥ 家庭成员有出国经商、打工、就学的家庭；⑦ 雇用他人从事经营活动的家庭；⑧ 有高价值收藏、购买有价证券或其他投资行为的；⑨ 放弃法定赡养费、抚养费、扶养费和转移个人所有资产的；⑩ 外地在兰州市就读的学生或外来务工人员；⑪ 非政策性农转非在当地落户不满五年，或落户后农村承包地尚未收回的居民；⑫ 参与吸（贩）毒、赌博、嫖娼、卖淫行为，经教育不思悔改的居民；⑬ 各类服刑、劳教期内人员；⑭ 参与打架斗殴、盗窃、损坏公共设施、扰乱社会治安等行为，受到公安机关拘留处罚的居民；⑮ 经当地政府认定的其他不符合城市低保条件的人员。

2. 城市最低生活保障的内容

（1）各地最低生活标准的制定。《城市居民最低生活保障条例》第六条规定：城市居民最低生活保障标准，按照当地维持城市居民基本生活所必需的衣、食、住费用，并适当考虑水、电、燃煤（燃气）费用及未成年人的义务教育费用确定。直辖市、设区的市的城市居民最低生活保障标准，由市人民政府民政部门会同财政、统计、物价等部门制定，报本级人民政府批准并公布执行；县（县级市）的城市居民最低生活保障标准，由县（县级市）人民政府民政部门会同财政、统计、物价等部门制定，报本级人民政府批准并报上一级人民政府备案后公布执行。

（2）区分不同情况享受不同待遇。《城市居民最低生活保障条例》第八条规定：县级人民政府民政部门经审查，对符合享受城市居民最低生活保障待遇条件的家庭，应当区分下列不同情况批准其享受城市居民最低生活保障待遇。

1）对无生活来源、无劳动能力又无法定赡养人、扶养人的城市居民，批准其按照当地城市居民最低生活保障标准全额享受。

2）对尚有一定收入的城市居民，批准其按照家庭人均收入低于当地城市居民最低生活保障标准的差额享受。

相关链接

如何更好地选择救助对象

1. 借助信息技术

从国际通行的经验看，最有效的手段是借助信息技术。通过社会救助管理部门和其他政府部门之间的资料共享，来稽查救助申请对象的收入。还可以采取上门调查、群众举报等。此外，要进一步加强群众监督的力度，向全社会公布低保欺瞒行为的举报电话，也可以在民政局的网站中设立举报网页，实现网上举报。

2. 设定领取救助金的期限

设定领取救助金的期限目的是防止隐性就业及其隐含的长期福利依赖趋势。对一些救助对象无限制地提供救助只能助长他们的懒惰，对有劳动能力的公民在享受国家福利的同时也要力争自食其力。目前五大城市中只有上海规定了领取救助的期限。当然，这种限制不适用于那些丧失劳动能力的低保对象。

3. 加强社会救助立法

用法律来对社会救助的实施和享受救助的人员进行约束。树立骗取、冒领救助款物属于侵占国家财产的违法行为的观念，倡导自强自立精神，建立规范救助领取行为的法律和道德机制。对救助对象虚报或隐瞒实情、伪造证明材料等追回其已经领取的救助款物，情节较轻者终身取消低保资格，情节较重者则追究刑事责任。

4. 充分利用社会舆论和媒体

对先进个人事迹进行宣传，对骗取、冒领救助款物的人进行曝光，在全社会形成以自立自强为荣的道德氛围。

12.2.2 农村扶贫和五保供养

1. 农村扶贫

改革开放以来，我国农村扶贫政策大体经历了如下五个阶段。

（1）体制改革推动式扶贫。始于 1978 年的农村经济体制改革，对于缓解农村贫困，减少农村贫困人口发挥了巨大的作用。农村经济体制改革极大地激发和调动了广大农民的生产积极性，农产品产量大幅度提高。农产品价格的提高和农业生产资料价格的下降，使农民收入迅速增加。此外，国家还采取措施使社会财富的分配逐步向农民倾斜。

（2）大规模开发式扶贫。20 世纪 80 年代中期，中央政府决定采取特殊政策和措施对自然条件较差、生态环境恶化、经济发展水平较低地区进行综合开发，以解决贫困地区人口的温饱问题，为贫困地区的全面发展创造条件。与此同时，我国专门性的扶贫开发领导机构“贫困地区经济开发领导小组”成立，从此，我国在全国农村范围内开始了有组织、有计划、大规模的扶贫开发。政府扶贫的指导方针改变了以往单纯救济的扶贫方式，向开发式扶贫转变，确立了开发式扶贫的指导方针。

（3）重点攻坚式扶贫。从 1991 年起针对生产、生活条件极为恶劣、脱贫致富难度较大的地方的农村贫困人口，进行集中帮扶行动。在这一期间，中央召开了第一次全国扶贫开发工作会议，对扶贫开发工作做出了全面部署，国务院颁布了《国家八七扶贫攻坚计划（1994—2000 年）》。这是我国历史上第一个有明确目标、对象、措施和期限的扶贫开发行动纲领。为落实扶贫攻坚计划，中央多次召开扶贫工作会议。经过努力，2001 年 5 月，中央扶贫开发工作会议宣布攻坚计划基本完成。

（4）参与式扶贫开发。进入 21 世纪，我国农村的扶贫开发面临着新的困难。解决少数贫困人口温饱问题，改善贫困地区的基本生产生活条件，成为迫切而又亟待解决的问题。为此，2001 年 5 月中央召开全国扶贫开发工作会议，总结了以往扶贫开发的成就和经验，部署了今后 10 年的扶贫开发工作。根据会议的精神，国务院颁布了《中国农村扶贫开发纲要（2001—2010 年）》。纲要注重发展科学技术、教育、文化和卫生事业，并且意识到疾病是使农户陷入贫困的一个主要因素，扶贫规划强调参与式扶贫、以村为单位进行综合开发。新纲要承认城乡间人口流动是扶贫的一个重要途径，并采取新的政策举措使农村居民更容易从城镇新出现的工作机会中获益。

（5）输血式扶贫向造血式扶贫转变。根据新时期扶贫开发新的形势和任务，围绕“减少贫困，增加收入，缩小差距，构建和谐”的扶贫开发总体目标，加大对定点扶贫地区的帮扶力度，提高帮扶成效，推动“输血式”扶贫向“造血式”扶贫转变；因地制宜和群众参与，增强定点帮扶工作的针对性和有效性；通过开展形式多样的政策宣传，引导贫困地区干部群众解放思想、更新观念、自力更生、勤劳致富；通过争取项目资金、信息提供等措施，变输血式扶贫为造血式扶贫，最终达到共同富裕的目标。

2. 五保供养

我国的五保供养制度形成于 20 世纪 50 年代中期，最早提出关于农村“五保”供养工作的法规性文件是 1956 年 1 月和 6 月发布的《一九五六年至一九六七年全国农业发展纲要》和《高级农业生产合作社示范章程》，文件规定“社内缺乏劳动力或完全缺乏劳动能力的老、弱、孤、寡、残疾社员，除了在生产上给以力能胜任的安排”外，还特别规定要“保证他们的吃、穿、住、医、葬”，是为五保的起源。

（1）五保供养的对象。2006 年 3 月 1 日起施行《农村五保供养工作条例》（中华人民共和国国务院令第 456 号）有如下规定。

“第六条　老年、残疾或者未满 16 周岁的村民，无劳动能力、无生活来源又无法定赡养、抚养、扶养义务人，或者其法定赡养、抚养、扶养义务人无赡养、抚养、扶养能力的，享受农村五保供养待遇。”

“第七条　享受农村五保供养待遇，应当由村民本人向村民委员会提出申请；因年幼或者智力残疾无法表达意愿的，由村民小组或者其他村民代为提出申请。经村民委员会民主评议，对符合本条例第六条规定条件的，在本村范围内公告；无重大异议的，由村民委员会将评议意见和有关材料报送乡、民族乡、镇人民政府审核。”

（2）五保供养的内容。《农村五保供养工作条例》第九条有如下规定。

农村五保供养包括下列供养内容。

1）供给粮油、副食品和生活用燃料。

2）供给服装、被褥等生活用品和零用钱。

3）提供符合基本居住条件的住房。

4）提供疾病治疗，对生活不能自理的居民给予照料。

5）妥善办理丧葬事宜。

农村五保供养对象未满 16 周岁或者已满 16 周岁仍在接受义务教育的，应当保障他们依法接受义务教育所需的费用。

农村五保供养对象的疾病治疗，应当与当地农村合作医疗和农村医疗救助制度相衔接。

相关链接

焦作市山阳区完善社会救助保障体系

现有低保对象 1 676 户 2 765 人，月发放保障金 604 736 元；临时救助 37 个家庭，发放救助金 11.1 万元……山阳区去年坚持做好社会救助工作，该区针对困难群众生产生活中的实际问题，先后建立城乡居民最低生活保障制度、临时救助制度、医疗救助和商业保险医疗救助制度，形成了较为完善的社会救助保障体系。

据了解，2014 年 4 月，该区按照辖区人口每人每年 1.5 元的标准，科学预算并筹集 41 万元临时救助资金，在全市率先建立了城乡困难群众临时救助制度，为社会救助体系“托底线”。

该区还建立资金投入自然增长机制和家庭收入核算机制，并于 2014 年 4 月对低保对象进行再次提标。通过此次提标复核，全区共有 1 125 户 1 872 名低保对象享受到提高标准的政策。

该区在实行医疗救助的基础上开展商业保险医疗救助。救助对象在一年内住院发生的符合规定的基本医疗费用，经城镇基本医疗保险或新型农村合作医疗、大额补充医疗保险（赔付）和民政部门按医疗救助政策给予医疗救助，并在个人承担 5%之后，剩余部分由商业保险经办机构全额赔付。

（资料来源：郭长秀，郭芸帆. 大河报，2015-01-29）

12.2.3 灾害救助

我国自然灾害多发、频发，是世界上受自然灾害影响最为严重的国家之一，几乎每年都发生多次重特大自然灾害。据民政部统计，近 20 年来，我国因遭受各类自然灾害每年平均死亡约 4 300 人，倒塌民房约 300 万间。特别是 2008 年汶川特大地震，死亡和失踪人数达 8.8 万余人。近 5 年来，中央每年安排自然灾害救助资金 50 多亿元，专门用于受灾群众紧急转移安置、因灾倒塌民房恢复重建、冬春救助及临时生活救助，平均每年救助 6 000 万～8 000 万人次。

2010 年 9 月 1 日起施行《自然灾害救助条例》（国务院令第 577 号）。自然灾害救助工作不仅涉及政府部门，而且需要社会各方面的支持和参与，为了进一步明确政府在自然灾害救助工作中的职责，更好地发挥村委会、居委会及红十字会、慈善会和公募基金会等社会组织在自然灾害救助工作中的作用，《自然灾害救助条例》规定：自然灾害救助工作实行各级人民政府行政领导负责制，国家减灾委员会负责组织、领导全国自然灾害救助工作，协调开展重大自然灾害救助活动，县级以上地方人民政府或者自然灾害救助应急综合协调机构，组织、协调本行政区域的自然灾害救助工作；县级以上人民政府民政部门负责自然灾害救助工作，县级以上人民政府有关部门按照各自职责做好自然灾害救助相关工作；村委会、居委会及红十字会、慈善会和公募基金会等社会组织依法协助政府开展自然灾害救助工作。

12.3 补充保障

补充保障是基本社会保障制度安排之外的，以非政府主导性、非强制性为特征的各种社会保障机制的统称。它与政府主导的基本社会保障制度一起，共同构成国民生活保障系统，主要包括慈善事业、志愿服务等。

12.3.1 慈善事业

慈善事业是一种有益于社会与人群的社会公益事业，是政府主导下的社会保障体系的一种必要的补充。它是在政府的倡导或帮助、扶持下，由民间的团体和个人自愿组织与开展活动的、对社会中遇到灾难或不幸的人，不求回报地实施救助的一种无私的支持与奉献的事业。慈善事业实质上也是一种社会再分配的实现形式。

社会分配可以分成三个层次：第一层次是以竞争为动力的分配，即根据能力大小决定收入多寡；第二层次是以公平为原则的分配，即通过社会保障、社会福利进行再分配；第三层次是以道德为动力的分配，即有钱人自愿把钱分给穷人，也就是慈善事业。可见，慈善事业是以社会成员的慈善心为其道德基础，以社会成员自愿捐献的款物为其经济基础。换言之，慈善事业是从慈爱和善意的道德层面出发，通过实际的自愿捐赠等行为和举动，对社会的物质财富进行第三次分配。

1．慈善事业的功能

慈善事业的功能如图 12-2 所示。

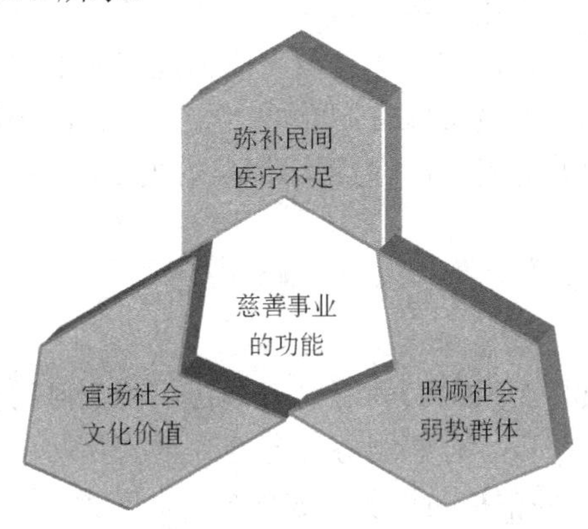

图 12-2　慈善事业的功能

（1）弥补民间医疗不足。医疗救济是中国慈善事业的一个重要组成部分，在维护和保障需要救助的人民大众的健康方面有着不可估量的作用。如中国红十字会等机构，类似于以上的医疗慈善机构在中国社会还有很多，它们让数以千计的贫苦大众得到了预防和医治疾病的机会。

（2）照顾社会弱势群体。由于社会财富分配的不均和贫富悬殊的拉大，尤其是产业结构的调整，社会上出现了一些新的弱势群体，如弃婴、孤儿、独居老人、重病患者、残疾人及各种自然灾害的受害者等。照顾弱势群体是慈善事业的重要使命。因而，对这些特殊群体的救助就成了中国传统慈善事业的任务之一。

（3）宣扬社会文化价值。在慈善救助的世代相承中，中国传统的社会文化价值得到了维护和宣扬。儒家思想作为中华民族两千多年来的正统思想，必然对中国的慈善事业产生影响，而中国慈善事业的发展又是对儒家思想的一种宣扬。纵观中国传统的慈善事业，儒家思想的烙印清晰可见。灾荒救济、医疗救济、恤幼养老一直都是中国慈善事业的重要组成部分，其间体现出的尊老爱幼、孝慈为怀、邻里相帮、济人危难、助人为乐等中华民族的优秀的道德品质，都是儒家仁爱思想的深刻反映。

2．慈善基金会

全国的慈善基金会有 2 000 余家，各自针对的募集基金和基金使用的救助对象也不同，主要的有宋庆龄基金会、中国残疾人福利基金会、中国青少年基金会等。

3．大型公益项目

慈善公益项目在国内开展的很多，针对的人群也不同，我们在这里仅列举部分。

（1）希望工程，是青少年基金会发起倡导并组织实施的一项社会公益事业，其宗旨是资助贫困地区失学儿童重返校园，建设希望小学，改善农村办学条件。希望工程的实施，改变了一大批失学儿童的命运，改善了贫困地区的办学条件，唤起了全社会的重教意识，促进了基础教育的发展；弘扬了扶贫济困、助人为乐的优良传统，推动了社会主义精神文明建设。

（2）春蕾计划，是一项旨在帮助因生活贫困而辍学或濒临辍学的女童重返校园接受学校教育的爱心工程。

（3）贫困母亲救助项目，是中华慈善总会发起的一项公益慈善活动，目的是救助那些需要帮助的贫困母亲，全面提高贫困妇女的素质，改善她们的生活环境和家庭条件。目前该项目主要扶助贫困地区的贫困母亲及特殊贫困女性，包括单亲贫困母亲和她们的子女就学扶助，另外，还救助部分由于家庭暴力所致的在押女性犯人的家属。

12.3.2 志愿服务

志愿服务是指志愿者贡献个人的时间及精力，在不计任何物质报酬的情况下，为改善社会，促进社会进步而提供的服务。志愿服务包含着深刻的互助精神，它提倡“互相帮助、助人自助”。进步精神是志愿服务精神的重要组成部分，志愿者通过参与志愿服务，使自己的能力得到提高，同时促进了社会的进步。

中国青年志愿者协会成立于 1994 年 12 月 5 日，是由志愿从事社会公益事业与社会保障事业的各界青年组成的全国性社会团体，是团中央指导下的，由依法成立的省、自治区、直辖市青年志愿者组织和全国性的专业、行业青年志愿者组织和个人自愿结成的全国性的非营利性社会组织，是全国青联团体会员、联合国国际志愿服务协调委员会（CCIVS）联席会员组织。协会通过组织和指导全国青年志愿服务活动，为社会提供志愿服务，推动社会主义精神文明建设，促进社会主义市场经济体制的建立和完善，提高青年的整体素质，为经济社会的协调发展和全面进步做出贡献。中国青年志愿者协会奉行“奉献、友爱、互助、进步”的准则，其标志如图 12-3 所示。

图 12-3　中国青年志愿者协会的标志

课后练习

一、判断题

1. 在现代社会中，享受社会救助是社会成员的一项基本权利，提供社会救助是国家和社会的应尽职责和义务，两者都是通过道德规范来加以控制的。(　　)

2. 从实施救助的各城市来看，救助对象的界定标准一般都是规定只要居住在当地城市，就享有最低生活保障。(　　)

3. 城市居民最低生活保障标准，按照当地维持城市居民基本生活所必需的衣、食、住费用，并适当考虑水、电、燃煤（燃气）费用及未成年人的义务教育费用确定。(　　)

4. 根据新时期扶贫开发新的形势和任务，围绕“减少贫困，增加收入，缩小差距，构建和谐”的扶贫开发总体目标，加大对定点扶贫地区的帮扶力度，提高帮扶成效，推动“输血式”扶贫向“造血式”扶贫转变。(　　)

5. 自然灾害救助工作实行各级人民政府行政领导负责制，国家减灾委员会负责组织、领导全国自然灾害救助工作，协调开展重大自然灾害救助活动，县级以上地方人民政府或者自然灾害救助应急综合协调机构，组织、协调本行政区域的自然灾害救助工作。(　　)

二、单项选择题

1. 社会救助只强调（　　）对社会成员的责任和义务；社会成员享受社会救助是他的权利，并不需要承担相应的义务。

A. 国家和社会　　　B. 政府和居委会

C. 慈善家　　　D. 慈善团体

2. 城市居民最低生活保障待遇，由其所在地的街道办事处或者镇人民政府初审，并将有关材料和初审意见报送县级人民政府（　　）审批。

A. 行政部门　　　B. 民政部门

C. 慈善部门　　　D. 人力资源和社会保障部门

3. 老年、残疾或者未满（　　）周岁的村民，无劳动能力、无生活来源又无法定赡养、抚养、扶养义务人，或者其法定赡养、抚养、扶养义务人无赡养、抚养、扶养能力的，享受农村五保供养待遇。

A. 14　　　B. 15

C. 16　　　D. 17

4. 慈善事业是一种有益于社会与人群的社会公益事业，是政府主导下的社会保障体系的一种必要的补充。它是在政府的倡导或帮助、扶持下，由民间的团体和个人自愿组织与开展活动的，对社会中遇到灾难或不幸的人，不求回报地实施救助的一种无私的支持与奉献的事业。慈善事业实质上也是一种（　　）的实现形式。

A. 献爱心　　　B. 社会再分配

C. 志愿服务　　D. 个人心胸宽广

5. 希望工程是青少年基金会发起倡导并组织实施的一项社会公益事业，其宗旨是资助贫困地区失学儿童（　　），建设希望小学，改善农村办学条件。

A. 提高学习成绩　　B. 筹集生活费

C. 提供家庭帮助　　D. 重返校园

三、多项选择题

1. 与其他的社会保障制度相比较，社会救助制度具有一定的特殊性，社会救助的特征有（　　）。

A. 义务的单向性　　B. 对象的限制性

C. 社会救助目标的低层次性　　D. 社会救助手段的多样性

2. 社会救助的内容包括（　　）。

A. 城镇最低生活保障　　B. 农村扶贫和五保供养

C. 灾害救助　　D. 社会保险的强制参与

3. 我国的五保供养制度形成于20世纪50年代中期，最早提出关于农村“五保”供养工作的内容是（　　），是为五保的起源。

A. 吃　　B. 穿

C. 住　　D. 医

E. 葬

4. 慈善事业的功能包括（　　）。

A. 弥补民间医疗的不足　　B. 照顾社会弱势群体

C. 体现人们的爱心　　D. 宣扬社会文化价值

5. 中国青年志愿者协会成立于1994年12月5日，是由志愿从事社会公益事业与社会保障事业的各界青年组成的全国性社会团体，是团中央指导下的，由依法成立的省、自治区、直辖市青年志愿者组织，全国性的专业、行业青年志愿者组织和个人自愿结成的全国性的非营利性社会组织，协会奉行（　　）的准则。

A. 奉献　　B. 团结

C. 互助　　D. 友爱

E. 进步

四、简答题

1. 简述社会救助的含义。

2. 简述社会救助的特征。

3. 如何准确地鉴定救助对象？

案例分析

虚构事实骗取救助站救助的行为该如何认定

王某是某市郊区农民，36 岁，自 2013 年 3 月起先后窜至全国几大城市，常以遭抢劫无钱回家为借口，多次接受救助站救助，在救助站骗吃骗喝累计金额为 1 800 元，在救助站骗取车费、车票累计金额为 1 500 元，2015 年 12 月事发被抓。

对于王某骗取救助站救助的行为该如何认定的问题，有以下三种分歧意见。

第一种意见认为，王某的行为不构成犯罪，属于违反治安管理处罚的行为，可由公安机关对其实施治安管理处罚。理由是：无论是从王某骗吃骗喝的金额来看，还是从王某骗取车费或车票的金额来看，金额均不足 2 000 元，金额均达不到较大，达不到犯罪构成要件所要求的数额。

第二种意见认为，王某的行为构成招摇撞骗罪。理由为：王某在救助站骗吃骗喝的行为及骗取救助站车费、车票的行为均属于招摇撞骗、妨害社会管理秩序的行为。

第三种意见认为，王某的行为构成诈骗罪。理由为：王某主观上具有非法占有公私财物的故意，客观上又采用欺诈的手段骗取了国家的民政救助资金，侵犯了国家的合法财产所有权，且数额较大。

请分析：哪种意见合理合法？请在网上查阅资料并找出理由。

第13章

社会保障的办理程序

学习目标

1. 懂得社会保障的办理程序；
2. 熟悉参加社会保障需要提交的资料。

学习导航

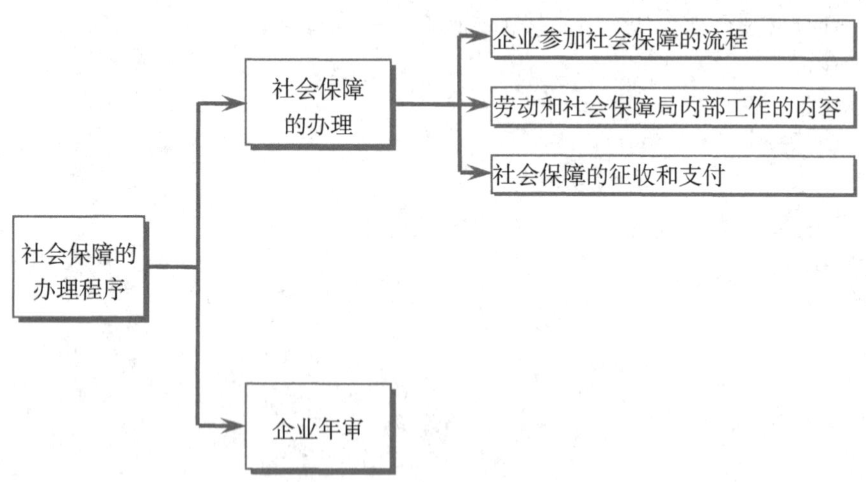

引导案例 13-1

社保卡实现全流程自助式经办

你的社会保障卡办理了吗？领到了吗？如果还没有，不要着急。记者近日从市人社局信息中心获悉，通过搭建社会保障卡网上申领中心、自助制领机和“社银通”平台，我市自 2016 年开始将实现社保卡从申请、制作、发放到挂失、补卡、查询、应用等全业务流程的自助式经办服务，市民在家足不出户就可申办社会保障卡。

我市自 2013 年开始发行社会保障卡以来，截至目前已发行 440 万张。社会保障卡功能特别是金融功能得到广泛的应用，获得广大群众的赞誉。但由于申请量大、经办窗口少、制卡周期长等条件限制，不少群众截至目前还没有领到社保卡。

“实现社会保障卡全业务流程的网上办、自助办，不但减轻了经办窗口压力，而且极大地方便了群众。”市人社局相关负责人介绍，传统的社保卡申领需要单位或个人到服务窗口排队采集信息申办社保卡，不但效率低下，而且申请人员无法知晓社保卡制卡进度，为此我市人社局在局门户网站专门开通社保卡网上采集平台（http://ycsbk.jsychrss.gov.cn/sbk），单位或个人通过手机号码和邮箱验证绑定单位或个人信息后，即可进入用户中心进行社保卡申办。采集平台在为单位和个人提供制卡申请和进度查询的同时，还为申办人员提供领卡网点和服务网点选择服务。

不仅在家就可申办社保卡，还可以自助制作社保卡。社会保障卡自助制领机是我市人社部门专门订制的社会保障卡自助设备，该设备通过与省社保卡系统对接、与合作银行互联互通，具有现场全天候自助制卡、领卡功能，解决了制卡周期长、找卡难、窗口排队时间长的难题（单台设备可存入不同银行的社保卡，实现多种类社保卡的自助制作和领卡）。除此之外，该设备还具备金融账户开户、社保账户绑定、信息采集变更、卡密码设置等自助服务。另外，社会保障卡自助制领机上还加载了现金模块，补、换卡人员可以直接缴纳现金或转账方式缴纳工本费。据悉，目前该设备已在我市东台等地投入使用。

社保卡丢失了怎么办？随时办！2016 年，参保人员还可通过全省统一的社保卡服务网和 12333 综合咨询服务热线，参保人员可以实时通过电话、网络进行社保卡挂失申请、制卡状态查询，同时我市还在基层经办机构部署了自助查询一体机，医疗账户查询、参保信息查询、社保信息查询、参保证明打印等都可直接在一体机上一键完成。

（资料来源：陈勇，周卫霞，小菁. 盐阜大众报讯，2016-01-27）

13.1　社会保障的办理

社会保障包括多方面的内容，本章所指的社会保障办理，是指由劳动和社会保障部门受理的五险的办理，即养老、工伤、医疗、失业、生育险的办理。

13.1.1 企业参加社会保障的流程

（1）保证公司是合法经营企业。

（2）到公司所在地的劳动和社会保障局备案，领取公司编号。

（3）新员工入职，与员工签订正式劳动合同。

（4）根据员工身份的不同（本地城镇、本地农村、外来城镇、外来农村等）准备好签合同所需要的资料，如就业证、失业证、就业指导手册等（需要的此资料各城市有差别）。

（5）带好以上资料及备案花名册、招用人员登记表、劳动合同等到劳动部门备案。

（6）社会保障备案。

注：(5)（6）两程序在有些城市是可以直接登录劳动局网站自行办理登记的。

（7）一般从次月开始，缴纳前一个月和扣费当月的保险。

（8）缴费成功后的下一个自然月，到社会保障处办理社会保障卡。

13.1.2 劳动和社会保障局内部工作的内容

由于各地社会保障机构办事流程与项目有小的差异，下面仅以广东省佛山市劳动和社会保障局为例来进行说明。

1. 机关、事业、企业单位的社会保险登记

申请单位提交依法成立的证照或批文、“组织机构代码证”、“地方税务登记证”填写“佛山市社会保险登记表”，并按初审、复核二级管理权限办理。

2. 建立和管理机关、事业、企业单位的社会保险档案

（1）建档。经登记环节复核通过的即建立单位的社会保障档案。

（2）变更登记。单位资料发生变更时，单位填写“佛山市社会保险变更、注销单位资料申请表”，并提供以下资料的原件及复印件：“社会保险登记证”、批准成立机构开出的变更证明和相关证照的原件和副本。之后按初审、复核二级管理权限办理。

（3）注销登记。经批准成立机构同意注销、吊销、解散、撤销等情形时，应办理注销社会保险登记，办理时需提供批准成立机构批准注销、吊销、解散、撤销的相关资料及“社会保险登记证”等资料。并按初审、复核、审核三级管理权限办理。

3. 测定参保单位缴纳社会保险费的比例

（1）根据各险种的收支情况计算出新的缴费比例。

（2）报同级人民政府批准后，按新的缴费比例征收社会保险费。

4. 参保单位和参保人的年度缴费工资的申报、核定

（1）每年的 4~6 月为新年度缴费工资申报期（具体时间以当地社会保障部门公布为准）。

（2）每年的 4~6 月参保单位携带“社会保险登记证”软盘到所属社会保障办公室，提取本单位参保人员资料回去填报参保人员上年 1～12 月月平均工资收入。填写完成后打印纸

质申报表。

（3）参保单位携带“社会保险登记证”软盘、纸质申报表到所属社会保障办公室，按初审、复核二级管理权限办理申报手续。

5．调整全市个人账户记账利率

在缴费年度结束后，对职工个人账户进行结算，包括当年缴费额、实际缴费月数、当年利息额、历年缴费累计结转本息储存额等。利息按每年公布的记账利率计算。

6．核查社会保险登记、申报缴纳社会保险费情况

（1）“社会保险登记证”每年验一次。验证时填写“佛山市社会保险登记证验证申请表”，并提供下列资料原件及复印件：“社会保险登记证”、批准成立相关证照、“地方税务登记证”、“组织机构代码证”、注册会计师事务所（审计师事务所）出具的单位上年度职工月平均工资收入明细表等。

（2）按初审、复核二级管理权限办理。

7．参保人养老保险关系和基金转移

（1）参保人申请将异地养老保险关系和基金关系转入本市的，须填写“佛山市养老保险关系转移申请表”，提供经组织、人事、劳动部门同意调入的调动证明、身份证、户口簿等原件及复印件。

（2）参保人申请把个人社会保险关系转出异地的，需填写“佛山市社会保险关系转移申请表”，提供异地社会保障机构接收函、《佛山市职工社会保险手册》、本人身份证原件及复印件。

（3）受理后，在 20 个工作日内按初审、复核、审批三级权限办理。

8．建立、变更、终结参保人的社会保险关系

（1）缴费单位为参保人办理参保的同时即建立个人档案。

（2）当参保人基本资料发生变更时，由缴费单位或参保人携带《佛山市社会保险手册》、个人档案、当地公安机关出具的证明和身份证、户口簿等资料的原件和复印件到所属社会保障办事处办理。

（3）受理后 40 个工作日内，按初审、复核、审批三级权限审理完毕。

9．审核参保人员享受养老保险的资格

含审查确认出生日期、参加工作时间、缴费年限、视同缴费年限、档案标准工资、用工形式、待遇标准、生存验证等。

10．核查失业保险基金的征缴情况

受理资料→审核→处理。

11．核查失业保险基金的支付情况

受理资料→审核→处理。

12．医疗保险定点医疗机构、定点药店的确定，协议的签订和考核

进行医疗保险定点医疗机构、定点药店的确定，协议的签订和考核操作。

13．参保人员转院和异地治疗

申请转院→审核申请资料→填写相关表格→审批。

14．城镇职工基本医疗保险智能卡的发放和管理

（1）在各业务科办理业务之前做新增减人员变动、生成新增人员数据，再将新增人员数据交给银行制卡。

（2）生成医疗个人账户的应发人数并汇总，生成医疗个人账户实发人数并打印汇总报表，报表核对无误后经主管局长签发后转交财务科。

15．确认工伤保险服务协议医疗机构

筛选→征求意见→签订协议→向社会公布。

16．确认工伤职工转院治疗

服务医疗机构提出→受理申请→审批。

17．核定因工死亡职工供养亲属享受抚恤金资格

受理申报资料→核定→次月发放待遇。

18．审查确认定期领取伤残津贴人员或供养亲属的资格

进行生存证明、就读证明审查。

19．调整工伤保险待遇

调整→复核→审核→发放。

20．工伤保险经办业务复查

受理资料→重核→重核决定。

13.1.3 社会保障的征收和支付

1．征收流程

社会保险费征收流程如图 13-1 所示。

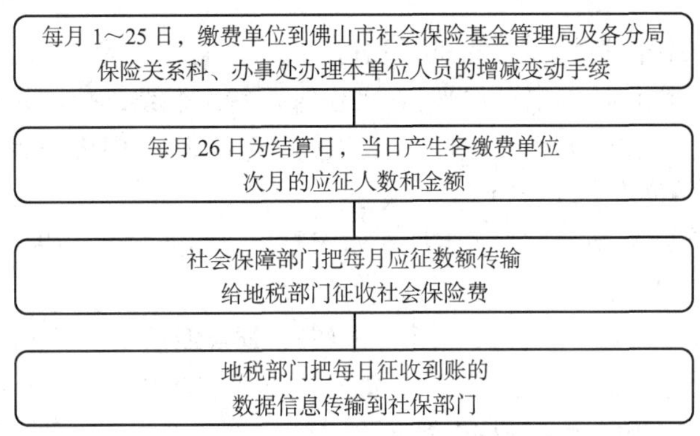

图 13-1　社会保险费征收流程

2. 社会保险基金管理局行政给付

（1）养老和失业保险。

1）申请领取养老保险待遇需要提供下列材料：户口本、个人档案、身份证、社会保障卡、银行存折。

2）申请领取失业保险待遇需要提供下列材料：① 原用人单位开具的《解除劳动关系通知书》原件及复印件；② 用人单位提供的投保明细；③ 本人身份证。

3）养老、失业保险待遇给付流程如图 13-2 所示。

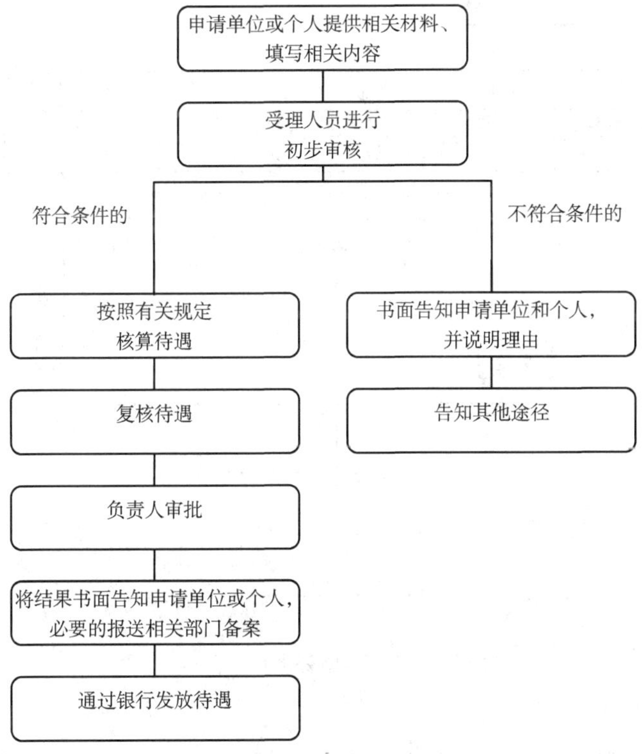

图 13-2　养老、失业保险待遇给付流程

（2）工伤保险。

1）申请领取工伤保险待遇需要提供下列材料。

① 报销医疗费：工伤认定书（原件）、工伤医疗费用发票；住院医疗费用汇总清单（加盖收费章）；出院小结、住院医嘱复印件（加盖医院核对章）；门诊病历卡及加盖收费章的门诊医疗费用清单；用人单位的开户银行、账号。

② 领取一次性伤残补助金、首次定期伤残津贴：劳动能力鉴定书（原件两份及复印件）、鉴定费发票；用人单位的开户银行、账号。

③ 首次领取遗属供养定期待遇：工伤认定书、遗属身份证、户口簿原件及复印件；孤寡、收入情况、劳动能力鉴定等相关证明；如一次性领取应提供用人单位开户银行、账号。

2）工伤保险待遇结付流程如图 13-3 所示。

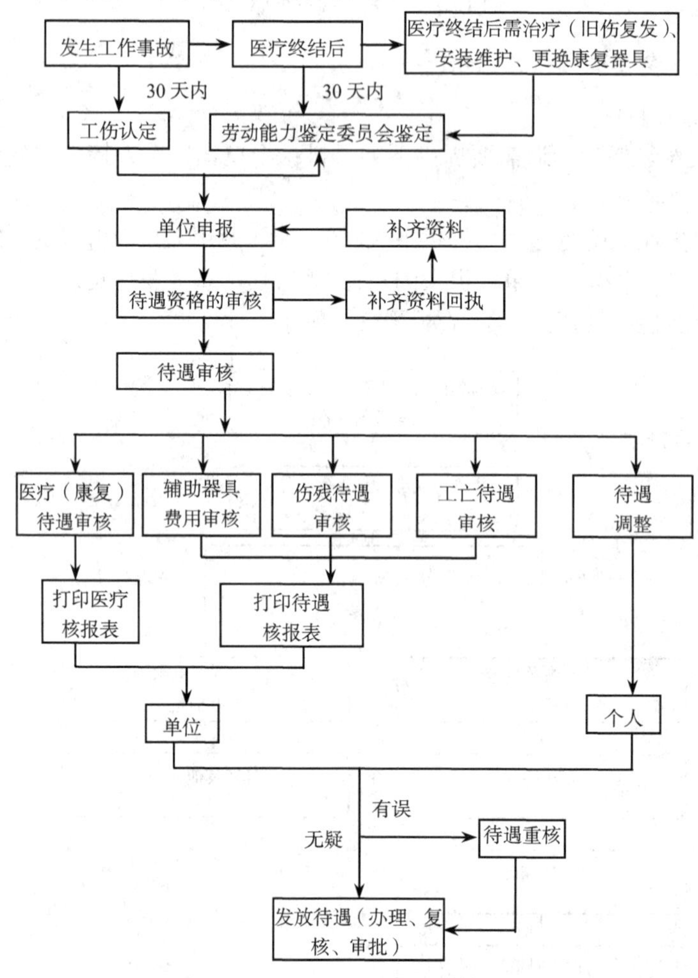

图 13-3 工伤保险待遇结付流程

（3）医疗保险。

1）申请领取医疗保险待遇需要提供下列材料：社保卡；住院医疗费用汇总清单（加盖

收费章）；出院小结、住院医嘱复印件（加盖医院核对章）；门诊病历卡及加盖收费章的门诊医疗费用清单；开户银行、账号；身份证。

2）医疗保险（住院、特门）核报流程如图 13-4 所示。

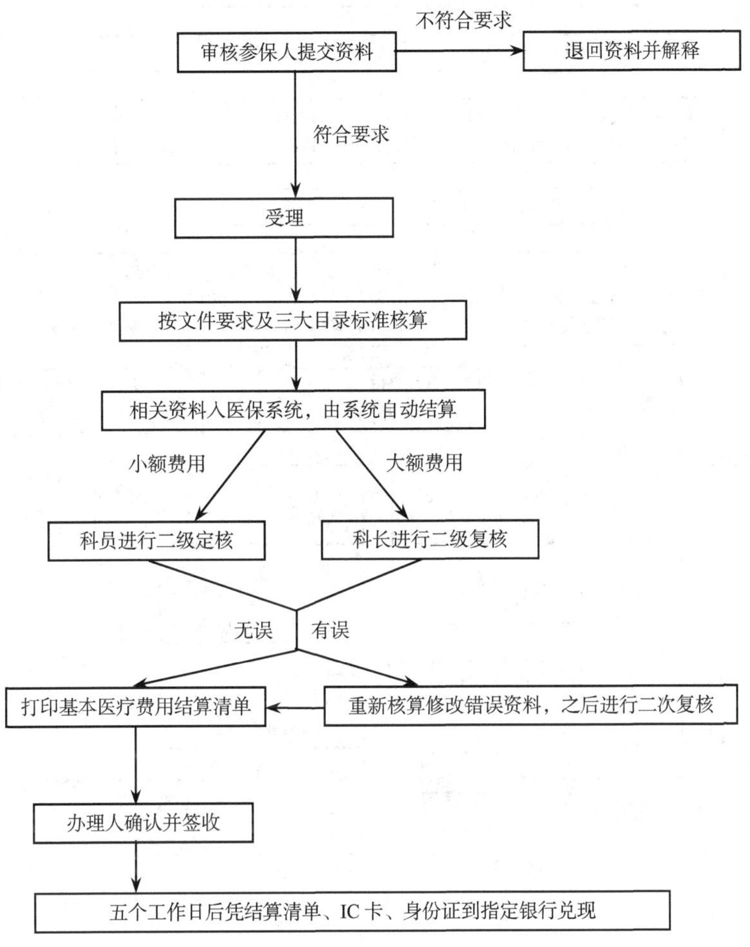

图 13-4　医疗保险（住院、特门）核报流程

3. 社会保险稽核流程

社会保险稽核的流程如图 13-5 所示。

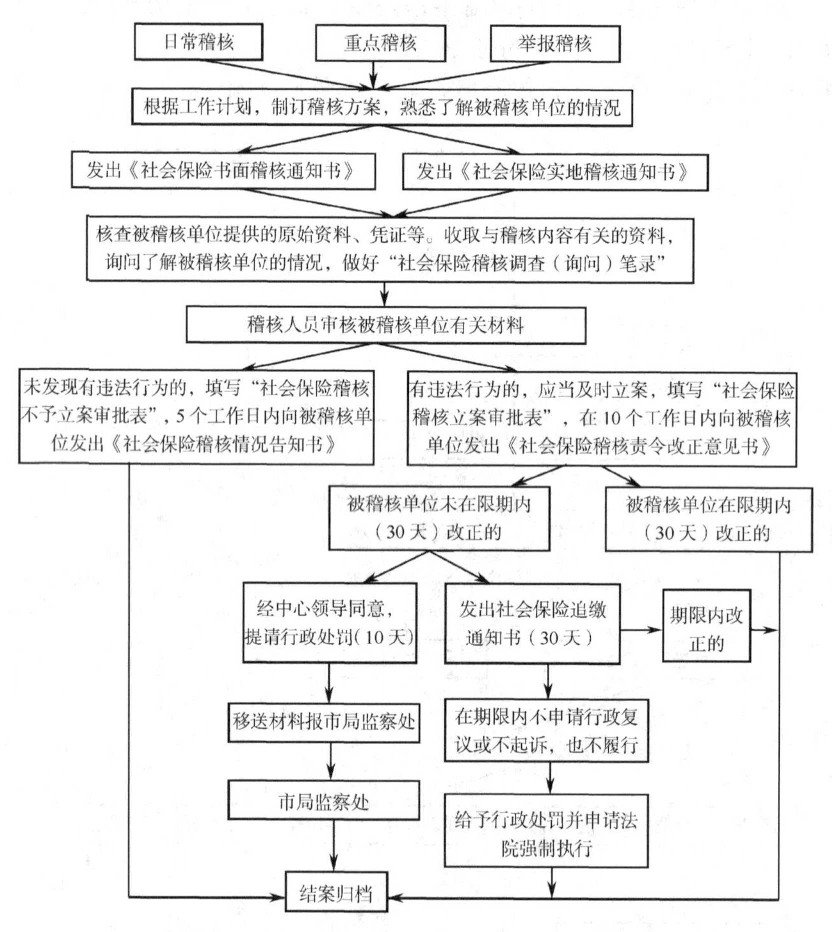

图 13-5　社会保险稽核的流程

相关链接

三项社保经办业务流程优化——参保缴费可就近办理

市社会保险基金管理中心对参保缴费人员的信息采集、参保缴费和待遇发放三项业务进行经办流程再造，让群众少跑路、好办事。

在优化信息采集流程方面，发挥社会保障卡信息记录功能，灵活就业人员在个人缴费窗口可以凭借社会保障卡实现个人信息的采集、对比和确认。在优化缴费流程方面，开通参保缴费快捷通道，全市各类灵活就业人员可就近选择区县社保分中心办理参保缴费，打破过去参保缴费必须到户籍所在地或档案存放地的限制。在优化待遇发放网络服务体系方面，新增渤海银行为全险种待遇社会化发放银行，全市协议银行达到 16 家，服务网点超百个。参保人员在银行服务网点可以领取养老金和工伤保险相关待遇，还可以即时申领社会保障卡。

（资料来源：张苗苗. 今晚报，2015-01-13）

13.2 企业年审

劳动保障年审制度，是劳动保障行政部门依法按年度对用人单位遵守劳动保障法律、法规、规章情况进行监督、检查的一项措施。根据国家和省、市关于用人单位均要实行劳动保障年审和“社会保险登记证”年检的有关规定，各行政区域内的企业、民办非企业单位、私营企业、个体经济组织及行政机关、事业单位（含财政拨款）、社会团体等有招收工人的用人单位，均需进行劳动保障年审。

下面以广州市劳动保障年审为例，说明年审的程序和内容。

1．劳动保障年审和社会保险登记证年检送审分工

（1）在市社会保险基金中心参加社会保险的单位，到市劳动保障监察机构办理年审。

（2）在区、县级市社会保险基金中心参加社会保险的单位，到区、县级市劳动保障监察机构办理年审。

（3）尚未参保的用人单位，按现行劳动保障管理隶属关系办理年审。

（4）在本市参加失业、医疗保险的中央、部队、省属驻穗单位，需在本局进行“社会保险登记证”（副证）年检。

（5）新建用人单位，应自领取法人登记证之日起 30 日内，到市劳动保障监察机构办理劳动保障年审申报，核发劳动保障年审手册，并到社会保险经办机构办理参保登记手续，领取“社会保险登记证”。在年审期间领取的“社会保险登记证”无须再进行年检。

2．劳动保障年审和社会保险登记证年检地点及时间

（1）送审地点。

1）市劳动保障监察支队。

2）广州市劳动和社会保障局综合服务大厅。

（2）送审时间。按“社会保险登记证”编号尾数安排年审，编号尾数如下。

尾数为 2 的单位，于当年 2 月参加年审。

尾数为 3 和 0 的单位，于当年 3 月参加年审。

尾数为 4 和 1 的单位，于当年 4 月参加年审。

尾数为 5 和 8 的单位，于当年 5 月参加年审。

尾数为 6 和 9 的单位，于当年 6 月参加年审。

尾数为 7 的单位，于当年 7 月参加年审。

新参加年审的用人单位和尚未办理“社会保险登记证”的用人单位，于当年 2 月至 7 月期间办理。

3．办理劳动年审和社会保障登记证年检时应携带的资料

（1）提供给劳动保障部门留存的资料。

1）营业执照或行政机关、事业单位（财政拨款）、民办非企业单位登记证副本复印件。

2）“组织机构代码证”复印件。

3）有分支机构的单位还应填写“下属分支机构登记表”及分支机构参加社会保险的情况说明，并提供分支机构单位登记证副本复印件和“组织机构代码证”复印件。

4）有劳务协议的单位，提供与劳务公司签订的劳务协议复印件及劳务人员名册（加盖单位公章）。

（2）备检资料。

1）用人单位内部劳动保障规章制度。

2）按要求填写好的《劳动保障年审手册》及“社会保险登记证”。

3）劳动合同（30人以下全部带，30人以上的带30份）。

4）招用流动人员的加带“招用流动人员申报表”和《流动人员花名册》。

5）招用外籍及我国台、港、澳人员的加带“就业许可凭证”。

6）年审时上月的社会保险基金征收核定单；在异地或其他单位参加社会保险的职工须提供由当地社会保障机构出具的参保证明（聘用退休人员须提供退休证或身份证复印件）。

7）年审时上月职工的工资表。

8）办理综合计时的单位加带综合计算工时审批表。

9）残疾人就业年审手册。

10）职业介绍机构加带“劳动力中介许可证”、社会办学机构加带“社会力量办学许可证”。

（3）在本市参加失业、医疗保险的中央、部队、省属驻穗单位应携带以下资料。

1）营业执照或行政机关、事业单位（财政拨款）、民办非企业单位登记证副本复印件。

2）“组织机构代码证”复印件。

3）年审时上月的社会保险基金征收核定单，在异地或其他单位参加社会保险的职工须提供由当地社会保障机构出具的参保证明（聘用退休人员须提供退休证或身份证复印件）。

4）年审时上月职工的工资表。

4．年审的程序

（1）自查。用人单位根据劳动法律、法规、规章的规定和劳动保障年审的内容进行自查，对存在的问题先行整改。用人单位对执行劳动保障法律、法规中需要说明的问题必须提交书面说明。

（2）申报。用人单位劳动保障年审自查后，每年2月开始按规定时间，提交相关资料申报年审。

（3）审查。根据用人单位提供的材料，对其执行劳动保障法律、法规情况进行审核。必要时可以要求用人单位提供其他有关资料，或实地核查。申报的资料不符合要求的，所有资料退回。

（4）发证。年审合格的，发给“劳动保障年审登记证”。

5. 收费标准

按省物价局《关于收取劳动年审证照费问题的复函》规定，各用人单位在领取劳动保障年审手册和登记证前，应持我局开出的缴费通知到市工商银行营业点缴交年审证照费每户 50 元。

6. 用人单位内部劳动保障规章制度预审

（1）各用人单位在办理年审时，必须携带本单位制定的内部劳动保障规章制度。

（2）本局委托市就业训练中心、广州红海人力资源有限公司劳动保障法律咨询服务中心对内部规章进行预审（不收费）。

（3）用人单位内部劳动保障规章制度经预审合格的，由劳动监察机构盖章认可。不合格的，由委托预审单位提出意见退回修改。

（4）用人单位内部劳动保障规章预审不合格的，以自愿为原则，参加有偿的培训、委托修改、或委托以上两单位制定。

课后练习

一、判断题

1. 公司开业了，但也没有注册，为了保障员工利益，公司可以先到社会保障机构为员工预先办理社会保障卡。(　　)

2. 办理参保手续时，需要带好备案花名册、招用人员登记表、劳动合同等到劳动部门备案。(　　)

3. 劳动保障年审的时间是由企业自己根据实际情况决定的，只要一年去审一次就可以了。(　　)

二、单项选择题

1. 全国社会保障卡进行统一：(　　) 作为社会保障卡卡号，终身不变，跨地区转移就业社保接续障碍有望得到解决。

A. 家庭住址号　　B. 身份证号

C. 企业员工编号　　D. 银行账户号

2. 劳动保障年审程序是 (　　)。

A. 自查→申报→审查→发证　　B. 申报→审查→发证

C. 审查→发证　　D. 自查→审查→发证

三、多项选择题

1. 机关、事业、企业单位的社会保险登记：申请单位提交 (　　)，填写社会保险登记表。

A. 依法成立的证照或批文　　B. 组织机构代码证
C. 地方税务登记证　　D. 企业利润表
2. 审核参保人员享受养老保险资格的内容有（　　）。
A. 出生日期　　B. 参加工作时间
C. 缴费年限　　D. 视同缴费年限
E. 档案标准工资　　F. 用工形式
G. 待遇标准　　H. 生存验证
3. 申请领取失业保险待遇需要提供的材料有（　　）。
A. 原用人单位开具的《解除劳动关系通知书》原件及复印件
B. 用人单位提供的投保明细
C. 本人身份证
4. 申请领取工伤保险报销医疗费需要提供的材料有（　　）。
A. 工伤认定书（原件）、工伤医疗费用发票
B. 住院医疗费用汇总清单（加盖收费章）
C. 出院小结、住院医嘱复印件（加盖医院核对章）
D. 门诊病历卡及加盖收费章的门诊医疗费用清单
E. 用人单位的开户银行、账号

四、简答题

简述劳动保障年审制度的主要内容。

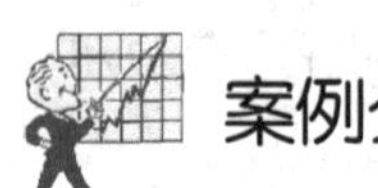

案例分析

请帮小王办社会保险转移

小王来电话咨询：我2014年在广东南海公司买了社会保险，2015年公司搬到湖南省长沙市，公司又给我办了长沙市的社会保险，但我不知道以前在广东的社会保险有没有给我们转过去，2015年9月我从公司辞职了，2016年2月我来到了深圳，公司又开始给我买社会保险，我可不可以把以前买的转过来？怎样转？

第 14 章

社会保障争议处理

学习目标

1. 理解社会保障法的概念；
2. 掌握社会保障法的特征；
3. 熟悉社会保障争议的仲裁；
4. 熟悉社会保障争议的诉讼。

学习导航

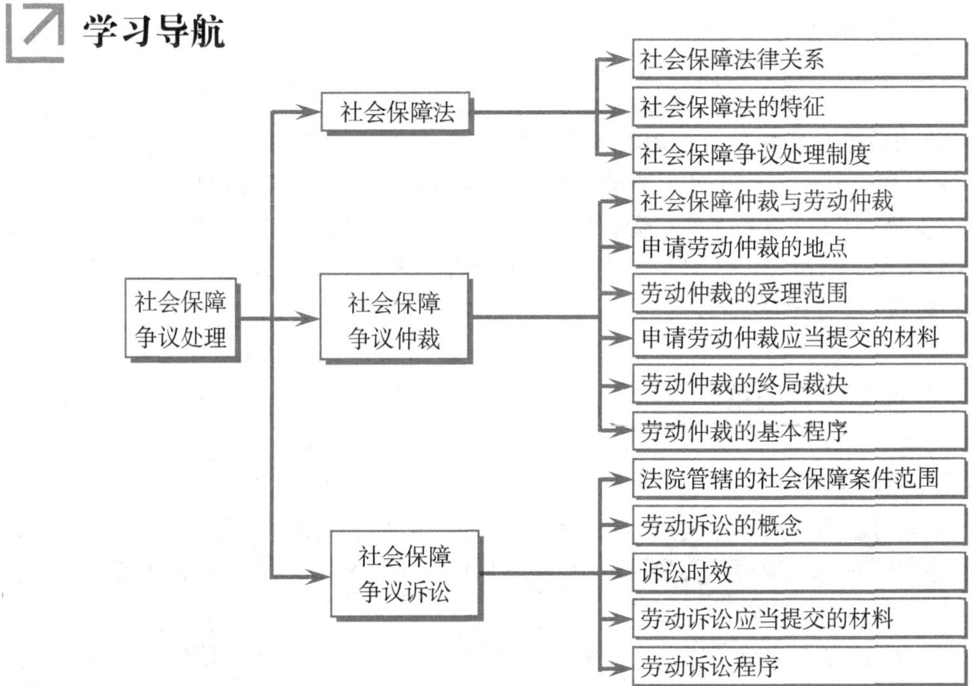

引导案例 14-1

做好劳动争议案件审理 构建和谐劳动关系

针对近年来尤其是 2015 年全市劳动争议案件快速上升的趋势，为切实做好此类案件的审理工作，构建和谐劳动关系，1 月 25 日，朝阳市中级人民法院邀请市总工会、市仲裁院召开全市法院劳动争议案件研讨会。市中级人民法院院长方宝国参加了研讨会。

近年来，随着社会经济的发展，企业用工量增加，而由于一些单位的用工制度不完善，经济增速趋缓形势下一些企业出现经营困难，用人单位与劳动者的劳动争议近年来呈现高发态势，劳动争议案件逐年上升，劳动争议引发的社会矛盾也在增加。此次研讨会上，全市各县（市）区法院就劳动争议案件增多的原因、呈现的特点、审理对策等方面都做了积极的发言、讨论，市总工会和市仲裁院相关负责人就切实维护好职工合法权益、如何做好仲裁工作同与会法官们进行了研讨，市中院对审理劳动争议案件中出现的疑难问题、相关法律适用及处理建议做出了指导性意见。方宝国在讲话中指出，要高度重视劳动争议案件审理工作；增强忧患意识、责任意识、大局意识，依法审理好劳动争议案件；加强审判工作创新，力求良好效果；充分发挥职能，依法保障全市经济社会发展。

（资料来源：潘媛媛. 朝阳日报，2016-01-28）

14.1 社会保障法

社会保障法是指调整关于社会保险和社会福利关系的法律规范的总称，包括《劳动合同法》《社会保险法》《工会法》《失业保险条例》《社会保险费征缴暂行条例》《妇女权益保障法》《残疾人权益保障法》等，也是保障社会成员基本生活需要和享受经济发展的各种法律规范的总称。我国目前社会保障制度还只能以提供公民基本需要作为目标，这也是同我国社会保障“低水平、广覆盖”的精神相适应的。

14.1.1 社会保障法律关系

1. 社会保障关系的划分

（1）政府与社会保障实施机构之间的关系。其间包括委托、管理和监督的关系，政府委托并管理社会保障实施机构对社会成员进行给付和帮助，而社会保障实施机构也要接受政府的监督。

（2）国家与社会成员之间的关系。主要是一种给付关系，明确国家的职责和义务及社会成员应享受的保障性权利。

（3）社会保障管理机构之间的关系。它是指社会保障职能机构由于职责划分的不同而形

成的分工协作关系。包括社会保障资金的筹集机构、管理机构、运营机构和发放机构，它们应各自有明确的分工，但又在职能上相互衔接，构成一个统一运作的整体。

（4）国家与用人单位之间的关系。国家与用人单位之间因社会保障费用的征收与缴纳而发生的关系。

这些关系并非是单独存在的，它们往往呈现出交错复杂的特点。除此之外，就广义而言，还有社会保障争议的仲裁与诉讼关系，一般来说，社会保障诉讼应采用行政诉讼的程序进行。

2. 社会保障关系解析

（1）社会保障关系具有人身关系和财产关系相结合的属性。社会保障包括社会保险、社会救助、社会福利及优抚安置等。除社会福利具有广泛性以外，社会保险、社会救助、优抚安置都是针对特定社会群体的，只有具备一定的主体身份才能享受这些保障项目。而社会保障的核心是给付，通过给付，使保障对象获得生活的必需品，因此，社会保障关系又是一种典型的财产关系。

（2）社会保障关系既不完全是平等主体间的关系，也不完全是体现国家权力的管理和服从关系。所以其中既有国家权力干预的关系，又有公民享受国家给付的权利的关系。通过社会保障权利与社会保障义务将国家、社会团体及全体社会成员联系在一起，形成一种社会连带责任关系。

（3）社会保障关系中的权利、义务具有非对等性。这种权利、义务的非对等性是指在社会保障关系中，既有无形履行了义务的法定权利，也有不享受任何权利的国家义务。具体体现在社会救济、社会优抚和社会福利法律关系中，享受社会保障权利的公民，不需要履行任何社会保障义务，养老保险和医疗保险则充分体现了权利、义务对等原则，但对失业保险来说，缴纳失业保险费是劳动者的法定义务，但并非所有缴费者都享受失业保险待遇。

14.1.2　社会保障法的特征

社会保障法的特征如图 14-1 所示。

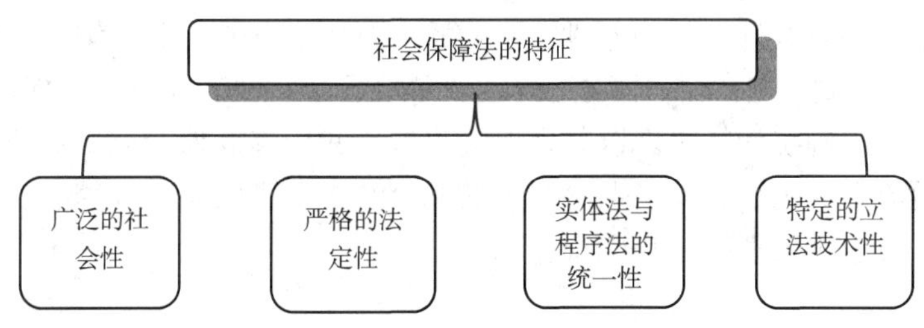

图 14-1　社会保障法的特征

1. 广泛的社会性

社会保障法是典型的社会法，因而社会性是社会保障法最主要的特征。其社会性表现在如下几个方面。

（1）目标的社会性。社会保障之设立即为社会利益，保障社会全体成员的生活安全，所以社会保障法的目标即在于通过保证社会成员的基本生活需要来达到社会稳定。

（2）享受权利主体的普遍性。社会保障的权利由全体社会成员享有，而且随着经济的发展，可以享受保障的成员数目及可以享受的社会保障项目会越来越多。

（3）社会保障责任和义务的社会化。社会保障要获得长久的生命力，需要整个社会的参与，社会保障通过立法，采取国家、用人单位和社会成员共同负担的原则，将责任和义务分散到整个社会，以资金来源的多渠道来保证社会保障的正常运转。

2．严格的法定性

社会保障法是社会法，有其自身的特点，它不同于私法的意思自治，也不同于公法的国家行使行政权力。它带有明显的国家干预法的特征，是国家为了保障公民的基本生活需要而强行规定的一系列准则，从社会保障项目的确立、社会保障资金的筹集和缴纳到社会保障的享受人群范围，以及社会保障金的发放都有明确的法律规定，任何单位和个人不能任意更改。

3．实体法与程序法的统一性

实体法和程序法是对法律功能的划分。规定社会关系参加者实体权利和义务的法是实体法；为保障实体法的实现，规定实体法的运用和实现手续的法是程序法。一般而言，实体法和程序法是一种互为依存的关系，有一定的实体法，就有与之对应的程序法，如民法与民事诉讼法、刑法与刑事诉讼法等。

但社会保障法则不然，其既有实体性法律规范，也有程序性法律规范，并非具单一特性的实体法或程序法。之所以如此，是因为社会保障法所调整关系的复杂性。社会保障法调整的是一个在社会保障领域中由各种社会关系、各个运行环节组成的系统，因而社会保障法就必须不仅有具体的权利、义务的规定，还要有维持程序正常运转的程序性规定。如社会救助性，就既有救助对象所享受的权利、义务的实体规定，又有救助对象资格认定及发放手续的程序性规定。

4．特定的立法技术性

社会保障的运营须以数理计算为基础，这使得社会保障法在立法上有较高的技术性。“大数法则”和“平均数法则”在社会保障立法中会经常用到。另外，还有一些保障项目在费率、范围等的确定上会常用到统计技术。以养老保险为例，我国养老保险立法中的关键技术，涉及退休后平均存活年数的确定、养老保险基金的社会统筹范围的确定、养老保险费率的确定等种种问题，都需要运用数理技术来确定。

14.1.3 社会保障争议处理制度

发生社会保障争议，处理程序有：协商→仲裁→诉讼（一审、二审）。

发生社会保障争议，当事人不愿协商、协商不成或者达成和解协议后不履行的，可以向调解组织申请调解；不愿调解、调解不成或者达成调解协议后不履行的，可以向劳动和人事争议仲裁委员会申请仲裁；对仲裁裁决不服的，除法律另有规定的外，可以向人民法

院提起诉讼。

我国目前的社会保障争议处理制度可以用“一调一裁两审”来概括，即发生社会保障争议后，当事人除先进行协商外，可以申请社会保障调解，调解不成，或者不愿意调解的，当事人可以向劳动和人事争议仲裁委员会申请仲裁；对仲裁裁决不服的，可以向人民法院提起诉讼，其诉讼程序按照民事诉讼法的规定，实行两审终审制。“一调一裁两审”的制度将仲裁作为诉讼的一个前置程序，不经仲裁，当事人不能直接向人民法院提起诉讼。社会保障争议处理流程如图 14-2 所示。

图 14-2　社会保障争议处理流程

14.2　社会保障争议仲裁

根据现行的规定，仅仅对于用人单位未给劳动者购买社保申请仲裁的，不属于劳动和人事争议仲裁委员会的受理范围。在用人单位不买社会保险，劳动者以此为由要求解除劳动关系，并且要求单位给予赔偿的情况下，劳动仲裁委才会受理。

在劳动者保持与单位的劳动关系的前提下，劳动者对于单位不购买社会保险的，可向劳动监察大队投诉，劳动监察大队应当受理并予查处。

14.2.1　社会保障仲裁与劳动仲裁

劳动争议包括劳动关系争议、工资和经济补偿争议、社会保障争议三部分，三者是密不可分的，而劳动关系成为其中的基本点，只要劳动关系成立，单位就要对员工承担相应的责任，所以社会保障仲裁是劳动仲裁的一部分，在本书接下来的部分，我们将按照实际上通行的做法，将其归类于劳动仲裁。

劳动仲裁是指由劳动和人事争议仲裁委员会对当事人申请仲裁的劳动争议居中裁判。按照《劳动争议调解仲裁法》规定，提起劳动仲裁的一方应在当事人知道或者应当知道其权利被侵害之日起计算一年内向劳动和人事争议仲裁委员会提出书面申请。除非当事人是因不可抗力或有其他正当理由，否则超过法律规定的申请仲裁时效的，仲裁委员会不予受理。劳动仲裁法律制度具有一定的优越性，包括如下几个方面。

1．快捷

快捷是指用仲裁的方法解决争议，程序简便，时间比较短。劳动争议需要快速处理，当事人一般都不愿意在争议处理上花费很长时间和很多精力，仲裁正好适应了这一要求。

2．专业性强

参加仲裁的仲裁员是来自劳动和法律方面的专家，具有处理劳动争议的丰富经验，有利于提高仲裁办案质量。但是，仲裁裁决书发生法律效力后，当事人不履行仲裁裁决的，仲裁机构不能强制执行，只能由当事人申请人民法院强制执行。

14.2.2 申请劳动仲裁的地点

劳动争议仲裁委员会按照统筹规划、合理布局和适应实际需要的原则设立。省、自治区人民政府可以决定在市、县设立；直辖市人民政府可以决定在区、县设立。直辖市、设区的市也可以设立一个或者若干个劳动争议仲裁委员会。劳动争议仲裁委员会不按行政区划层层设立。

《劳动争议调解仲裁法》第二十一条规定：劳动争议仲裁委员会负责管辖本区域内发生的劳动争议。劳动争议由劳动合同履行地或者用人单位所在地的劳动争议仲裁委员会管辖。双方当事人分别向劳动合同履行地和用人单位所在地的劳动争议仲裁委员会申请仲裁的，由劳动合同履行地的劳动争议仲裁委员会管辖。

14.2.3 劳动仲裁的受理范围

《劳动争议调解仲裁法》对劳动仲裁适用范围进行了如下规定：

（1）因确认劳动关系发生的争议。

（2）因订立、履行、变更、解除和终止劳动合同发生的争议。

（3）因除名、辞退和辞职、离职发生的争议。

（4）因工作时间、休息休假、社会保险、福利、培训及劳动保护发生的争议。

（5）因劳动报酬、工伤医疗费、经济补偿或者赔偿金等发生的争议。

（6）法律、法规规定的其他劳动争议。

（7）国家机关、事业组织、社会团体与其工勤人员及其他建立劳动关系的人员之间的争议符合所列上述情况的属劳动争议。实行企业化经营管理的事业组织与其员工之间的争议符合所列上述情况的，也属劳动争议。国家机关与其公务员之间、事业组织和社会团体与其正式在编员工之间发生争议属人事争议，不属于劳动争议，因而不属劳动仲裁诉讼的受案范围。

14.2.4　申请劳动仲裁应当提交的材料

（1）仲裁申请书。申请人应当按照规定如实准确填写仲裁申请书，仲裁申请书一式三份，其中两份由申请人本人或其委托代理人提交仲裁委，一份由申请人留存。

（2）身份证明。申请人是劳动者的，提交本人身份证明的原件及复印件；申请人是用人单位的，提交本单位营业执照副本及复印件、本单位法定代表人身份证明、委托代理人身份证明、授权委托书等。

（3）能够证明与被申请人之间存在劳动关系的有关材料，如劳动合同（聘用合同或协议）、解除或终止合同通知书、工资单（条）、社会保险缴费证明等材料及复印件。

（4）申请人在申请劳动仲裁时，仲裁委根据立案审查的需要，要求申请人提交能够证明被诉人身份的有关材料的，申请人应当提交。如被申请人是用人单位的，应当提交其工商注册登记相关情况的证明（包括单位名称、法定代表人、住所地、经营地等情况）；如被申请人是劳动者的，应当提交其本人户口所在地、现居住地地址、联系电话等。

14.2.5　劳动仲裁的终局裁决

（1）对于下列劳动争议，仲裁裁决为终局裁决，裁决书自做出之日起发生法律效力。

1）追索劳动报酬、工伤医疗费、经济补偿或者赔偿金，不超过当地月最低工资标准 12 个月金额的争议。

2）因执行国家的劳动标准在工作时间、休息休假、社会保险等方面发生的争议。

（2）劳动者对上述（1）所列的仲裁裁决不服的，可以自收到仲裁裁决书之日起 15 日内向人民法院提起诉讼。

（3）用人单位有证据证明对上述（1）所列的仲裁裁决有下列情形之一，可以自收到仲裁裁决书之日起 30 日内向劳动争议仲裁委员会所在地的中级人民法院申请撤销裁决。

1）适用法律、法规确有错误的。

2）劳动争议仲裁委员会无管辖权的。

3）违反法定程序的。

4）裁决所根据的证据是伪造的。

5）对方当事人隐瞒了足以影响公正裁决的证据的。

6）仲裁员在仲裁该案时有索贿受贿、徇私舞弊、枉法裁决行为的。

仲裁裁决被人民法院裁定撤销的，当事人可以自收到裁定书之日起 15 日内就该劳动争议事项向人民法院提起诉讼。

从上述（2）、（3）我们可以看出，终局裁决的规定对劳动者较为有利，终局裁决对于劳动者和企业的影响如图 14-3 所示。

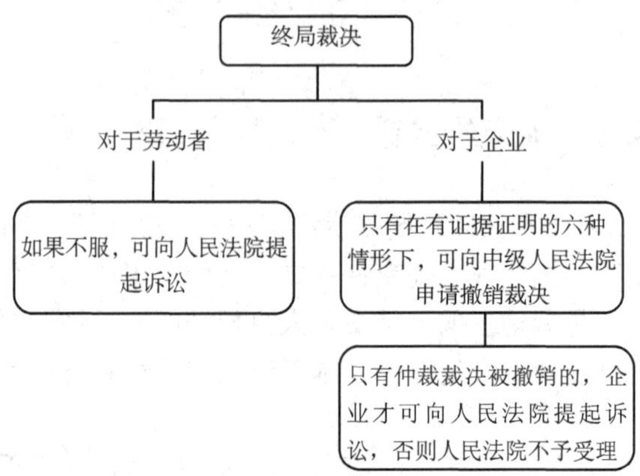

图 14-3　终局裁决对于劳动者和企业的影响

14.2.6　劳动仲裁的基本程序

（1）争议发生后一年内申请仲裁，递交仲裁申诉书。
（2）仲裁委员会收到申诉书之日起五日内做出是否受理的决定。
（3）仲裁庭开庭五日前书面通知双方当事人。
（4）开庭→明确请求→答辩→调查事实→举证质证→辩论→陈述。
（5）调解。
（6）调解不成，裁决。

14.3　社会保障争议诉讼

14.3.1　法院管辖的社会保障案件范围

法院并非对所有社会保障案件都予以受理，在2010年9月14日起施行的《最高人民法院关于审理劳动争议案件适用法律若干问题的解释（三）》规定如下：

"第一条　劳动者以用人单位未为其办理社会保险手续，且社会保险经办机构不能补办导致其无法享受社会保险待遇为由，要求用人单位赔偿损失而发生争议的，人民法院应予受理。"

在最高人民法院民一庭庭长杜万华就《关于审理劳动争议案件适用法律若干问题的解释（三）》答记者问进一步解释为：

"我们研究认为，用人单位、劳动者和社会保险机构就欠费等发生争议，是征收与缴纳之间的争议，属于行政管理的范畴，带有社会管理的性质，不是单一的劳动者与用人单位之间的社会保险争议。因此，对于那些已经由用人单位办理了社会保险手续，但因用人单位欠缴、拒缴社会保险费或者因缴费年限、缴费基数等发生的争议，应由社会保险管理部门解决

处理，不应纳入人民法院受案范围。对于因用人单位没有为劳动者办理社会保险手续，且社会保险经办机构不能补办导致劳动者不能享受社会保险待遇，要求用人单位赔偿损失的，则属于典型的社会保险争议，人民法院应依法受理。”

14.3.2　劳动诉讼的概念

为方便讲述，同社会保障仲裁一样，我们同样将社会保障诉讼归结于劳动诉讼中，但需注意法院对社会保障争议的受理范围。

劳动诉讼，指劳动争议当事人不服劳动和人事争议仲裁委员会的裁决，在规定的期限内向人民法院起诉，人民法院依照民事诉讼程序，依法对劳动争议案件进行审理的活动。此外，劳动争议的诉讼，还包括当事人一方不履行仲裁委员会已发生法律效力的裁决书或调解书，另一方当事人民法院强制执行的活动。劳动争议案件由用人单位所在地或者劳动合同履行地的基层人民法院管辖，劳动合同履行不明确的，由用人单位所在地的基层人民法院管辖。对公民提起的民事诉讼，由被告住所地人民法院管辖；被告住所地与经常居住地不一致的，由常居住地人民法院管辖。对法人或者其他组织提起的民事诉讼，由被告住所地人民法院管辖。

我国《劳动法》第七十九条规定：“劳动争议发生后，当事人可以向本单位劳动争议调解委员会申请调解；调解不成，当事人一方要求仲裁的，可以向劳动和人事争议仲裁委员会申请仲裁。当事人一方也可以直接向劳动和人事争议仲裁委员会申请仲裁。对仲裁裁决不服的，可以向人民法院提起诉讼。”

以上规定说明，仲裁程序是劳动争议案件的前置程序，未经仲裁，案件不能进入诉讼程序。

14.3.3　诉讼时效

我国《劳动法》第八十三条规定：“劳动争议当事人对仲裁裁决不服的，可以自收到仲裁裁决书之日起 15 日内向人民法院提起诉讼。一方当事人在法定期限内不起诉又不履行仲裁裁决的，另一方当事人可以申请人民法院强制执行。”

14.3.4　劳动诉讼应当提交的材料

1．一般举证范围

（1）劳动仲裁委员会的裁决书及送达日期。

（2）劳动关系的证明，如双方所签订的劳动合同，聘用、雇佣关系的证明，未签订劳动合同的应提供工作起止日期及相关证明或者当事人其他协议等证明材料。

（3）当事人是公民的应提供居民身份证明；是法人或者其他组织的，应提供营业执照、法定代表人身份证明或者负责人身份证明。

2. 因涉及企业开除、除名、辞退职工而引起的劳动争议的举证范围

（1）企业开除、除名、辞退职工的决定通知等。
（2）按企业内部规章制度处罚的，提供相应的规章制度。
（3）职工违章违法的有关证据材料等。
（4）职工的工资、奖金收入情况等。
（5）涉及培训费的，用工单位必须提供支付培训费的具体依据及必须服务期限等。

3. 追索劳动报酬的举证内容

提供劳动起止日期，所欠劳动报酬的具体数额等有关证据。

4. 劳动保险、劳动保护引起的劳动争议的举证范围

（1）企业缴纳养老保险金、住房公积金的有关证据等。
（2）职工的工资奖金情况。
（3）职工伤势鉴定及医疗费单据等。

14.3.5 劳动诉讼程序

1. 两审终审制

《民事诉讼法》第十条规定，人民法院审理民事案件，依照法律规定实行两审终审制度。所谓两审终审制度是指某一案件经过两级人民法院审判后即告终结的制度。对于第二审人民法院做出的终审判决、裁定，当事人等不得再提出上诉，人民检察院不得按照上诉审程序抗诉。

2. 劳动争议诉讼程序

劳动争议诉讼程序如图14-4所示。

图14-4　劳动争议诉讼程序

（1）拟好民事诉状，在民事诉状中写明请求事项，并以事实和理由简单说明请求事项的合法性和合理性。

（2）将拟好的民事诉状、仲裁书或劳动部门不受理通知书及其他证据，到有管辖权的人

民法院提交，以便于人民法院立案，立案时并垫交案件所需诉讼费用。

（3）案件立案后，根据法院通知，领取举证通知和开庭传票。

（4）在法院规定的举证期内，向法院提交本案所需的证据资料。

（5）在法院规定的开庭日期到庭参加庭审。

（6）等待法院下判并领取判决书。

（7）如对法院判决不服，在规定的上诉期内，向第一审法院的上一级人民法院提交民事上诉状，提起上诉。

（8）按第二审法院的要求提交新的证据资料。

（9）按第二审法院的要求参加第二审庭审。

（10）领取第二审判决。

（11）判决生效进入执行阶段。

（12）如果被执行人未自动履行，权利人向法院提交强制执行申请书申请强制执行。

（13）法院执行完毕。

（14）结案。

相关链接

社会保障争议的受理困惑

按照人民法院内部职能分工，劳动争议案件归属于民事案件，并按照民事诉讼程序审理和执行。我国《民事诉讼法》明文规定了民事案件的受理和起诉条件，只有属于人民法院主管并符合受理条件的劳动争议，才能进入民事诉讼程序。而对于社会保险争议案件的受理范围，我国的立法走了一条从无到有的路径。《民事诉讼法》对哪些案件属于劳动争议并未提及，最早调整劳动关系的成文法《劳动法》对此也没有做出具体规定；为了解决司法实践的这一困惑和难题，最高人民法院先后颁布了《关于审理劳动争议案件适用法律若干问题的解释》《关于审理劳动争议案件适用法律若干问题的解释（二）》，陆续对这一问题做出了列举式规定，试图通过司法解释来解决社会保险争议受案范围不一的问题。但是，囿于司法解释功能的局限性、填补审判缺漏的应时性和劳动关系的与时俱进性，对于劳动争议的范围，司法解释同样不可能做出翔实、具体的规定。2008 年 5 月 1 日起施行的《劳动争议调解仲裁法》第二条则规定，中华人民共和国境内的用人单位与劳动者发生的社会保险劳动争议，适用本法。至此，我国立法史上第一次对社会保险争议做出了规定。

尽管《劳动争议调解仲裁法》对社会保险争议的范围做了原则性和笼统性的规定，且为了防止立法难以适应不断发展的劳动关系变革步伐，在立法中还加了一条弹性条款，即法律、法规规定的其他劳动争议，为的是避免立法的时代局限。但是，实践中对于是否受理社会保险争议案件、应当受理哪些社会保险争议案件及如何审理社会保险争议案件的争执却一直没有停止。《劳动争议调解仲裁法》施行后，对于是否受理社会保险争议案件，各地法院做法不一，大致有如下三种。

第一种做法是凡是涉及社会保险争议的一律不予受理，主要理由是：我国《社会保险费征缴暂行条例》明确规定了征缴社会保险费用是社会保险管理部门的职责，且根据该条例的规定，用人单位必须为劳动者依法办理社会保险。故因社会保险费的缴纳属于行政法规规定的强制缴纳的范畴，用人单位如果不按规定为劳动者缴纳社会保险金，社保管理部门可依法强制征缴。由此可见，社会保险管理部门与缴费义务主体之间是一种管理与被管理的行政法律关系，因缴纳社会保险费引发的争议不宜列入人民法院民事案件的受案范围。

第二种做法是有选择地受理社会保险争议案件。主要理由是，虽然我国《社会保险费征缴暂行条例》规定社会保险管理部门征缴社会保险费用，但是，并非能够直接得出凡是涉及社会保险争议的所有案件都应由社会保险管理部门解决。譬如，用人单位没有办理社会保险手续给劳动者造成损失的，劳动者不仅可以请求社会保险管理部门解决，而且还可以通过诉讼的方式维护其合法权益。尤其是《劳动争议调解仲裁法》颁布实施之后，社会保险争议作为劳动争议已经在立法上明确，如果仍然坚持所有社会保险争议案件均一律不予受理，似乎有违法律规定之嫌。但是，这并非因此就能得出所有社会保险争议案件都可受理的结论。毕竟，法院在处理此类案件时，对于相关政策的掌握和适用毕竟不如社会保险管理部门专业，且即使法院做出裁决，但具体能否办理社会保险及具体缴纳社会保险费用的数额、类型等，均需要社会保险管理部门依据相关政策予以审核确认，这就很可能导致法院裁判不能实际得到执行。因此，对于涉及社会保险争议的案件，法院应当有所取、有所舍。

第三种做法是涉及社会保险争议的全部受理。主要理由是：人民法院承担着化解矛盾、解决争议的职能，劳动争议案件虽然特殊，但它毕竟仍然属于民事诉讼范畴，因此，劳动者与用人单位因社会保险发生争议起诉到人民法院，人民法院应予审理；尤其是《劳动争议调解仲裁法》明确将社会保险列为劳动争议后，人民法院更是责无旁贷，如果法院不予受理，则有违法之嫌。

目前，我国司法实践中对于社会保险争议的受案范围处理很不统一，尤其是在《劳动合同法》和《劳动争议调解仲裁法》颁布实施后，必须对这一问题加以厘清，以使各地在受理范围上做统一掌握。

（资料来源：王林清. 社会保险争议案件受理范围问题研究，2011-05-18）

课后练习

一、判断题

1. 社会保障关系中的权利、义务具有非对等性。这种权利、义务的非对等性是指在社会保障关系中，既有无形履行了义务的法定权利，也有不享受任何权利的国家义务。(　　)

2. 劳动争议仲裁委员会负责管辖本区域内发生的劳动争议。劳动争议由劳动合同履行地或者用人单位所在地的劳动争议仲裁委员会管辖。双方当事人分别向劳动合同履行地和用人单位所在地的劳动争议仲裁委员会申请仲裁的，由劳动合同履行地的劳动争议仲裁委员会

管辖。(　　)

3. 仲裁程序是劳动争议案件的前置程序，未经仲裁，案件不能进入诉讼程序。(　　)

4. 劳动者以用人单位未为其办理社会保险手续，且社会保险经办机构不能补办导致其无法享受社会保险待遇为由,要求用人单位赔偿损失而发生争议的,人民法院不予受理。(　　)

5. 劳动仲裁，指劳动争议当事人不服劳动和人事争议仲裁委员会的第一次裁决，在规定的期限内向人民法院起诉，人民法院依照民事诉讼程序，依法对劳动争议案件进行审理的活动。(　　)

二、单项选择题

1.《工伤保险条例》，将工伤认定范围从原来的上下班途中机动车事故伤害，调整扩大到（　　）的交通事故和城市轨道交通、客运轮渡和火车事故伤害，惠及了更多的职工群众。

A. 本人主要责任　　B. 非本人主要责任

C. 所有

2. 社会保障的核心是给付，通过给付，使保障对象获得生活的必需，因此，社会保障关系又是一种典型的（　　）关系。

A. 财产　　B. 互助

C. 救济　　D. 帮助

3. 在劳动者保持与单位的劳动关系的前提下，劳动者对于单位不购买社会保险的，可向（　　）投诉。

A. 人民法院　　B. 人民政府

C. 劳动监察大队　　D. 人力资源和社会保障局

4. 按照《劳动争议调解仲裁法》规定，提起劳动仲裁的一方应在当事人知道或者应当知道其权利被侵害之日起计算（　　）内向劳动和人事争议仲裁委员会提出书面申请。

A. 1 个月　　B. 2 个月

C. 6 个月　　D. 一年

5.《民事诉讼法》第十条规定，人民法院审理民事案件，依照法律规定实行（　　）终审制度。

A. 一审　　B. 二审

C. 三审　　D. 四审

三、多项选择题

1. 社会保障法的特征为（　　）。

A. 广泛的社会性　　B. 严格的法定性

C. 实体法与程序法的统一性　　D. 特定的立法技术性

2. 劳动仲裁法律制度具有一定的优越性，包括（　　）。

A. 节省费用　　B. 快捷

C. 专业性强　　D. 适用对劳动者有利的法规

3. 申请劳动仲裁应当提交的材料有（　　）。
A. 仲裁申请书
B. 身份证明
C. 能够证明与被申请人之间存在劳动关系的有关材料
D. 仲裁委根据立案审查的需要，要求申请人提交能够证明被诉人身份的有关材料
4. 仲裁开庭进行的步骤有（　　）。
A. 明确请求
B. 答辩
C. 调查事实
D. 举证质证
E. 辩论
F. 陈述
5. 社会保障法社会性表现在（　　）。
A. 全民享受
B. 目标的社会性
C. 享受权利主体的普遍性
D. 社会保障责任和义务的社会化

四、简答题

1. 简述社会保障法的含义。
2. 简述《社会保险法》中“社保基金先行支付”的含义。
3. 简述社会保障关系从不同的角度的划分。

案例分析

帮劳动者争取权益

2013 年 11 月至 2015 年 5 月，A 先生在某公司工作，公司在 2014 年 1 月通知员工到人事部签订劳动合同，员工签名后，人事部以合同需要公司盖章为由收走，但该合同一直没有发放到员工手中，并且公司没有为 A 先生办理社会保险。2015 年 7 月公司将 A 先生辞退，并且公司在辞退时要求 A 先生写辞职书，但遭到 A 先生的拒绝，A 先生现在有离职交接表复印件一份。现在 A 先生请同学作为代理，维护 A 先生的权益。

请准备资料并预演调解、仲裁、起诉、上诉过程。

附录

中华人民共和国社会保险法

第一章　总　　则

第一条　为了规范社会保险关系，维护公民参加社会保险和享受社会保险待遇的合法权益，使公民共享发展成果，促进社会和谐稳定，根据宪法，制定本法。

第二条　国家建立基本养老保险、基本医疗保险、工伤保险、失业保险、生育保险等社会保险制度，保障公民在年老、疾病、工伤、失业、生育等情况下依法从国家和社会获得物质帮助的权利。

第三条　社会保险制度坚持广覆盖、保基本、多层次、可持续的方针，社会保险水平应当与经济社会发展水平相适应。

第四条　中华人民共和国境内的用人单位和个人依法缴纳社会保险费，有权查询缴费记录、个人权益记录，要求社会保险经办机构提供社会保险咨询等相关服务。

个人依法享受社会保险待遇，有权监督本单位为其缴费情况。

第五条　县级以上人民政府将社会保险事业纳入国民经济和社会发展规划。

国家多渠道筹集社会保险资金。县级以上人民政府对社会保险事业给予必要的经费支持。

国家通过税收优惠政策支持社会保险事业。

第六条　国家对社会保险基金实行严格监管。

国务院和省、自治区、直辖市人民政府建立健全社会保险基金监督管理制度，保障社会保险基金安全、有效运行。

县级以上人民政府采取措施，鼓励和支持社会各方面参与社会保险基金的监督。

第七条　国务院社会保险行政部门负责全国的社会保险管理工作，国务院其他有关部门在各自的职责范围内负责有关的社会保险工作。

县级以上地方人民政府社会保险行政部门负责本行政区域的社会保险管理工作，县级以上地方人民政府其他有关部门在各自的职责范围内负责有关的社会保险工作。

第八条　社会保险经办机构提供社会保险服务，负责社会保险登记、个人权益记录、社会保险待遇支付等工作。

第九条　工会依法维护职工的合法权益，有权参与社会保险重大事项的研究，参加社会保险监督委员会，对与职工社会保险权益有关的事项进行监督。

第二章　基本养老保险

第十条　职工应当参加基本养老保险，由用人单位和职工共同缴纳基本养老保险费。

无雇工的个体工商户、未在用人单位参加基本养老保险的非全日制从业人员以及其他灵活就业人员可以参加基本养老保险，由个人缴纳基本养老保险费。

公务员和参照公务员法管理的工作人员养老保险的办法由国务院规定。

第十一条　基本养老保险实行社会统筹与个人账户相结合。

基本养老保险基金由用人单位和个人缴费以及政府补贴等组成。

第十二条　用人单位应当按照国家规定的本单位职工工资总额的比例缴纳基本养老保险费，记入基本养老保险统筹基金。

职工应当按照国家规定的本人工资的比例缴纳基本养老保险费，记入个人账户。

无雇工的个体工商户、未在用人单位参加基本养老保险的非全日制从业人员以及其他灵活就业人员参加基本养老保险的，应当按照国家规定缴纳基本养老保险费，分别记入基本养老保险统筹基金和个人账户。

第十三条　国有企业、事业单位职工参加基本养老保险前，视同缴费年限期间应当缴纳的基本养老保险费由政府承担。

基本养老保险基金出现支付不足时，政府给予补贴。

第十四条　个人账户不得提前支取，记账利率不得低于银行定期存款利率，免征利息税。个人死亡的，个人账户余额可以继承。

第十五条　基本养老金由统筹养老金和个人账户养老金组成。

基本养老金根据个人累计缴费年限、缴费工资、当地职工平均工资、个人账户金额、城镇人口平均预期寿命等因素确定。

第十六条　参加基本养老保险的个人，达到法定退休年龄时累计缴费满十五年的，按月领取基本养老金。

参加基本养老保险的个人，达到法定退休年龄时累计缴费不足十五年的，可以缴费至满十五年，按月领取基本养老金；也可以转入新型农村社会养老保险或者城镇居民社会养老保险，按照国务院规定享受相应的养老保险待遇。

第十七条　参加基本养老保险的个人，因病或者非因工死亡的，其遗属可以领取丧葬补助金和抚恤金；在未达到法定退休年龄时因病或者非因工致残完全丧失劳动能力的，可以领取病残津贴。所需资金从基本养老保险基金中支付。

第十八条　国家建立基本养老金正常调整机制。根据职工平均工资增长、物价上涨情况，适时提高基本养老保险待遇水平。

第十九条　个人跨统筹地区就业的，其基本养老保险关系随本人转移，缴费年限累计计算。个人达到法定退休年龄时，基本养老金分段计算、统一支付。具体办法由国务院规定。

第二十条　国家建立和完善新型农村社会养老保险制度。

新型农村社会养老保险实行个人缴费、集体补助和政府补贴相结合。

第二十一条　新型农村社会养老保险待遇由基础养老金和个人账户养老金组成。

参加新型农村社会养老保险的农村居民，符合国家规定条件的，按月领取新型农村社会养老保险待遇。

第二十二条　国家建立和完善城镇居民社会养老保险制度。

省、自治区、直辖市人民政府根据实际情况，可以将城镇居民社会养老保险和新型农村社会养老保险合并实施。

第三章　基本医疗保险

第二十三条　职工应当参加职工基本医疗保险，由用人单位和职工按照国家规定共同缴纳基本医疗保险费。

无雇工的个体工商户、未在用人单位参加职工基本医疗保险的非全日制从业人员以及其他灵活就业人员可以参加职工基本医疗保险，由个人按照国家规定缴纳基本医疗保险费。

第二十四条　国家建立和完善新型农村合作医疗制度。

新型农村合作医疗的管理办法，由国务院规定。

第二十五条　国家建立和完善城镇居民基本医疗保险制度。

城镇居民基本医疗保险实行个人缴费和政府补贴相结合。

享受最低生活保障的人、丧失劳动能力的残疾人、低收入家庭六十周岁以上的老年人和未成年人等所需个人缴费部分，由政府给予补贴。

第二十六条　职工基本医疗保险、新型农村合作医疗和城镇居民基本医疗保险的待遇标准按照国家规定执行。

第二十七条　参加职工基本医疗保险的个人，达到法定退休年龄时累计缴费达到国家规定年限的，退休后不再缴纳基本医疗保险费，按照国家规定享受基本医疗保险待遇；未达到国家规定年限的，可以缴费至国家规定年限。

第二十八条　符合基本医疗保险药品目录、诊疗项目、医疗服务设施标准以及急诊、抢救的医疗费用，按照国家规定从基本医疗保险基金中支付。

第二十九条　参保人员医疗费用中应当由基本医疗保险基金支付的部分，由社会保险经办机构与医疗机构、药品经营单位直接结算。

社会保险行政部门和卫生行政部门应当建立异地就医医疗费用结算制度，方便参保人员享受基本医疗保险待遇。

第三十条　下列医疗费用不纳入基本医疗保险基金支付范围：

（一）应当从工伤保险基金中支付的；

（二）应当由第三人负担的；

（三）应当由公共卫生负担的；

（四）在境外就医的。

医疗费用依法应当由第三人负担，第三人不支付或者无法确定第三人的，由基本医疗保险基金先行支付。基本医疗保险基金先行支付后，有权向第三人追偿。

第三十一条　社会保险经办机构根据管理服务的需要，可以与医疗机构、药品经营单位签订服务协议，规范医疗服务行为。

医疗机构应当为参保人员提供合理、必要的医疗服务。

第三十二条 个人跨统筹地区就业的，其基本医疗保险关系随本人转移，缴费年限累计计算。

第四章 工伤保险

第三十三条 职工应当参加工伤保险，由用人单位缴纳工伤保险费，职工不缴纳工伤保险费。

第三十四条 国家根据不同行业的工伤风险程度确定行业的差别费率，并根据使用工伤保险基金、工伤发生率等情况在每个行业内确定费率档次。行业差别费率和行业内费率档次由国务院社会保险行政部门制定，报国务院批准后公布施行。

社会保险经办机构根据用人单位使用工伤保险基金、工伤发生率和所属行业费率档次等情况，确定用人单位缴费费率。

第三十五条 用人单位应当按照本单位职工工资总额，根据社会保险经办机构确定的费率缴纳工伤保险费。

第三十六条 职工因工作原因受到事故伤害或者患职业病，且经工伤认定的，享受工伤保险待遇；其中，经劳动能力鉴定丧失劳动能力的，享受伤残待遇。

工伤认定和劳动能力鉴定应当简捷、方便。

第三十七条 职工因下列情形之一导致本人在工作中伤亡的，不认定为工伤：

（一）故意犯罪；

（二）醉酒或者吸毒；

（三）自残或者自杀；

（四）法律、行政法规规定的其他情形。

第三十八条 因工伤发生的下列费用，按照国家规定从工伤保险基金中支付：

（一）治疗工伤的医疗费用和康复费用；

（二）住院伙食补助费；

（三）到统筹地区以外就医的交通食宿费；

（四）安装配置伤残辅助器具所需费用；

（五）生活不能自理的，经劳动能力鉴定委员会确认的生活护理费；

（六）一次性伤残补助金和一至四级伤残职工按月领取的伤残津贴；

（七）终止或者解除劳动合同时，应当享受的一次性医疗补助金；

（八）因工死亡的，其遗属领取的丧葬补助金、供养亲属抚恤金和因工死亡补助金；

（九）劳动能力鉴定费。

第三十九条 因工伤发生的下列费用，按照国家规定由用人单位支付：

（一）治疗工伤期间的工资福利；

（二）五级、六级伤残职工按月领取的伤残津贴；

（三）终止或者解除劳动合同时，应当享受的一次性伤残就业补助金。

第四十条 工伤职工符合领取基本养老金条件的，停发伤残津贴，享受基本养老保险待遇。基本养老保险待遇低于伤残津贴的，从工伤保险基金中补足差额。

第四十一条　职工所在用人单位未依法缴纳工伤保险费，发生工伤事故的，由用人单位支付工伤保险待遇。用人单位不支付的，从工伤保险基金中先行支付。

从工伤保险基金中先行支付的工伤保险待遇应当由用人单位偿还。用人单位不偿还的，社会保险经办机构可以依照本法第六十三条的规定追偿。

第四十二条　由于第三人的原因造成工伤，第三人不支付工伤医疗费用或者无法确定第三人的，由工伤保险基金先行支付。工伤保险基金先行支付后，有权向第三人追偿。

第四十三条　工伤职工有下列情形之一的，停止享受工伤保险待遇：

（一）丧失享受待遇条件的；

（二）拒不接受劳动能力鉴定的；

（三）拒绝治疗的。

第五章　失业保险

第四十四条　职工应当参加失业保险，由用人单位和职工按照国家规定共同缴纳失业保险费。

第四十五条　失业人员符合下列条件的，从失业保险基金中领取失业保险金：

（一）失业前用人单位和本人已经缴纳失业保险费满一年的；

（二）非因本人意愿中断就业的；

（三）已经进行失业登记，并有求职要求的。

第四十六条　失业人员失业前用人单位和本人累计缴费满一年不足五年的，领取失业保险金的期限最长为十二个月；累计缴费满五年不足十年的，领取失业保险金的期限最长为十八个月；累计缴费十年以上的，领取失业保险金的期限最长为二十四个月。重新就业后，再次失业的，缴费时间重新计算，领取失业保险金的期限与前次失业应当领取而尚未领取的失业保险金的期限合并计算，最长不超过二十四个月。

第四十七条　失业保险金的标准，由省、自治区、直辖市人民政府确定，不得低于城市居民最低生活保障标准。

第四十八条　失业人员在领取失业保险金期间，参加职工基本医疗保险，享受基本医疗保险待遇。

失业人员应当缴纳的基本医疗保险费从失业保险基金中支付，个人不缴纳基本医疗保险费。

第四十九条　失业人员在领取失业保险金期间死亡的，参照当地对在职职工死亡的规定，向其遗属发给一次性丧葬补助金和抚恤金。所需资金从失业保险基金中支付。

个人死亡同时符合领取基本养老保险丧葬补助金、工伤保险丧葬补助金和失业保险丧葬补助金条件的，其遗属只能选择领取其中的一项。

第五十条　用人单位应当及时为失业人员出具终止或者解除劳动关系的证明，并将失业人员的名单自终止或者解除劳动关系之日起十五日内告知社会保险经办机构。

失业人员应当持本单位为其出具的终止或者解除劳动关系的证明，及时到指定的公共就业服务机构办理失业登记。

失业人员凭失业登记证明和个人身份证明，到社会保险经办机构办理领取失业保险金的手续。失业保险金领取期限自办理失业登记之日起计算。

第五十一条 失业人员在领取失业保险金期间有下列情形之一的，停止领取失业保险金，并同时停止享受其他失业保险待遇：

（一）重新就业的；

（二）应征服兵役的；

（三）移居境外的；

（四）享受基本养老保险待遇的；

（五）无正当理由，拒不接受当地人民政府指定部门或者机构介绍的适当工作或者提供的培训的。

第五十二条 职工跨统筹地区就业的，其失业保险关系随本人转移，缴费年限累计计算。

第六章 生育保险

第五十三条 职工应当参加生育保险，由用人单位按照国家规定缴纳生育保险费，职工不缴纳生育保险费。

第五十四条 用人单位已经缴纳生育保险费的，其职工享受生育保险待遇；职工未就业配偶按照国家规定享受生育医疗费用待遇。所需资金从生育保险基金中支付。

生育保险待遇包括生育医疗费用和生育津贴。

第五十五条 生育医疗费用包括下列各项：

（一）生育的医疗费用；

（二）计划生育的医疗费用；

（三）法律、法规规定的其他项目费用。

第五十六条 职工有下列情形之一的，可以按照国家规定享受生育津贴：

（一）女职工生育享受产假；

（二）享受计划生育手术休假；

（三）法律、法规规定的其他情形。

生育津贴按照职工所在用人单位上年度职工月平均工资计发。

第七章 社会保险费征缴

第五十七条 用人单位应当自成立之日起三十日内凭营业执照、登记证书或者单位印章，向当地社会保险经办机构申请办理社会保险登记。社会保险经办机构应当自收到申请之日起十五日内予以审核，发给社会保险登记证件。

用人单位的社会保险登记事项发生变更或者用人单位依法终止的，应当自变更或者终止之日起三十日内，到社会保险经办机构办理变更或者注销社会保险登记。

工商行政管理部门、民政部门和机构编制管理机关应当及时向社会保险经办机构通报用人单位的成立、终止情况，公安机关应当及时向社会保险经办机构通报个人的出生、死亡以及户口登记、迁移、注销等情况。

第五十八条 用人单位应当自用工之日起三十日内为其职工向社会保险经办机构申请办理社会保险登记。未办理社会保险登记的，由社会保险经办机构核定其应当缴纳的社会保险费。

自愿参加社会保险的无雇工的个体工商户、未在用人单位参加社会保险的非全日制从业人员以及其他灵活就业人员，应当向社会保险经办机构申请办理社会保险登记。

国家建立全国统一的个人社会保障号码。个人社会保障号码为公民身份号码。

第五十九条　县级以上人民政府加强社会保险费的征收工作。

社会保险费实行统一征收，实施步骤和具体办法由国务院规定。

第六十条　用人单位应当自行申报、按时足额缴纳社会保险费，非因不可抗力等法定事由不得缓缴、减免。职工应当缴纳的社会保险费由用人单位代扣代缴，用人单位应当按月将缴纳社会保险费的明细情况告知本人。

无雇工的个体工商户、未在用人单位参加社会保险的非全日制从业人员以及其他灵活就业人员，可以直接向社会保险费征收机构缴纳社会保险费。

第六十一条　社会保险费征收机构应当依法按时足额征收社会保险费，并将缴费情况定期告知用人单位和个人。

第六十二条　用人单位未按规定申报应当缴纳的社会保险费数额的，按照该单位上月缴费额的百分之一百一十确定应当缴纳数额；缴费单位补办申报手续后，由社会保险费征收机构按照规定结算。

第六十三条　用人单位未按时足额缴纳社会保险费的，由社会保险费征收机构责令其限期缴纳或者补足。

用人单位逾期仍未缴纳或者补足社会保险费的，社会保险费征收机构可以向银行和其他金融机构查询其存款账户；并可以申请县级以上有关行政部门做出划拨社会保险费的决定，书面通知其开户银行或者其他金融机构划拨社会保险费。用人单位账户余额少于应当缴纳的社会保险费的，社会保险费征收机构可以要求该用人单位提供担保，签订延期缴费协议。

用人单位未足额缴纳社会保险费且未提供担保的，社会保险费征收机构可以申请人民法院扣押、查封、拍卖其价值相当于应当缴纳社会保险费的财产，以拍卖所得抵缴社会保险费。

第八章　社会保险基金

第六十四条　社会保险基金包括基本养老保险基金、基本医疗保险基金、工伤保险基金、失业保险基金和生育保险基金。各项社会保险基金按照社会保险险种分别建账，分账核算，执行国家统一的会计制度。

社会保险基金专款专用，任何组织和个人不得侵占或者挪用。

基本养老保险基金逐步实行全国统筹，其他社会保险基金逐步实行省级统筹，具体时间、步骤由国务院规定。

第六十五条　社会保险基金通过预算实现收支平衡。

县级以上人民政府在社会保险基金出现支付不足时，给予补贴。

第六十六条　社会保险基金按照统筹层次设立预算。社会保险基金预算按照社会保险项目分别编制。

第六十七条　社会保险基金预算、决算草案的编制、审核和批准，依照法律和国务院规定执行。

第六十八条　社会保险基金存入财政专户，具体管理办法由国务院规定。

第六十九条　社会保险基金在保证安全的前提下，按照国务院规定投资运营实现保值增值。

社会保险基金不得违规投资运营，不得用于平衡其他政府预算，不得用于兴建、改建办公场所和支付人员经费、运行费用、管理费用，或者违反法律、行政法规规定挪作其他用途。

第七十条　社会保险经办机构应当定期向社会公布参加社会保险情况以及社会保险基金的收入、支出、结余和收益情况。

第七十一条　国家设立全国社会保障基金，由中央财政预算拨款以及国务院批准的其他方式筹集的资金构成，用于社会保障支出的补充、调剂。全国社会保障基金由全国社会保障基金管理运营机构负责管理运营，在保证安全的前提下实现保值增值。

全国社会保障基金应当定期向社会公布收支、管理和投资运营的情况。国务院财政部门、社会保险行政部门、审计机关对全国社会保障基金的收支、管理和投资运营情况实施监督。

第九章　社会保险经办

第七十二条　统筹地区设立社会保险经办机构。社会保险经办机构根据工作需要，经所在地的社会保险行政部门和机构编制管理机关批准，可以在本统筹地区设立分支机构和服务网点。

社会保险经办机构的人员经费和经办社会保险发生的基本运行费用、管理费用，由同级财政按照国家规定予以保障。

第七十三条　社会保险经办机构应当建立健全业务、财务、安全和风险管理制度。

社会保险经办机构应当按时足额支付社会保险待遇。

第七十四条　社会保险经办机构通过业务经办、统计、调查获取社会保险工作所需的数据，有关单位和个人应当及时、如实提供。

社会保险经办机构应当及时为用人单位建立档案，完整、准确地记录参加社会保险的人员、缴费等社会保险数据，妥善保管登记、申报的原始凭证和支付结算的会计凭证。

社会保险经办机构应当及时、完整、准确地记录参加社会保险的个人缴费和用人单位为其缴费，以及享受社会保险待遇等个人权益记录，定期将个人权益记录单免费寄送本人。

用人单位和个人可以免费向社会保险经办机构查询、核对其缴费和享受社会保险待遇记录，要求社会保险经办机构提供社会保险咨询等相关服务。

第七十五条　全国社会保险信息系统按照国家统一规划，由县级以上人民政府按照分级负责的原则共同建设。

第十章　社会保险监督

第七十六条　各级人民代表大会常务委员会听取和审议本级人民政府对社会保险基金的收支、管理、投资运营以及监督检查情况的专项工作报告，组织对本法实施情况的执法检查等，依法行使监督职权。

第七十七条　县级以上人民政府社会保险行政部门应当加强对用人单位和个人遵守社会保险法律、法规情况的监督检查。

社会保险行政部门实施监督检查时，被检查的用人单位和个人应当如实提供与社会保险有关的资料，不得拒绝检查或者谎报、瞒报。

第七十八条　财政部门、审计机关按照各自职责，对社会保险基金的收支、管理和投资运营情况实施监督。

第七十九条　社会保险行政部门对社会保险基金的收支、管理和投资运营情况进行监督检查，发现存在问题的，应当提出整改建议，依法作出处理决定或者向有关行政部门提出处理建议。社会保险基金检查结果应当定期向社会公布。

社会保险行政部门对社会保险基金实施监督检查，有权采取下列措施：

（一）查阅、记录、复制与社会保险基金收支、管理和投资运营相关的资料，对可能被转移、隐匿或者灭失的资料予以封存；

（二）询问与调查事项有关的单位和个人，要求其对与调查事项有关的问题做出说明、提供有关证明材料；

（三）对隐匿、转移、侵占、挪用社会保险基金的行为予以制止并责令改正。

第八十条　统筹地区人民政府成立由用人单位代表、参保人员代表，以及工会代表、专家等组成的社会保险监督委员会，掌握、分析社会保险基金的收支、管理和投资运营情况，对社会保险工作提出咨询意见和建议，实施社会监督。

社会保险经办机构应当定期向社会保险监督委员会汇报社会保险基金的收支、管理和投资运营情况。社会保险监督委员会可以聘请会计师事务所对社会保险基金的收支、管理和投资运营情况进行年度审计和专项审计。审计结果应当向社会公开。

社会保险监督委员会发现社会保险基金收支、管理和投资运营中存在问题的，有权提出改正建议；对社会保险经办机构及其工作人员的违法行为，有权向有关部门提出依法处理建议。

第八十一条　社会保险行政部门和其他有关行政部门、社会保险经办机构、社会保险费征收机构及其工作人员，应当依法为用人单位和个人的信息保密，不得以任何形式泄露。

第八十二条　任何组织或者个人有权对违反社会保险法律、法规的行为进行举报、投诉。

社会保险行政部门、卫生行政部门、社会保险经办机构、社会保险费征收机构和财政部门、审计机关对属于本部门、本机构职责范围的举报、投诉，应当依法处理；对不属于本部门、本机构职责范围的，应当书面通知并移交有权处理的部门、机构处理。有权处理的部门、机构应当及时处理，不得推诿。

第八十三条　用人单位或者个人认为社会保险费征收机构的行为侵害自己合法权益的，可以依法申请行政复议或者提起行政诉讼。

用人单位或者个人对社会保险经办机构不依法办理社会保险登记、核定社会保险费、支付社会保险待遇、办理社会保险转移接续手续或者侵害其他社会保险权益的行为，可以依法申请行政复议或者提起行政诉讼。

个人与所在用人单位发生社会保险争议的，可以依法申请调解、仲裁，提起诉讼。用人单位侵害个人社会保险权益的，个人也可以要求社会保险行政部门或者社会保险费征收机构依法处理。

第十一章　法律责任

第八十四条　用人单位不办理社会保险登记的，由社会保险行政部门责令限期改正；逾期不改正的，对用人单位处应缴社会保险费数额一倍以上三倍以下的罚款，对其直接负责的主管人员和其他直接责任人员处五百元以上三千元以下的罚款。

第八十五条　用人单位拒不出具终止或者解除劳动关系证明的，依照《中华人民共和国劳动合同法》的规定处理。

第八十六条　用人单位未按时足额缴纳社会保险费的，由社会保险费征收机构责令限期缴纳或者补足，并自欠缴之日起，按日加收万分之五的滞纳金；逾期仍不缴纳的，由有关行政部门处欠缴数额一倍以上三倍以下的罚款。

第八十七条　社会保险经办机构以及医疗机构、药品经营单位等社会保险服务机构以欺诈、伪造证明材料或者其他手段骗取社会保险基金支出的，由社会保险行政部门责令退回骗取的社会保险金，处骗取金额二倍以上五倍以下的罚款；属于社会保险服务机构的，解除服务协议；直接负责的主管人员和其他直接责任人员有执业资格的，依法吊销其执业资格。

第八十八条　以欺诈、伪造证明材料或者其他手段骗取社会保险待遇的，由社会保险行政部门责令退回骗取的社会保险金，处骗取金额二倍以上五倍以下的罚款。

第八十九条　社会保险经办机构及其工作人员有下列行为之一的，由社会保险行政部门责令改正；给社会保险基金、用人单位或者个人造成损失的，依法承担赔偿责任；对直接负责的主管人员和其他直接责任人员依法给予处分：

（一）未履行社会保险法定职责的；

（二）未将社会保险基金存入财政专户的；

（三）克扣或者拒不按时支付社会保险待遇的；

（四）丢失或者篡改缴费记录、享受社会保险待遇记录等社会保险数据、个人权益记录的；

（五）有违反社会保险法律、法规的其他行为的。

第九十条　社会保险费征收机构擅自更改社会保险费缴费基数、费率，导致少收或者多收社会保险费的，由有关行政部门责令其追缴应当缴纳的社会保险费或者退还不应当缴纳的社会保险费；对直接负责的主管人员和其他直接责任人员依法给予处分。

第九十一条　违反本法规定，隐匿、转移、侵占、挪用社会保险基金或者违规投资运营的，由社会保险行政部门、财政部门、审计机关责令追回；有违法所得的，没收违法所得；对直接负责的主管人员和其他直接责任人员依法给予处分。

第九十二条　社会保险行政部门和其他有关行政部门、社会保险经办机构、社会保险费征收机构及其工作人员泄露用人单位和个人信息的，对直接负责的主管人员和其他直接责任人员依法给予处分；给用人单位或者个人造成损失的，应当承担赔偿责任。

第九十三条　国家工作人员在社会保险管理、监督工作中滥用职权、玩忽职守、徇私舞弊的，依法给予处分。

第九十四条　违反本法规定，构成犯罪的，依法追究刑事责任。

第十二章　附　　则

第九十五条　进城务工的农村居民依照本法规定参加社会保险。

第九十六条　征收农村集体所有的土地，应当足额安排被征地农民的社会保险费，按照国务院规定将被征地农民纳入相应的社会保险制度。

第九十七条　外国人在中国境内就业的，参照本法规定参加社会保险。

第九十八条　本法自 2011 年 7 月 1 日起施行。

参考文献

[1] 刘磊．现代企业管理[M]．北京：北京大学出版社，2014.
[2] 吴中宇．社会保障学[M]．武汉：华中科技大学出版社，2014.
[3] 熊敏鹏．社会保障学[M]．北京：机械工业出版社，2015.
[4] 安仲安，高丹．社会保障学[M]．大连：东北财经大学出版社，2013.
[5] 赵曼．社会保障学[M]．北京：高等教育出版社，2010.
[6] 周绿林．社会保障学概论[M]．天津：天津大学出版社，2008.
[7] 郑功成．社会保障学[M]．北京：中国劳动社会保障出版社，2005.
[8] 张荣芳．劳动与社会保障法学[M]．北京：科学出版社，2008.
[9] 杨燕绥．劳动和社会保障法[M]．北京：中国劳动社会保障出版社，2005.
[10] 孙光德，董克用．社会保障概论[M]．北京：中国人民大学出版社，2008.
[11] 李珍．社会保障理论[M]．北京：中国劳动社会保障出版社，2008.
[12] 马斌．社会保障理论与实践[M]．北京：中国劳动社会保障出版社，2006.
[13] 钟仁耀．社会保障学教程[M]．北京：北京大学出版社，2011.
[14] 张琪．社会保障概论[M]．北京：中国劳动社会保障出版社，2006.
[15] 李炳安．劳动与社会保障法学[M]．厦门：厦门大学出版社，2009.
[16] 仇雨临．医疗保险[M]．北京：中国劳动社会保障出版社，2008.
[17] 中国社会保障学会．中国社会保障发展报告[M]．北京：人民出版社，2016.
[18] 中华人民共和国人力资源和社会保障部网站．www.mohrss.gov.cn/index.html.
[19] 广东省人力资源和社会保障厅网站．www.hrss.gd.gov.cn.
[20] 佛山市人力资源和社会保障局网站．www.fshrss.gov.cn.

反侵权盗版声明